Oldenbourg Interpretation
Band 112

Oldenbourg Interpretationen
Herausgegeben von
Klaus-Michael Bogdal und Clemens Kammler

begründet von
Rupert Hirschenauer (†) und Albrecht Weber

Band 112

Literatur-verfilmungen im Deutschunterricht

von Michael Staiger

Oldenbourg

Zitate sind halbfett gekennzeichnet.

Der Autor: Dr. Michael Staiger, Akademischer Rat (Literaturwissenschaft/ Literaturdidaktik) am Institut für deutsche Sprache und Literatur der Pädagogischen Hochschule Freiburg.

Bibliografische Information der Deutschen Nationalbibliothek:
Die Deutsche Nationalbibliothek verzeichnet diese Publikation in der Deutschen Nationalbibliografie; detaillierte bibliografische Daten sind im Internet über <http://dnb.ddb.de> abrufbar.

Das Papier ist aus chlorfrei gebleichtem Zellstoff hergestellt, ist säurefrei und recyclingfähig.

© 2010 Oldenbourg Schulbuchverlag GmbH, München
www.oldenbourg-bsv.de

Das Werk und seine Teile sind urheberrechtlich geschützt. Jede Nutzung in anderen als den gesetzlich zugelassenen Fällen bedarf deshalb der vorherigen schriftlichen Einwilligung des Verlages. Hinweis zu § 52 a UrhG: Weder das Werk noch seine Teile dürfen ohne eine solche Einwilligung eingescannt und in ein Netzwerk eingestellt werden. Dies gilt auch für Intranets von Schulen und sonstigen Bildungseinrichtungen. Der Verlag übernimmt für die Inhalte, die Sicherheit und die Gebührenfreiheit der in diesem Werk genannten externen Links keine Verantwortung. Der Verlag schließt seine Haftung für Schäden aller Art aus. Ebenso kann der Verlag keine Gewähr für Veränderungen eines Internetlinks übernehmen.

Bei den Zitaten, Literaturangaben und Materialien im Anhang ist die neue Rechtschreibung noch nicht berücksichtigt.

1. Auflage 2010
Druck   14   13   12   11   10
Die letzte Zahl bezeichnet das Jahr des Drucks.

Umschlagkonzept: Mendell & Oberer, München
Umschlag: Stefanie Bruttel
Umschlagbild: © IFA-Bilderteam, Ottobrunn/München; Fotografin: Birgit Koch
Typografisches Gesamtkonzept: Gorbach GmbH, Buchendorf
Lektorat: Katja Hohenstein, Wiebke Herrmann (Assistenz)
Herstellung: Verlagsservice Dr. Helmut Neuberger
& Karl Schaumann GmbH, Heimstetten
Satz: jürgen ullrich typosatz, Nördlingen
Druck und Bindung: Himmer AG, Augsburg

ISBN: 978-3-637-00557-0

Inhalt

Vorwort *8*

1 **Zur Theorie der Literaturverfilmung** *10*
1.1 Vorurteile: Buch versus Film *10*
1.2 »Literaturverfilmung« – ein problematischer Begriff *11*
1.3 Medienwechsel und Intermedialität *12*
1.4 Wahlverwandtschaften: Film, Theater und Roman *14*
1.5 Werktreue und Textnähe *15*
1.6 Typologien der Literaturverfilmung *17*
1.7 Beispielanalyse: Verfilmungen von »Romeo und Julia« im Vergleich *18*

2 **Schriftliterarisches und filmisches Erzählen** *25*
2.1 Geschichte: Was wird erzählt? *27*
2.1.1 Handlung *27*
2.1.2 Figuren *29*
2.1.3 Raum *29*
2.2 Erzähldiskurs: Wie wird erzählt? *30*
2.2.1 Zeit *30*
    Ordnung *30*
    Dauer *31*
    Frequenz *32*
2.2.2 Modus *32*
    Distanz *32*
    Fokalisierung *33*
2.2.3 Stimme *35*
    Stellung des Erzählers *35*
    Zeitpunkt des Erzählens *35*
    Erzählebenen *36*
2.3 Beispielanalyse: Reflexionen über das Erzählen in »Smoke« *36*
2.3.1 Die schriftliterarische Erzählung *37*
2.3.2 Die mündliche Erzählung im Film *38*
2.3.3 Die Erzählung als »Stummfilm« im Film *40*

3 Einführung in die Grundbegriffe der Filmanalyse und der vergleichenden Erzähltextanalyse am Beispiel von »Der talentierte Mr. Ripley« 42
3.1 Schriftliterarisches Erzählen im Roman von Patricia Highsmith 42
3.2 Filmisches Erzählen in der Adaption von Anthony Minghella 45
3.2.1 Visuelle Ebene 47
Kameraperspektiven 47
Einstellungsgrößen 49
Kamerabewegungen 51
Beleuchtung 52
Farbe 53
Setting 53
3.2.2 Auditive Ebene 53
On- und Off-Ton 53
Sprache 54
Geräusche 55
Musik 55
3.2.3 Montage 57
Epische Montage 57
Konstruktivistische Montage 58

4 »Die Leiden des jungen Werther« 60
4.1 Erzählform des Romans von Johann Wolfgang Goethe und des Films von Egon Günther 60
4.2 Das Kreuzigungsmotiv und der Selbstmord im Film von Egon Günther 64
4.3 Der Film von Uwe Janson als aktualisierende Adaption 68

5 »Die Marquise von O...« 70
5.1 Erzählform der Novelle von Heinrich von Kleist und der Verfilmung von Eric Rohmer 70
5.2 Die Vergewaltigungsszene in Rohmers Verfilmung 73
5.3 Frei nach ... – »Julietta« von Christoph Stark 75

6 »Der Process« 78
6.1 Erzählform des Romans von Franz Kafka und der Verfilmung von Orson Welles 78
6.2 Raumgestaltung bei Kafka und bei Welles 81
6.3 Postmoderne Kafkaeske – Steven Soderberghs »Kafka« 86

7	»Das Parfum« 88
7.1	Erzählform des Romans von Patrick Süskind und der Verfilmung von Tom Tykwer 89
7.2	Geruchsinszenierungen im Roman und ihre filmischen Umsetzungen 92
7.3	Die Verfilmung im Spiegel der Filmkritik 94

Unterrichtshilfen 97
1 Eckpunkte einer Didaktik der Literaturverfilmung 97
2 Didaktisches Modell zum Umgang mit Literaturverfilmungen 99
3 Unterrichtssequenzen 101
4 Klassenarbeiten/Klausurvorschläge/Referate/Projekte 128
  Schriftliterarisches und filmisches Erzählen 128
  »Der talentierte Mr. Ripley« 128
  »Die Leiden des jungen Werther« 128
  »Die Marquise von O…« 129
  »Der Process« 129
  »Das Parfum« 130
5 Materialien 131

Anhang 161
Anmerkungen 161
Literaturverzeichnis 164
Primärtexte 164
Sekundärtexte 167
Glossar erzähltheoretischer und filmanalytischer Begriffe 174
Technische Hinweise 176

Vorwort

Das Phänomen der Adaption ist in der gegenwärtigen Medienkultur omnipräsent: Erfolgreiche Pop-Songs stürmen als Cover-Songs ein zweites und drittes Mal die Charts, Romane werden als Theaterinszenierungen und Spielfilme neu interpretiert, Brettspiele werden zu Computerspielen, aus europäischen Autorfilmen entstehen Hollywood-Remakes, TV-Soaps bieten die Grundlage für Fortsetzungsromane. Diese Liste könnte leicht um weitere Beispiele ergänzt werden, so dass man sich die Frage stellen muss, worauf diese Popularität von Adaptionen beruht. Sind alle Geschichten längst erzählt und deshalb nur noch Neuauflagen möglich? Sehnen wir uns nach der Wiederholung des Immergleichen?

Die Tatsache, dass Figuren und Stoffe von einem Medium zum nächsten wandern, zeigt, dass das Erzählen von Geschichten nicht den sprachlich dominierten Medien vorbehalten ist. Durch den Wechsel der medialen und ästhetischen Form erscheinen die Figuren und Stoffe und das »alte« Medium selbst in einem neuen Licht. Für dieses Phänomen müssten sich Literaturwissenschaft und Deutschunterricht eigentlich in besonderem Maße interessieren. Doch trotz – oder gerade aufgrund – ihrer Popularität haben Adaptionen dort einen schweren Stand.

Am Beispiel der sogenannten »Literaturverfilmung« lässt sich das veranschaulichen: Die Literaturwissenschaft hat die Verfilmung lange Zeit als sekundäres Medium gegenüber der schriftliterarischen Vorlage behandelt (Stichwort »werktreue Verfilmung«), diese Haltung fand ihre Entsprechung im Literaturunterricht. Hinzu kommt, dass der Spielfilm als Unterrichtsgegenstand in der Schule – noch – keinen festen Platz hat, die Bemühungen um eine Filmdidaktik stecken in den Anfängen.[1] Die Literaturverfilmung dient deshalb nicht selten als »Bonbon«, das der Klasse nach der Behandlung einer literarischen Lektüre »gegönnt« wird. Eine tiefer greifende Auseinandersetzung mit dem Film und seiner spezifischen Medienästhetik findet – im Gegensatz zum schriftliterarischen Text – oftmals nicht statt. Die Gegenüberstellung einer Verfilmung mit ihrer schriftlichen literarischen Vorlage führt im Deutschunterricht deshalb immer wieder zu dem gleichen Ergebnis: Das Buch ist besser als der Film.

Im Umgang mit Literaturverfilmungen hat sich also eine »Abwertungsdidaktik« entwickelt, die mit Werturteilen arbeitet. Die Frage, ob das Buch »so gut« ist wie die Verfilmung, beruht auf einer falschen Prämisse: Buch und Film sind zwei grundverschiedene Medien mit unterschiedlichen

Zeichensystemen und Codes, sie können also gar nicht im Verhältnis eins zu eins miteinander verglichen werden. Eine Literaturverfilmung ist keine filmische Kopie eines schriftliterarischen Textes, sondern eine in das Medium Film übersetzte Lesart bzw. Interpretation dieses Textes.

Dieser Band zum Thema *Literaturverfilmungen* verfolgt eine zweifache Zielsetzung: Zum einen geht es darum, sowohl dem schriftliterarischen Text als auch dem davon ausgehend entstandenen Film als eigenständigen Artefakten mit jeweils spezifischer Ästhetik gerecht zu werden. Zur Analyse und zum Vergleich der Schrifttexte und Filmtexte werden die gängigen erzähltheoretischen Kategorien verwendet, ergänzt durch spezifische filmanalytische Kategorien.

Zum anderen geht es darum, für das Phänomen des Medienwechsels zu sensibilisieren: Welche Konsequenzen für die Geschichte (das *Was* des Erzählens) und den Erzähldiskurs (das *Wie* des Erzählens) bringt die filmische Adaption eines schriftliterarischen Textes mit sich? Welche Parallelen und welche Unterschiede gibt es im Hinblick auf das Erzählen in Schrift- und in Filmtexten? In diesem Zusammenhang soll aufgezeigt werden, wie Buch und Film im Unterricht gegenübergestellt und miteinander verglichen werden können, ohne in die Falle der erwähnten »Abwertungsdidaktik« zu geraten. Ein didaktisch geeigneter Weg kann hier – neben der grundsätzlichen Reflexion der unterschiedlichen schriftliterarischen und filmischen Codes – die Auseinandersetzung mit mehreren filmischen Adaptionen des gleichen Schrifttextes sein.

Nach einer Einführung in die Filmanalyse, stehen im Zentrum dieses Bandes mit GOETHES *WERTHER*, KLEISTS *MARQUISE*, KAFKAS *PROCESS* und SÜSKINDS *PARFUM* vier Klassiker der Schullektüre und ihre Verfilmungen. Da die Filme im Regelfall im Rahmen einer Unterrichtseinheit zum jeweiligen schriftliterarischen Text eingesetzt werden, bietet der didaktische Teil des Bandes mehrere modular aufgebaute Unterrichtsbausteine an, die in eine umfassendere Auseinandersetzung mit der schriftliterarischen Vorlage integriert werden können.[2] Zusätzlich gibt es Vorschläge für Unterrichtseinheiten, die sich grundlegend mit Fragen der Filmanalyse und mit der Problematik des Medienwechsels vom Buch zum Film auseinandersetzen.

1 Zur Theorie der Literaturverfilmung

1.1 Vorurteile: Buch versus Film

Der Film hatte es lange Zeit schwer, als eigenständige Kunstform anerkannt zu werden. Seinen Ursprung als Jahrmarktsattraktion – und somit seinen eindeutigen Status als Unterhaltungsmedium – prägt die teilweise bis heute vorzufindende ablehnende Haltung gegenüber dem Film und seinem wichtigsten Aufführungsort, dem Kino. Das Buch gilt hingegen unumstritten als Bildungsmedium, weshalb die Buchlektüre einen höheren kulturellen Stellenwert einnimmt als ins Kino zu gehen.

In diesem Zusammenhang stößt man auf ein immer wiederkehrendes Vorurteil: Die Lektüre eines Buches sei immer *aktiv*, weil der Leser sich selbst Vorstellungen und Imaginationen bilden müsse, das Ansehen eines Filmes sei hingegen *passiv*, da ja alle Bilder und Töne schon vorgegeben seien, der Zuschauer habe diese lediglich nachzuvollziehen. Diese Argumentation hat in der Medienkritik eine lange Tradition. Eine gegenteilige Meinung vertreten nicht nur Filmsemiotiker wie CHRISTIAN METZ und JURIJ M. LOTMAN, sondern auch die neuere Medienwirkungsforschung.[3] Sie stellen fest, dass

> auch Filmstrukturen – also das Zusammenspiel von Bild, Sprache und Musik, die Architektur der Bilder, Lichtführung und Einstellungsgrößen, Kameraperspektiven und Kamerafahrten, Schnitt, Blendentechnik und Montage der Bildeinstellungen sowie Schauspielerleistungen – vom Zuschauer aktiv mit Sinn versehen werden müssen und dessen Phantasie anregen können.[4]

Angesichts dieser semiotischen Komplexität des Mediums Film kann von einer Passivität also gar keine Rede sein. Die Rezeption eines Filmes ist genau wie das Lesen eines Schrifttextes eine kognitiv anspruchsvolle und gleichzeitig produktive Tätigkeit.

WALTRAUD WENDE führt die abwertende Haltung gegenüber dem Film auf eine fehlende **Wahrnehmungssensibilität** zurück. Es bedarf einer sehr gut entwickelten Rezeptionskompetenz, um die **Fülle und die Flüchtigkeit der optischen und akustischen Informationen eines audiovisuellen Mediums schnell und differenziert intellektuell zu verarbeiten**.[5] Den Umgang mit Filmen eignen sich die Rezipienten – im Gegensatz zur Lektüre von schriftlichen literarischen Texten – autodidaktisch an. Deshalb erreicht er oftmals nicht das notwendige Kompetenzniveau und bleibt im **vorintellektuellen Raum** stecken. Zugespitzt könnte man das mangelnde Wissen bezüglich filmsprachlicher Mittel als **filmischen Analphabetismus** bezeichnen.[6]

Das Fehlen einer Rezeptionskompetenz im Umgang mit Filmen wird im Allgemeinen jedoch gar nicht als Defizit wahrgenommen: Die filmische Wirklichkeit wird dem Zuschauer in fotografischer Qualität und mit einer hochwertigen Tonspur dargeboten, so dass die filmische Welt der wirklichen Welt oftmals zum Verwechseln ähnlich ist. Dieser *Abbildcharakter* des Mediums Film und die damit verbundene Suggestionskraft lässt **die Künstlichkeit des Mediums in den Hintergrund der Wahrnehmung treten**.[7] Der Rezipient wird zum Ohren- und Augenzeugen, es entsteht der **Anschein direkter Teilhabe**.[8] Dies macht sicherlich bis heute einen großen Teil der Faszination des Films und des Kinos aus, führt aber auf der anderen Seite zu den bereits genannten Vorbehalten: Kunst – so die landläufige Meinung – setzt eine distanzierte Wahrnehmung voraus. Folgerichtig wird dem Film der Status als Kunstform vielfach abgesprochen, zumindest seinen populären Erscheinungsformen. Dabei verfolgen Film und Schriftliteratur als Kunstformen das gleiche Ziel: **Sie zeigen und deuten unsere Welt in einer symbolischen Weise, die nicht zu verwechseln ist mit einer imitativen Abbildung.**[9]

1.2 »Literaturverfilmung« – ein problematischer Begriff

Literaturverfilmungen stehen in gewisser Weise zwischen Buch und Film. Sie beziehen sich in unterschiedlich großem Maße auf einen schriftliterarischen Text und sind gleichzeitig auch ganz und gar Film. Aus diesem »Zwitterstatus« ergeben sich zahlreiche Probleme. Allein schon der Begriff »Literaturverfilmung« ist unzulänglich, was in den letzten Jahrzehnten vielfach beklagt wurde.[10] Nicht nur, dass die Vorsilbe »ver-« abwertend, fast abschätzig klingt, in der Literaturwissenschaft wurde lange Zeit sogar die Position vertreten, dass der Schriftliteratur durch eine Verfilmung »Leid« zugefügt werde. So schreibt Fritz Martini 1965 im *Reallexikon der deutschen Literaturgeschichte*: **Das Wortkunstwerk erleidet bei der Verfilmung erhebliche Veränderungen.**[11] In Gero von Wilperts *Sachwörterbuch der Literatur* ist selbst noch in der Ausgabe von 2001 von **Verzerrungen der Vorlage** sowie von der **Zerstörung wesentlicher Züge und Strukturen des (zumal epischen) Werkes**[12] die Rede.

Als alternativer Begriff wurde unter anderem »Adaption« bzw. »Adaptation« vorgeschlagen, doch auch hier steht die Vorstellung der *Anpassung* (von lateinisch adaptare = anpassen) im Zentrum, so dass wiederum die schriftliterarische Vorlage als primärer und die filmische Adaption als sekundärer Text verstanden werden.[13] Irmela Schneider hat sich in der deutschsprachigen Diskussion für den Terminus »Transformation« stark gemacht, sie definiert die **Literaturverfilmung als Transformation von einem Zeichensystem in ein anderes.**[14] Damit wird das Augenmerk nicht mehr ausschließlich auf die Verfilmung als Endprodukt gelegt, sondern der Prozess der Umsetzung in den Mittelpunkt gerückt.

Eine weitere Problematik des Begriffs »Literaturverfilmung« liegt in seinem inhärenten engen Literaturbegriff: Wenn es eine »Verfilmung« von »Literatur« geben kann, dann wird hiermit gleichzeitig festgestellt, dass der Film selbst nicht Teil der Literatur sein kann. Neuerdings wird jedoch – mit guten Gründen – argumentiert, dass der Film neben Epik, Lyrik und Drama als *vierte literarische Großgattung* angesehen werden kann. Der Begriff »Literaturverfilmung« wäre aus einer solchen Perspektive nicht mehr haltbar. Konsequenzen ergeben sich in diesem Zusammenhang auch für den Begriff des »literarischen Erzählens«. Im Rahmen des soeben skizzierten erweiterten Literaturbegriffs ist filmisches Erzählen immer gleichzeitig auch eine Form des literarischen Erzählens. Deshalb ist in diesem Band vom »schriftliterarischen« und »filmischen« Erzählen die Rede und von »Schrifttext« und »Filmtext«. Damit ist neben der Frage des Literaturbegriffs auch die medienreflexive Ebene bezeichnet, also die Unterschiede zwischen Schrift und Audiovision. Der Begriff »Literaturverfilmung« wird in diesem Band aufgrund seiner weiten Verbreitung in Deutschunterricht und Deutschdidaktik trotzdem verwendet, obwohl konsequenterweise von »Schriftliteraturverfilmung« die Rede sein müsste.

Für den Deutschunterricht stellt sich auch die Frage nach der Reichweite des Begriffs der Literaturverfilmung. Zählen hierzu nur ausgewählte Adaptionen von »klassischen« oder zumindest von der Literaturwissenschaft und Literaturkritik anerkannten schriftliterarischen Texten? Wie sieht es dann mit den vielen Verfilmungen von Unterhaltungsliteratur aus? Bezieht sich der Begriff ausschließlich auf filmische Umsetzungen von Erzähltexten oder auch von Dramen oder sogar Gedichten?

Solche Fragen skizzieren das weite Feld, das sich in der Auseinandersetzung mit Literaturverfilmungen eröffnet. Nach grundsätzlichen Überlegungen zum Medienwechsel vom Schrifttext zum Filmtext legt dieser Band seinen Schwerpunkt auf die Auseinandersetzung mit schriftliterarischen und filmischen Erzähltexten. Erkenntnisleitend ist die Frage, welche *Gemeinsamkeiten* und *Unterschiede* das *schriftliterarische* und das *filmische Erzählen* auszeichnen und wie Schülerinnen und Schüler für diese Phänomene sensibilisiert werden können.

1.3 Medienwechsel und Intermedialität

Eine Literaturverfilmung ist das Ergebnis eines Medienwechsels vom verbalsprachlichen und schriftlich fixierten Text zum audiovisuellen Medium. Damit handelt es sich im Verhältnis des schriftliterarischen Textes zum Film um eine *intermediale Wechselbeziehung*. Diese Bestimmung ist von elementarer Bedeutung, weil sie verdeutlicht, dass hier zwei unterschiedliche Medien mit ihren spezifischen Codes, technischen Voraussetzungen, Rezeptions- und Distributionsformen usw. miteinander verglichen werden. Eine Auseinandersetzung mit Verfilmungen darf die Frage nach der *Medialität* also nicht aussparen. Lange Zeit wurde der Film in die Nähe des Theaters gestellt. Bei der Analyse filmischer Adaptionen von Dramentexten wurde das Verhältnis der Medien Theater und Film oftmals jedoch nur unzureichend mitreflektiert, also beispielsweise Aspekte der Inszenierung und Performanz in beiden Medien. In der Geschichte der Literaturverfilmung finden sich viele Filme, die sich damit begnügen, Theater »abzufilmen«. Solche Filme haben letztlich hauptsächlich dokumentarischen Charakter, da sie dem Spielfilm als Medium mit eigenen Darstellungsweisen nicht gerecht werden. Der französische Filmtheoretiker ANDRÉ BAZIN bezeichnet das Theater als einen **falschen Freund** des Films, dessen **trügerische Ähnlichkeiten** den Film in eine **Sackgasse** führen.[15]

In der literaturwissenschaftlichen Auseinandersetzung mit Filmen war aus nachvollziehbaren Gründen lange Zeit das *Drehbuch* der wichtigste Bezugspunkt. Dem schriftlichen Text des Drehbuchs – so die Erwartung – könne man mit den gängigen Werkzeugen der Textanalyse begegnen. Der Status des Drehbuchs ist je nach Regisseur und Produktionsbedingungen jedoch sehr unterschiedlich, manche Filmemacher halten sich streng an dessen Vorgaben, andere sehen es mehr als roten Faden, der Raum für Improvisation und Spontaneität lässt. Drehbücher und andere Texte aus der Produktionsphase eines Films wie z. B. Exposé, Treatment oder Storyboard können die Rezeption eines Filmes ergänzen und ein besseres Verständnis der Genese des Filmprojektes ermöglichen, sie können die Filmrezeption aber nicht ersetzen. Eine Filmanalyse geht immer vom Film selbst aus und nicht von einer Vorstufe in Form eines schriftlichen Textes. Die im Deutschunterricht lange Jahre praktizierte Analyse von Drehbuchauszügen ist somit keine Filmanalyse im eigentlichen Sinne.

Der Begriff des Medienwechsels verweist auf den *Übersetzungsprozess*, den jede Verfilmung voraussetzt. Schon BAZIN hat 1952 in seinem berühmten Adaptions-Essay diesen Vergleich angestellt und auf die Gefahren hingewiesen, die jede Übersetzung mit sich bringt:

> Aus denselben Gründen, weshalb die wörtliche Übersetzung nichts taugt und die allzu freie uns verwerflich erscheint, muss die gute Verfilmung es schaffen, das Wesentliche von Buchstabe und Geist wiederzugeben. Aber man weiß ja, wie sehr sich ein guter Übersetzer eine Sprache und ihren besonderen Geist zu eigen machen muss.[16]

Daraus folgt erstens, dass es bei einer Verfilmung nicht darum gehen kann, den schriftliterarischen Text möglichst wenig zu verändern. Vielmehr geht es um eine gelungene Übersetzung des »Wesentlichen« in das andere Medium. Dafür ist zweitens eine sehr gute Kenntnis der Film-»Sprache« notwendig. In der Übersetzungsforschung ist in den vergangenen Jahrzehnten eine deutliche Verschiebung des Erkenntnisinteresses von einer an normativen Vorgaben orientierten Bewertung hin zur Beschreibung des Prozesses selbst[17] zu beobachten. Dieses Interesse für den Übersetzungsprozess sollte auch in der schulischen Auseinandersetzung mit Literaturverfilmungen erkenntnisleitend sein.

Bei der vergleichenden Analyse eines schriftliterarischen Textes und seiner filmischen Transformation haben wir es also mit zwei Texten zu tun, die **einer gegenüber dem anderen autonom sind**, denn – so JOACHIM PAECH – fehlte einer von beiden, wäre der verbleibende weiterhin vollkommen verständlich.[18]

1.4 Wahlverwandtschaften: Film, Theater und Roman

Grundsätzlich macht es einen großen Unterschied, welcher literarischen Großgattung der verfilmte Text angehört. In der Regel werden kürzere Erzähltexte (Kurzgeschichten, Novellen, Märchen usw.) oder Romane adaptiert. Doch auch die Adaption von Dramen hat eine lange Tradition und inzwischen gibt es auch immer mehr Lyrikverfilmungen, z. B. RALF SCHMERBERGS hoch gelobter Film POEM – ICH SETZTE DEN FUSS IN DIE LUFT UND SIE TRUG aus dem Jahr 2003.

Die Frage nach der Adaptionsproblematik in Bezug auf verschiedene literarische Gattungen verweist auf die grundsätzliche Debatte über die Verwandtschaftsbeziehungen des Mediums Film zum Theater und zum Roman.[19] Sie bilden eine wichtige Grundlage für eine reflektierte Auseinandersetzung mit dem Phänomen der Adaption ganz allgemein und insbesondere im Blick auf Literaturverfilmungen.

Mit dem Theater verbindet den Film die *Gegenwärtigkeit*. Die Handlung wird dem Rezipienten unmittelbar präsentiert, die Figuren und Schauplätze sind für ihn sinnlich zugänglich und nicht, wie beim Roman, nur in seiner Imagination vorhanden. Deshalb gleicht sich auch die Aufführungsdauer von Theaterinszenierungen und Filmvorführungen, sie dauern meist zwischen 90 und 120 Minuten. Die Lesezeit eines Romans ist in der Regel erheblich länger.

Eine weitere wichtige Parallele des Films zum Theater findet sich im Produktionsprozess eines Spielfilms: Ihm liegt mit dem *Drehbuch* ebenfalls ein schriftlicher Text zu Grunde, der aus Haupttext (Dialoge) und Nebentext (Regieanweisungen, Ortsangaben usw.) besteht und als Ausgangspunkt für die konkrete Inszenierung bzw. filmische Umsetzung dient. Allerdings darf das Drehbuch nicht mit dem Film gleichgesetzt werden, es bildet lediglich eine schriftsprachliche Vorstufe des Endproduktes und wird in der Filmpraxis durch weitere Texte ergänzt. So werden im Storyboard die einzelnen Einstellungen eines Films hinsichtlich der Einstellungsgröße, der Kameraperspektive und -bewegung sowie der Position und Bewegung der Schauspieler skizzenhaft – ähnlich einem Comicstrip – ausgearbeitet. Hinzu kommen schriftliche Erläuterungen und Anmerkungen zu Dialogen, zu Geräuschen, zur Musik usw.

Mit dem Roman verbindet den Film die prinzipielle *Grenzenlosigkeit der erzählten Welt*. Beide können ohne größere Schwierigkeiten eine Vielzahl von Orts- und Zeitwechseln präsentieren und beliebig große Räume und Zeitspannen erfassen. Außerdem ist der Beobachterstandpunkt nicht festgelegt: Während der Theaterbesucher in der Regel das gesamte Stück von einem Stuhl aus verfolgt, kann sowohl der Roman als auch der Film verschiedene Perspektiven einnehmen. Auf diese Weise können *raumzeitlich komplexere Welten* erschaffen werden, als dies auf der Bühne möglich ist. Beim Film entspricht das Auge der Kamera dem Auge des Filmzuschauers – er sieht alles, was die Kamera zeigt und alles, was sie nicht zeigt, bleibt ihm verborgen.

Die Frage, ob der Film ein erzählendes oder ein dramatisches Medium sei, lässt sich also nur dahingehend beantworten, dass er beides zugleich ist. Darüber hinaus greift er auf andere Kunstformen wie Malerei, Architektur, Fotografie, Komposition, Ballett – um nur einige zu nennen – zurück. Aus literaturwissenschaftlicher und literaturdidaktischer Perspektive wäre es deshalb vielversprechend, ihn neben Epik, Lyrik und Dramatik als eigene, *vierte literarische Großgattung* zu begreifen und ihm somit einen entsprechenden Stellenwert als Untersuchungs- und Unterrichtsgegenstand einzuräumen.

1.5 Werktreue und Textnähe

Im Deutschunterricht geschieht eine Auseinandersetzung mit Literaturverfilmungen meistens im Anschluss an die Lektüre der schriftliterarischen Vorlage. Diese Vorgehensweise ist durchaus sinnvoll, weil sie eine differenzierte Rezeption der Verfilmung vor dem Hintergrund des zu Grunde liegenden schriftlichen literarischen Textes ermöglicht. Allerdings verlockt ein solcher Vergleich von Buch und Film leicht dazu, sich ein – schnelles – Werturteil bilden zu wollen: Ist die Verfilmung »so gut« wie das Buch? Dass eine solche Fragestellung von falschen Voraussetzungen ausgeht, wurde bereits erläutert. Eine Literaturverfilmung ist kein »Abziehbild« ihrer Vorlage, sondern – im Anschluss an die vorausgehenden Überlegungen zum Thema Medienwechsel und Intermedialität – eine in das Medium Film übersetzte *Lesart* bzw. *Interpretation* eines schriftliterarischen Textes.

Doch welche Freiheiten darf sich ein Filmemacher bei der Interpretation eines schriftlichen literarischen Textes nehmen? Hier kommt der

Begriff *Werktreue* ins Spiel, der suggeriert, dass es eine »richtige« Deutung der schriftliterarischen Vorlage geben würde, die der Regisseur so streng wie möglich mit filmischen Mitteln umzusetzen hätte. Eine solche Herangehensweise ist im Hinblick auf die grundsätzliche Unabschließbarkeit des Interpretationsprozesses jedes literarischen Textes und somit der Pluralität von Interpretationen für eine Literaturverfilmung ebenso obsolet wie für Inszenierungen am Theater. Für ANDRÉ BAZIN dürfen sich Adaptionen nicht einer **illusorischen Treue des Abziehbilds**[20] verschreiben, sie erfordern den souveränen Umgang der Filmemacher mit den filmeigenen ästhetischen Strukturen und einen respektvollen Umgang mit den zu adaptierenden Romanen und Theaterstücken. Es kann also nicht das Ziel sein, aufgrund eines verfehlten Werktreue-Anspruchs aus der Literaturverfilmung ein filmisches Plagiat der schriftliterarischen Vorlage zu machen. Um werktreu im Sinne BAZINS zu sein, zeichnet eine gute Verfilmung – wie bereits ausgeführt – eine gelungene Übersetzungsleistung aus. Dies kann in der Praxis unter Umständen sehr tiefgreifende inhaltliche und formale Änderungen bedeuten:

> Je größer und entscheidender die literarischen Qualitäten des Werks sind, desto mehr wird die filmische Adaption das kunstvolle Gefüge erschüttern müssen, desto mehr Anforderungen stellt sie an das schöpferische Vermögen, das Werk in einem neuen, gewiß nicht dem gleichen, sondern gleichwertigen Gefüge zu rekonstruieren.[21]

Diese Erkenntnis sollte auch für den Umgang mit Literaturverfilmungen im Deutschunterricht maßgeblich sein, um eine vorschnelle »Verurteilung« von Literaturverfilmungen zu vermeiden.

Sobald ein Film den Titel einer literarischen Vorlage trägt oder als Literaturverfilmung beworben wird, ist der entsprechende schriftliterarische Text **Teil der filmischen Wahrnehmung**.[22] Die Freiheit – nicht Beliebigkeit – der Interpretation einer schriftliterarischen Vorlage für einen Film durch die Filmemacher ist also nicht grenzenlos. Bei größeren Modifikationen der Handlung oder des Figurenensembles wird deshalb im Filmvorspann oftmals auf Formulierungen wie z. B. »ein Film frei nach dem Roman« oder »inspiriert durch den Roman« zurückgegriffen. Somit kann im Vergleich von schriftliterarischem Text und Film zwar kein objektiver Werktreue-Grad ermittelt werden, es kann jedoch durchaus festgestellt werden, wie *textnah* die Adaption insgesamt oder im Blick auf einzelne Sequenzen ausgefallen ist.

Die Ansichten darüber, wie textnah eine Verfilmung sein darf, gehen dabei weit auseinander. BRIGITTE JEREMIAS spitzt die Diskussion über Werktreue folgendermaßen zu:

Die Frage, wie weit sich Film von Literatur entfernen kann, ist leicht zu beantworten: so weit er will. Filme, die sich ängstlich an die Buchvorlage klammern, sind meist langweilig. Im deutschen Fernsehen kann man sich davon allwöchentlich überzeugen, wenn da wieder einer so brav an einem Roman oder einer Novelle entlangfilmt. Schlafmittel![23]

Die Qualität einer Literaturverfilmung misst sich nicht an ihrer Textnähe, sondern daran, inwiefern der bereits beschriebene *Übersetzungsprozess* gelungen ist. Um dies einschätzen zu können, ist ein spezifisches Analyseinstrumentarium notwendig, das die medienspezifischen Ästhetiken von schriftliterarischen und filmischen Texten entsprechend berücksichtigt.

1.6 Typologien der Literaturverfilmung

Übersetzungen von schriftsprachlichen Texten bewegen sich zwischen den Polen »wörtlich« oder »sehr frei«. Für Literaturverfilmungen gilt dasselbe. Um verschiedene Arten der Literaturadaption unterscheiden zu können, wurden in der Literatur- und Medienwissenschaft mehrere Modelle zur Kategorisierung entwickelt.

HELMUT KREUZER unterscheidet zwischen vier Arten der Adaption.[24] Filme, die lediglich Stoffe und Motive aus der Literatur übernehmen, ohne sich näher an den schriftliterarischen Vorlagen zu orientieren, vollziehen eine Adaption als *Aneignung von literarischem Rohstoff*. Sofern sie nicht den Anspruch einer Literaturverfilmung erheben, sind sie auch nicht als solche zu beurteilen. Eine *Illustration* hält sich hingegen an den Ablauf der Handlung der Vorlage, übernimmt deren Figurenkonstellation und setzt Dialoge wörtlich um, sie ist **bebilderte Literatur**[25]. Verfolgt eine solche Illustration das Ziel der Werktreue, so beruht sie laut KREUZER auf einem künstlerischen Irrtum, da die unterschiedlichen Medienästhetiken von Buch und Film ignoriert werden. Die dritte Adaptionsart ist die *interpretierende Transformation*, bei der nicht nur die Inhaltsebene ins Bild übertragen wird, sondern **die Form-Inhaltsbeziehung der Vorlage, ihr Zeichen- und Textsystem, ihr Sinn und ihre spezifische Wirkungsweise** erfasst werden müssen, so dass **im anderen Medium, in der anderen Kunstart und der anderen Gattung aus einem anderen Zeichenmaterial ein neues, aber möglichst analoges Werk entsteht**.[26] Analog bedeutet in diesem Zusammenhang eben nicht eine möglichst wörtliche Übernahme aus dem schriftliterarischen Text, sondern eine Übersetzung der schriftliterarischen in filmische Codes. Interpretierend ist die Transformation, **weil zuerst der Sinn des Werkganzen erfasst sein muss, bevor entschieden werden kann, welches Detail auf welche Weise sinngerecht umzusetzen sei.**[27] Die Kategorie der Werktreue ist damit obsolet, der *Werkbezug* einer interpretierenden Transformation kann natürlich trotzdem bestimmt werden. Die vierte Art der Adaption nennt KREUZER *Dokumenta-*

tion. Sie umfasst die Aufzeichnung von Theateraufführungen, die ohne den Anspruch einer Transformation der dramatischen Vorlage in die Gattung Spielfilm übertragen werden.

Neben dieser Typologie finden sich in der Forschungsliteratur zahlreiche weitere Systematisierungsversuche: GABRIELE SEITZ[28] unterscheidet zwischen *Stoffübernahme, Illustration* und *Interpretation*, HELMUT SCHANZE[29] untergliedert in *Transposition, Adaption, Transformation* und *Transfiguration*. WOLFGANG GAST[30] legt den Schwerpunkt seiner Typologie auf den intentionalen Aspekt der Verfilmung: *aktualisierend, ideologisierend, historisierend, ästhetisierend, psychologisch, popularisierend* oder *parodierend*. JÜRGEN WOLFF[31] unterscheidet schließlich – aus didaktischer Sicht – zwischen *stofforientierten, illustrierenden, analogisierend-medienspezifischen* und *rezeptiven* Adaptionen.

Der Nachteil aller dieser Kategorisierungen ist ihre Ausrichtung an Idealtypen, die in der Praxis freilich nur selten in Reinform vorkommen. Sie können allerdings bei einer grundsätzlichen Bestimmung des Verhältnisses von schriftliterarischem Text und filmischer Adaption behilflich sein: Greift der Film lediglich auf einzelne Motive und Figuren aus dem Schrifttext zurück oder wird er in seiner Gesamtheit adaptiert? Wie textnah ist die Verfilmung? Welche filmischen Codes werden als Übersetzung der schriftliterarischen Codes eingesetzt? Welchen Anspruch erhebt der Filmemacher an seinen Film?

1.7 Beispielanalyse: Verfilmungen von »Romeo und Julia« im Vergleich

Wie unterschiedlich Literaturverfilmungen ausfallen können, zeigt der Vergleich mehrerer filmischer Adaptionen ein und desselben Textes. WILLIAM SHAKESPEARES Tragödie *ROMEO UND JULIA* aus dem Jahr 1597 ist zweifellos eine der am meisten adaptierten schriftliterarischen Vorlagen. Der Stoff wurde vielfach in Form von Erzählungen und Romanen episiert, in Sinfonien, Opern und Musicals vertont, als Ballett oder Choreografie inszeniert und natürlich für das Kino und das Fernsehen verfilmt.

Für einen Vergleich mehrerer Verfilmungen[32] bieten sich die Schlüsselszenen des Textes an. In *ROMEO UND JULIA* eignet sich z. B. das erste Zusammentreffen von Romeo und Julia in der fünften Szene des ersten Aufzugs.[33] Die Szene spielt auf einem Fest im Hause Capulet, das ausgerichtet wird, um Julia mit ihrem Freier, dem Grafen Paris, bekannt zu machen. Romeo und seine Freunde, die dem Hause Montague angehören, schaffen es, sich zu dem Fest der verfeindeten Familie Zugang zu verschaffen. Ursprünglich war Romeos Ziel, sich mit Rosalinde zu treffen, in die er sich verliebt hat. Als er aber Julia erblickt, ist es um ihn geschehen und er ist sich sicher, niemals zuvor solche Schönheit erblickt zu haben. Gleichzeitig fliegt die Tarnung der Montagues auf, Tybalt erkennt Romeo und will einen Kampf. Der Gastgeber Capulet hält seinen Neffen zurück, doch Romeo und Julia müssen erkennen, dass sie zwei gegnerischen Familienhäusern angehören.

In SHAKESPEARES Dramentext treten in der Szene zuerst die Bediensteten auf, die ihrem Ärger über die Arbeiten im Rahmen der Feier Luft machen. Dann folgt Capulet, der mit vielen Witzen und Anspielungen seine Gäste begrüßt, den Bediensteten Befehle gibt und mit seinem Vetter über das Tanzen und Hochzeiten spricht. Romeo sieht Julia und erkundigt sich erfolglos bei einem seiner Bediensteten, wer sie sei. Es folgt ein kurzer Monolog, in dem Romeo Julias Schönheit preist. Unmittelbar darauf kommt Tybalt, der die Stimme Romeos erkannt hat und daraufhin mit Capulet spricht. Der darauf folgende erste Dialog zwischen Romeo und Julia bildet formal ein Sonnett.

Eine der berühmtesten Verfilmungen des SHAKESPEARE-Dramas stammt von dem italienischen Regisseur FRANCO ZEFFIRELLI aus dem Jahr 1968. Der Film *ROMEO UND JULIA* arbeitet mit einem historischen Ambiente und aufwändigen Kostümen, die Hauptrollen wurden mit zwei unbekannten jugendlichen Schauspielern besetzt. ZEFFIRELLIS Nähe zum Theater und zur Oper ist der Adaption deutlich anzumerken. Die Szene auf dem Fest (JZ 0:21:54–0:25:55) beginnt mit den Begrüßungen Capulets, dann begibt sich Romeo auf die Suche nach Rosalind und findet sie auch. Doch als er zufällig Julia erblickt, kann er buchstäblich seinen Blick nicht von ihr lassen. Bevor Romeo seinen Monolog spricht, gibt es im Film eine Sequenz von ca. 90 Sekunden, in der im Schuss-Gegenschuss-Prinzip ausschließlich die Blicke Romeos gezeigt werden. Diese bleiben von Julia nicht unbemerkt und so entsteht – bevor überhaupt ein einziges Wort ausgetauscht wurde – eine Beziehung über die gegenseitigen Blicke (Abb. 1–6). Bemerkenswert ist die filmische Umsetzung dieser Blickbeziehung: Wir sehen zuerst Romeo und entnehmen seiner Mimik, dass er etwas Besonderes entdeckt haben muss. Anschließend nehmen wir seine Perspektive ein und sehen durch die subjektive Kamera genau das gleiche Bild, das auch er sieht. ZEFFIRELLI inszeniert die Intensität dieses Blickes durch eine immer näher rückende Kamera: Romeo ist zuerst in einer halbnahen Einstellung zu sehen und wird dann recht schnell in der Großaufnahme gezeigt. Das ist notwendig, um die Mimik in seinem Gesicht gut erkennen zu können. Julia wird zuerst relativ distanziert in der Halbtotalen gezeigt und rückt dann langsam über Halbnah bis zur Großaufnahme heran. Obwohl die beiden ihren Standpunkt im Raum kaum verändern, wirkt es für den Betrachter des Films so, als würden sie sich näherkommen. Über das Spiel mit Nähe und Distanz durch den Einsatz bestimmter Einstellungsgrößen gelingt ZEFFIRELLI eine sehr überzeugende filmische Umsetzung dieses für die Handlung zentralen Ereignisses. Die gesprochenen Textpassagen bleiben hingegen sehr textnah, sie entsprechen – von einigen Kürzungen abgesehen – wortwörtlich dem Dramentext.

Romeo entdeckt Julia
(Einstellungsgröße: Halbnah)

Julia beim Tanz
(Halbtotale)

Romeo in Julias Bann
(Nah/Groß)

Julia tanzt weiter
(Halbnah)

Romeo setzt seine Maske auf
(Groß)

Julia erwidert Romeos Blick
(Groß)

Abb. 1–6: Die erste Begegnung der Liebenden in ZEFFIRELLIS *ROMEO UND JULIA*

Die Verfilmung von BAZ LUHRMANN unter dem Titel *WILLIAM SHAKESPEARES ROMEO + JULIA* aus dem Jahr 1996 übernimmt ebenfalls wortwörtliche Textpassagen aus dem Drama, alle neu erfundenen Dialoge werden dem SHAKESPEARE'SCHEN Sprachstil angepasst. Ansonsten ist die Adaption jedoch nicht besonders textnah: Das *LEXIKON DES INTERNATIONALEN FILMS* beschreibt den Film als Mischung aus **Versatzstücken des aktuellen Actionkinos, der Popmusik-Kultur, einer gehörigen Dosis religiösem Kitsch und dem 400 Jahre alten Originaltext**. Für den Zuschauer bedeutet **die überbordende Fülle der Einfälle** eine große Herausforderung. Als Zielgruppe wird deshalb die **MTV-Generation** benannt.[34]

LUHRMANN verfolgt zweifellos ein postmodernes Adaptionskonzept und weicht auch bei der Umsetzung der ersten Begegnung von Romeo und Julia (JL 0:23:09–0:29:12) deutlich von der Vorlage ab. Hier findet im »Capulet Mansion« eine ziemlich wilde Party statt, zu der Romeo offensichtlich unter Drogeneinfluss hinzustößt. Dem entspricht die filmische Gestaltung: Die Bilder sind sehr schnell aufeinander montiert, eine räumliche Orientierung ist aufgrund der wechselnden Kamerastandpunkte und dem Hin- und Herspringen zwischen Nähe und Distanz durch verschiedene Einstellungsgrößen kaum möglich. Teilweise werden Zeitlupe und Bildunschärfen eingesetzt. Die Irritation des Zuschauers wird durch das Sounddesign verstärkt, hier treffen Partymusik, überlaute und verzerrte O-Töne und durchgängige, bedrohlich wirkende Filmmusik aufeinander. Einer deutlich am Musical orientierten Tanz- und Gesangseinlage folgt eine visuelle »Karussellfahrt« Romeos und dann ein harter Schnitt zu einer Großaufnahme Romeos, der sich in der Toilette im Waschbecken sein Gesicht abkühlt.

Dem harten Schnitt auf der Bildebene entspricht ein abrupter Wechsel auf der Tonebene: Man hört nur noch das Plätschern des Wassers im Waschbecken und leise das Klavierintro eines Musikstücks. Romeo entdeckt im Spiegel das große Aquarium, das mitten im Raum steht. Er verfolgt einen Fisch mit seinem Blick, gleichzeitig folgt die Kamera seinen Bewegungen und fährt nach unten. Plötzlich schreckt er auf, weil er durch eine Koralle hindurch ein menschliches Auge gesehen hat. Auf der anderen Seite des Aquariums steht Julia, die beiden schauen sich an, Großaufnahmen wechseln sich ab (Abb. 7–8). Es folgt ein Spiel der beiden, sie bewegen sich parallel in unterschiedliche Richtungen, dabei überlagert immer wieder die Spiegelung von Romeos bzw. Julias Gesicht im Glas des Aquariums das Gesicht des Anderen (Abb. 9). Auf der Tonebene ist währenddessen ausschließlich das Musikstück *I'M KISSING YOU* zu hören, das inzwischen durch eine Parallelmontage als Auftritt einer Sängerin in der Partyhalle genauer charakterisiert wurde. Zum tatsächlichen Kuss kommt es zwar erst später, die von LUHRMANN neu hinzu erfundene Aquariums-Szene vermittelt jedoch eine sehr große emotionale

Intensität. Dies lässt sich durch den äußerst geschickten Einsatz der filmischen Mittel erklären, sowohl auf der Bild- als auch auf der Tonebene.

Obwohl die LUHRMANN-Verfilmung durch ihre »Videoclip-Ästhetik« eine völlig andere filmästhetische Konzeption verfolgt, sind die Parallelen zur Inszenierung von ZEFFIRELLI klar erkennbar. Auch hier wird versucht, die »Liebe auf den ersten Blick« filmisch umzusetzen. Wiederum spielt die sprachliche Ebene – außer im Text des Songs im Hintergrund – keine zentrale Rolle, es sind die Bilder und die Musik, die den »magischen Moment« erschaffen. LUHRMANN entscheidet sich wie ZEFFIRELLI für eine Begegnung der Blicke.

Abb. 7–9: LUHRMANNS postmoderne Version der ersten Begegnung von Romeo und Julia

Die Analyse dieser beiden Beispiele zeigt sehr schön den Unterschied zwischen Film und Theater: Auf der Bühne können natürlich auch Blicke ausgetauscht werden. Da jedoch der Standpunkt des Betrachters und vor allem der Winkel und der Bildausschnitt des Betrachteten im Theater nicht variabel sind, kommt eine Umsetzung wie bei ZEFFIRELLI oder LUHRMANN nicht in Frage. Das Theater muss deshalb andere Darstellungsweisen finden, die seinen medienästhetischen Möglichkeiten entsprechen. Interessant ist deshalb, den Blick in eine Theaterinszenierung von ROMEO UND JULIA zu werfen, um die Umsetzung mit den Filmversionen zu vergleichen. Hier ergibt sich die Schwierigkeit, dass bei TV-Aufzeichnungen von Inszenierungen eine Kombination aus theatralen und filmischen Darstellungsweisen vorzufinden ist. Doch selbst die speziell für das Fernsehen inszenierten Fassungen legen den Schwerpunkt auf die theatralen Mittel.

In der Inszenierung von LEANDER HAUSSMANN mit dem Bayerischen Staatsschauspiel München im Residenztheater aus dem Jahr 1993[35] ist z. B. die Feier der Capulets als solche kaum mehr wieder zu erkennen, der Dramentext wird radikal gekürzt und verändert. Für die erste Begegnung der beiden Liebenden stattet HAUSSMANN Romeo mit einem großen roten herzförmigen Luftballon aus, den er Julia zögernd zuschiebt und der dann über den beiden schwebt. Diese – ebenfalls visuell dominierte – Umsetzung funktioniert im medialen Rahmen des Theaters, weil sie – im Gegensatz zu den Blickwechseln bei ZEFFIRELLI und LUHRMANN – auch von einem weiter entfernten Zuschauerstandpunkt sichtbar ist.

Versucht man nun, die drei Beispiele den Adaptionstypen von KREUZER zuzuordnen, dann zeigen sich die Grenzen solcher Typologien. ZEFFIRELLI hält sich weitgehend an den Ablauf der Handlung des SHAKESPEARE-Textes, er übernimmt die Figurenkonstellation und behält die Textpassagen wortwörtlich bei. Insofern gilt seine Adaption nach KREUZER eindeutig als *Illustration*. Dieser Typ ist jedoch sehr eng mit dem Werktreue-Axiom und somit dem Vorwurf, der filmischen Medienästhetik nicht gerecht zu werden, verbunden. In Bezug auf ZEFFIRELLIS Film ist dieser Vorwurf aber kaum haltbar, wie bereits gezeigt wurde. Textnähe bedeutet somit nicht automatisch, dass eine Adaption »unfilmisch« ist.

LUHRMANNS verspielte Adaption kann man im Grunde nur der *interpretierenden Transformation* zuordnen, für eine *Aneignung von literarischem Rohstoff* ist die Verfilmung viel zu nah an der Dramenhandlung ausgerichtet. Ob der Film jedoch ein »analoges Werk« darstellt, ist fraglich, da die Interpretation teilweise sehr weit geht und fast parodistische Züge annimmt. Durch die Übernahme des SHAKESPEARE'SCHEN Sprachduktus entsteht andererseits wieder eine große Textnähe.

In Bezug auf die Fernsehfassung der HAUSSMANN-Inszenierung lässt sich die Kategorie *Dokumentation* anwenden, die allerdings quer zu den anderen Adaptionstypen steht. Denn die dokumentierte Theaterinszenierung muss natürlich wiederum auf ihre Textnähe und ihr Adaptionskonzept hin befragt werden.

Die vergleichende Beispielanalyse zu drei Verfilmungen von SHAKESPEARES *Romeo und Julia* sollte die Problematik der Einordnung und Bewertung von Adaptionen noch einmal am konkreten Beispiel verdeutlichen. Ein solcher Vergleich bietet sich auch für die Thematisierung der Adaptionsproblematik im Deutschunterricht an (vgl. Unterrichtssequenz U2).

2 Schriftliterarisches und filmisches Erzählen

Der Film hat sich im Laufe seiner relativ kurzen Geschichte schnell zu einem der wichtigsten Erzählmedien entwickelt, er kann als legitimer Erbe der literarischen Erzähltradition des 19. Jahrhunderts[36] bezeichnet werden. Gelernt hat er das Erzählen nicht zuletzt von der schriftlichen Literatur: Der Regisseur DAVID W. GRIFFITH hat sich bei der Montage seiner Filme in der Frühzeit des Kinos nachweislich an den Erzählformen von CHARLES DICKENS orientiert und auf diese Weise unter anderem die Parallelmontage entwickelt.[37]

Schrifttext und Filmtext sind zwei unterschiedliche mediale Präsentationsformen für Erzählungen. Die Grundelemente einer Geschichte (die Figuren, der Ort der Ereignisse und die Zeit, in der sie sich vollziehen[38]) sind in beiden Medien dieselben. Unterschiedlich ist jedoch die Darstellungsweise: Der schriftliterarische Text erzählt immer verbal, während der Film stets audiovisuell, also in Bild-Ton-Kombinationen erzählt. Um schriftliterarisches und filmisches Erzählen miteinander zu vergleichen, ist es notwendig, Analyseaspekte festzulegen, die in beiden Medien untersucht werden können, allerdings unter Berücksichtung der jeweiligen schriftliterarischen bzw. filmischen Codes. Als *tertium comparationis* bieten sich erzähltheoretische Kategorien an, die zwar ursprünglich für schriftliterarische Erzähltexte entwickelt, im Zuge der neueren narratologischen Forschung jedoch für die Analyse von Erzählungen in anderen Medien modifiziert und erweitert wurden.[39]

Das Erzählen von Geschichten weist also – unabhängig vom Erzählmedium – wiederkehrende strukturelle Elemente auf. SEYMOUR CHATMAN verdeutlicht dies in einem Schema (Abb. 10). Als Ausgangspunkt dient die Unterscheidung zwischen dem *Was* einer Erzählung (Geschichte, story, histoire) und dem *Wie* einer Erzählung (Erzähldiskurs, discourse, discours).[40]

Der Vorteil dieses Modells besteht darin, dass hier Erzählen grundsätzlich als medienunabhängig betrachtet wird. Das bedeutet, dass Schrifttext und Filmtext als gleichwertige Erzählmedien gelten. Damit ist eine Abqualifizierung der Verfilmung als sekundäres Medium von vornherein ausgeschlossen. Für die Ausdifferenzierung der Ebene des Erzähldiskurses bietet es sich an, zwischen *Zeit, Modus* und *Stimme* zu unterscheiden[41], jeweils bezogen auf das Medium der Umsetzung.

Die Gegenüberstellung von Erzählungen in Buch und Film erfordert da-

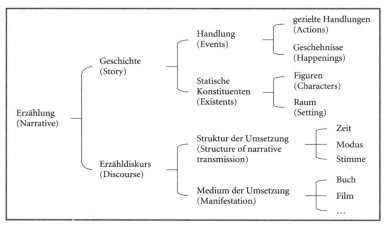

Abb. 10: Narratologisches Modell in Anlehnung an CHATMAN (1978)[42]

rüber hinaus eine zusätzliche Reflexionsebene, da **die in den sprachlichen und filmischen Zeichensystemen aufgebauten Codes strukturell nicht vergleichbar**[43] sind. Die semiotische Komplexität des Mediums Film wird in einer Definition von KLAUS KANZOG deutlich:

> Auszugehen ist [...] vom Film als einer zeitlich organisierten Kombination von visuellen und akustischen Zeichen, die über Bild und Schrift sowie Geräusch, Musik und Sprache spezifisch filmische Bedeutungseinheiten, d. h. ikonisch-visuelle und tonale (auditive) Codes bilden.[44]

Alle diese Zeichenelemente sind auf die narrative Struktur bezogen. Erzählt wird im Film also im Gegensatz zum Roman nicht nur verbalsprachlich, sondern im Zusammenspiel von visuellen und auditiven Codes (Abb. 11).

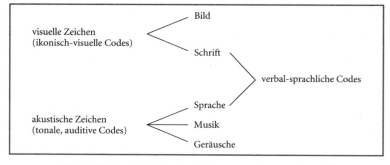

Abb. 11: Filmische Zeichen in Anlehnung an KANZOG (1981)[45]

Die Bildebene erfordert wiederum eine Ausdifferenzierung. Das filmische Bild kann durch eine Vielzahl von Parametern beschrieben werden, insbesondere Einstellungsgröße, Kameraperspektive und Bildkomposition. Hinzu kommen weitere Aspekte wie Kamerabewegung, Montage, Beleuchtung, Farbe usw. Die wichtigsten Grundbegriffe zur Beschreibung der filmischen Zeichen auf der visuellen und auditiven Ebene werden später in Kapitel 3 erläutert. Zuvor wird anhand der medienunabhängigen Kategorien der Narratologie das schriftliterarische dem filmischen Erzählen gegenübergestellt.[46]

2.1 Geschichte: Was wird erzählt?

2.1.1 Handlung

Eine Handlungsanalyse ist mehr als eine Nacherzählung oder Inhaltsangabe. Sie kann erstens die an der Oberfläche des Textes erkennbaren Handlungselemente identifizieren sowie ihre Beziehungen zueinander beschreiben und zweitens wiederkehrende Elemente in Form von Handlungsmustern analysieren.[47]

Für die Beschreibung von Handlung haben sich folgende Begriffe bewährt: Das *Ereignis* ist die elementare Einheit eines narrativen Textes im Bereich der Handlung, als *Geschehen* wird eine chronologische Folge von Ereignissen bezeichnet. Die *Story* ist die kausal-lineare und chronologische Kette von Ereignissen, also ein Geschehen, das neben einem zeitlichen auch einen kausalen Zusammenhang aufweist. Als *Plot* wird schließlich die Präsentation der Ereignisse im zeitlichen Verlauf der Erzählung, ihre tatsächliche Auswahl und Anordnung im schriftliterarischen Erzähltext oder im Film gefasst. Die Ordnung der Ereignisse im Plot muss nicht der Ordnung der Story entsprechen.

Am Beispiel einer Kriminalerzählung lässt sich der Unterschied zwischen Story und Plot sehr gut veranschaulichen (Abb. 12): Die Erzählung setzt mit der Entdeckung eines Mordes ein. Im Anschluss daran ermittelt ein Detektiv und findet heraus, wie der Mord verübt wurde, wer der Täter ist und welches Motiv er hatte. Die Geschichte als linear-chronologische Kette von Ereignissen besteht demnach aus den Ereignissen A bis F, die Erzählung selbst – also der Plot – setzt jedoch erst bei D ein und liefert A bis C am Ende nach. Dieses Handlungsschema ist ein Muster, das bei Kriminalromanen und -filmen oftmals verwendet wird, natürlich sind andere Präsentationsformen dieser Geschichte denkbar: Anstatt dem Detektiv und seiner Ermittlung zu folgen, könnte die Erzählung auch die Perspektive des Verbrechers einnehmen und chronologisch von A ausgehend erzählen. Oder die Erzählung könnte mit der Ausführung des Verbrechens C einsetzen und A und B später nachliefern.

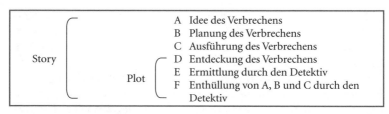

Abb. 12: Story und Plot in einer Kriminalerzählung[48]

Unterschieden werden muss zwischen *Handlungen*, die von Figuren ausgeführt werden und somit intendiert sind, und *Geschehnissen*, die nicht auf menschliche Ursachen zurückgehen. Diese Bestandteile der Handlung können entweder *verknüpft* sein, also für den Fortgang der Haupthandlung unmittelbar kausal notwendig, oder *frei*, wenn sie keine kausalen Beziehungen aufweisen.[49]

Besondere Aufmerksamkeit verdienen Erzählanfang und Erzählschluss. Sie zählen zu den Textteilen, die nach der Lektüre am stärksten im Bewusstsein der Rezipienten haften bleiben und zentral für die Informationsverarbeitung sind:

> Denn zum einen werden in einem Text die an späteren Stellen vergebenen Informationen stets im Licht des schon am Erzählanfang Gesagten gedeutet, zum anderen findet am Erzählschluss eine Rekapitulation des Gelesenen unter Anpassung aller früheren Informationen an das zuletzt Präsentierte statt [...].[50]

Dies gilt natürlich nicht nur für das schriftliterarische, sondern auch in gleichem Maße für das filmische Erzählen. Erzählanfang und Erzählschluss nehmen somit **eine Schlüsselrolle bei der Interpretation eines Textes**[51] ein und sind deshalb gute Ansatzpunkte für die Analyse eines Schrift- oder Filmtexts.

Beim Erzählanfang lassen sich vier Typen unterscheiden: Wird von der Vorgeschichte ausgehend die eigentliche Geschichte entfaltet, spricht man von einem Beginn *ab ovo*. Setzt die Erzählung mitten in der Geschichte ein, beginnt sie *medias in res*. Entsprechend wird eine Erzählung, die mit dem Ende der Geschichte beginnt, als *in ultimas res* bezeichnet. Schließlich kann dem eigentlichen Erzählanfang ein *Vorwort* vorangestellt sein, z.B. eine Widmung oder Rahmenerzählung.[52]

Erzählschlüsse können als *offen* oder *geschlossen* beschrieben werden, wobei diese Kategorien wenig aussagekräftig sind. KRINGS weist darauf hin, dass hier zwischen Geschichte und Erzähldiskurs unterschieden werden muss.[53] Ansatzpunkte sind auf der Ebene der Geschichte: Schicksal der Hauptfiguren, Lösung des Grundkonflikts, Erkenntnisgewinn der Hauptfiguren, überraschende Pointe, inhaltliche Parallelen von Erzählanfang und

Erzählende. Auf der Ebene des Erzähldiskurses können diese Parallelen in Bezug auf die schriftliterarischen und filmischen Codes hin untersucht werden, außerdem ist interessant, wie die Schlusssequenz auf der formalstrukturellen Ebene markiert wird, z. B. durch Wechsel der Erzähldauer, der Fokalisierung usw.

2.1.2 Figuren

Elementar für die Handlung eines Films sind die *Figuren* und die *Figurenkonstellation*. Im Gegensatz zu schriftliterarischen Texten sind Figuren im Film visuell und auditiv präsent und werden vom Rezipienten deshalb analog zu realen Personen beurteilt. Außer durch ihr Erscheinungsbild und ihre Stimme werden sie durch ihre sprachlichen Äußerungen und durch ihr Verhalten charakterisiert. Diese Faktoren entscheiden – zusammen mit der Funktion der Figur im Rahmen der Narration – über eine *Identifikation* oder *Nichtidentifikation* durch den Zuschauer. Unterschieden wird zwischen *Haupt-* und *Nebenfiguren*, wobei die Hauptfigur oftmals gleichzeitig der *Held* der Erzählung ist. Je nach Genre gibt es bestimmte Stereotypen, die von den Figuren repräsentiert werden, beispielsweise der Sheriff und der Revolverheld im Western. In Bezug auf Figurenkonstellationen sind Figurenpaare wie z. B. der Kommissar und der Mörder, der Reiche und der Arme usw. oder Dreiecks-Konstellationen wie z. B. eine Frau zwischen zwei Männern handlungsleitend. Für die schematische Darstellung von Figurenkonstellationen gibt es inzwischen Notationsstandards[54], die sowohl für schriftliterarische wie für filmische Erzählungen verwendet werden können.

Eine Figurencharakterisierung ermittelt die *Selbstcharakterisierungen* (direkte Charakterisierungen) einer Figur, z. B. durch ihre Äußerungen und Verhaltensweisen, und die *Fremdcharakterisierungen* (indirekte Charakterisierungen) durch andere Figuren oder den Erzähler. Die so genannten *flachen Figuren* (flat characters) sind auf der Basis einer einzigen Idee oder Eigenschaft konzipiert und verändern sich im Lauf der Erzählung nicht. Die *runden Figuren* (round characters) hingegen überraschen den Rezipienten immer wieder, weil sie nicht so leicht einzuordnen sind und sich weiterentwickeln oder verändern können.[55]

2.1.3 Raum

Raum und Zeit sind konstitutiv für die Konstruktion von erzählten Welten. Sowohl die Literatur- als auch die Filmtheorie haben der Analyse von erzählten Räumen weitaus weniger Aufmerksamkeit geschenkt als der Beschreibung von Zeitdarstellung, so dass für diesen Bereich relativ wenige Analysemodelle vorliegen. Räume fungieren in Erzählungen nicht lediglich als Schauplätze, sondern sie erfüllen eine **Erzählfunktion**.[56] So können räumliche Oppositionen zum Modell für semantische Oppositionen[57] werden, zwei gegnerischen Parteien besetzen in einer Erzählung meistens auch gegensätzliche Räume. Dabei sind die Dimensionen rechts/links, oben/unten und vorne/hinten zentral. Wichtige Ansatzpunkte für die Raumanalyse sind *Grenzen*, die den Gesamtraum in Teilräume gliedern. Die Figuren als Handlungsträger können diese Grenzen überschreiten und durch solche Normverletzungen die Handlung in Gang bringen, z. B. durch das Auslösen eines Konflikts.

In Bezug auf den Raum besteht ein grundsätzlicher Unterschied zwischen der Darstellung im schriftliterarischen Erzähltext und im Film. Während in der Literatur Raumillusionen ausschließlich durch Sprache geschaffen werden und somit letztlich in der Imagination des Lesers, bildet der Film Räume unmittelbar ab. Dies geschieht allerdings als zweidimensionale Projektion, die in der Wahrnehmung des Betrachters aufgrund von Tiefenkriterien des Bildes und vor allem durch die Illusion von Bewegung – der Kamera und der Objekte vor der Kamera – zu einer der **stärksten Raumillusionen**[58] wird. Da der Film stets nur Ausschnitte aus dem gesamten erzählten Raum zeigt, entsteht der eigentliche filmische Raum – wie beim Leser – im Kopf des Betrachters. Voraussetzung hierfür ist eine entsprechende Montage der einzelnen Einstellungen, die dem Zuschauer die Konstruktion einer Raumillusion erst ermöglicht. Beim Filmschauen wird der **Off-Raum, also der Teil des Raumes, der nicht im Bild gezeigt wird, als Verlängerung des Bildraums selbstverständlich vorausgesetzt.**[59]

2.2 Erzähldiskurs: Wie wird erzählt?
2.2.1 Zeit

Bei der Unterscheidung von Geschichte und Plot wurde festgestellt, dass eine Erzählung nicht immer chronologisch aufgebaut ist. In einer Zeitanalyse wird nach der Ordnung der Ereignisse, nach ihrer Dauer – also dem Verhältnis von Erzählzeit und erzählter Zeit – und der Erzählhäufigkeit gefragt.

Ordnung

In Bezug auf die Kategorie der Zeit kann man zuerst einmal feststellen, in welcher Reihenfolge das Geschehen in einer Erzählung vermittelt wird. Die einfachste *Ordnung* ist das chronologische Nacheinander der Ereignisse (A–B–C). Eine Abweichung von diesem Prinzip der Sukzessivität wird *Anachronie* genannt. Diese kann durch eine *Analepse* entstehen, also eine Rückwendung, in der ein Ereignis, das sich in der Geschichte zu einem früheren Zeitpunkt ereignet hat, nachträglich erzählt wird (B–A–C). Eine *Prolepse* (Vorausdeutung) kommt in Erzählungen weniger häufig vor. Hier wird ein

Ereignis, das sich erst noch ereignen wird, vorwegnehmend erzählt (A–C–B). Lässt sich überhaupt kein zeitlicher Zusammenhang im Rahmen einer Erzählung rekonstruieren, spricht man von *Achronie*.

BRIAN HENDERSON stellt die These auf, dass die Mehrheit der Filme aus jeder filmhistorischen Epoche streng chronologisch erzählt wurden.[60] Anachronie taucht in Form von Flashbacks – also Analepsen – von Zeit zu Zeit im Film auf, Prolepsen als Flashforwards kommen äußerst selten vor. Das filmische Erzählen bevorzugt also ganz offensichtlich die Chronologie, was sicherlich darauf zurückzuführen ist, dass auf der rein sprachlichen Ebene des schriftliterarischen Erzähltextes bereits über das Tempus eine Zeitlichkeit gegeben ist. Eine Einstellung in einem Film besitzt diese nicht automatisch. Eine Aneinanderreihung von Filmbildern lässt beim Betrachter unwillkürlich den Eindruck eines kontinuierlichen Zeitablaufs entstehen.[61]

Dauer

Die Kategorie der *Dauer* erfasst das Verhältnis von Erzählzeit und erzählter Zeit. Bei einem Roman fällt die Messung der Erzählzeit relativ schwer, weil die Lesezeit im Vergleich mehrerer Leser sehr stark variieren kann. Die Erzählzeit eines Films ist gleich der Wiedergabezeit, die sich auf die Sekunde genau messen lässt. Entspricht die erzählte Zeit in etwa der Erzählzeit, dann kann man von *zeitdeckendem* oder auch *szenischem Erzählen* sprechen. In Buch und Film kommt diese Form vor allem bei Dialogen zwischen Figuren vor. Die so genannte Plansequenz im Film ist ebenfalls ein Beispiel für Zeitdeckung: Hier wird ein längerer Zeitabschnitt in einer einzigen Einstellung – also ohne Schnitt – gezeigt. ALFRED HITCHCOCK hat dieses Verfahren in COCKTAIL FÜR EINE LEICHE (1948) über die gesamte Filmlänge hinweg angewandt. Ein weiteres berühmtes Beispiel ist die Eingangssequenz von IM ZEICHEN DES BÖSEN (1958) von ORSON WELLES, die in einer sehr kunstvollen Kamerafahrt realisiert wurde.

Zeitdehnung liegt vor, wenn die Erzählzeit länger ist als das Geschehen, das erzählt wird. Im Roman findet sich diese Art der Zeitgestaltung vor allem bei der Wiedergabe von Bewusstseinsinhalten einer Figur durch den Erzähler oder bei sehr detaillierten Beschreibungen von Vorgängen. Der Film kann hier auf seine technischen Möglichkeiten zurückgreifen. In einer Zeitlupe läuft die Zeit tatsächlich langsamer ab als in Wirklichkeit. Allerdings unterläuft diese Form der Darstellung die Illusionswirkung beim Zuschauer, da es solche Zeitlupen in der natürlichen Seherfahrung nicht gibt.

Das Gegenteil der Zeitdehnung ist die *Zeitraffung*, hier ist die Erzählzeit kürzer als das erzählte Geschehen. In Roman und Film wird diese Darstellungsweise benutzt, um einen Zeitraum verkürzend zusammenzufassen, seien es Minuten, Stunden, Tage, Monate oder Jahre. Im Film werden hierzu einzelne Bilder aus einem länger dauernden Zeitraum herausgegriffen und aneinandergereiht. So kann durch die Bildfolge aus einem Bahnhof, einem fahrenden Zug aus verschiedenen Ansichten, Gleisen, weiteren Bahnhöfen und evtl. dem Wechsel von Tag- und Nachtzeit eine längere Zugfahrt zeitraffend erzählt werden.

Ellipsen sind Zeitsprünge, also ebenfalls eine Form des zeitraffenden Erzählens. Allerdings wird hier eine bestimmte Zeitspanne der Geschichte komplett ausgespart. Dies kann in der Erzählung markiert werden – z. B. »zwei Tage später« – oder unmarkiert bleiben. Das Gegenteil einer Ellipse ist die *Pause*, das heißt die Erzählung läuft weiter, während das Geschehen still steht. Im Roman entsteht eine Pause z. B. bei der Beschreibung von Figuren oder Örtlichkeiten, im Film gestaltet sich das etwas schwieriger. Wie bereits angemerkt, wird eine Aneinanderreihung von Filmbildern automatisch als zeitliches Kontinuum angenommen. Eine technische Umsetzung der Pause ist der Freeze Frame, also das Einfrieren des Bildes.

Frequenz

Eine weitere Unterkategorie des Untersuchungsbereichs der Zeit ist bei GÉRARD GENETTE die *Frequenz*, also die Frage, ob bestimmte Ereignisse mehrfach erzählt werden. Im Film kommt das vor allem bei mehrperspektivischen Erzählungen vor, berühmtestes Beispiel ist AKIRA KUROSAWAS Film *RASHOMON* aus dem Jahr 1950. Auch in *LOLA RENNT* (1998) von TOM TYKWER werden drei Varianten einer Geschichte nacheinander präsentiert.

Problematisch wird die Analyse der Zeitgestaltung im Film, wenn die einzelnen Codes der Bild- und Tonebene sich nicht gegenseitig ergänzen, sondern unterschiedliche Zeitlichkeiten konstruieren. So kann beispielsweise eine Stimme aus dem Off eine größere Zeitspanne raffend zusammenfassen, während gleichzeitig im Bild ein Geschehnis zeitdeckend oder sogar zeitdehnend in Zeitlupe abgebildet wird. Theoretisch sind auf diese Weise viele Kombinationen denkbar, so dass die filmische Erzählung eine mehrschichtige Zeitstruktur besitzen kann.

2.2.2 Modus

Im Bereich des Modus geht es um die Frage, wie mittelbar oder unmittelbar und aus welcher Perspektive heraus erzählt wird.

Distanz

In einer Erzählung kann das Geschehen entweder direkt durch den Erzähler dargestellt werden, indem er von den Ereignissen berichtet. Diese Präsentationsform wird *narrativer Modus* oder in Bezug auf PLATON auch *Diegesis* genannt. Die andere Möglichkeit besteht darin, dass der Erzähler seine Figuren sprechen lässt und somit hinter diese zurücktritt. In diesem Fall spricht man vom *dramatischen Modus* bzw. von *Mimesis*. Im Vergleich von Buch und Film ist leicht nachzuvollziehen, dass allein schon durch die Medialität das schriftliterarische Erzählen dem narrativen Modus und das filmische Erzählen dem dramatischen Modus näher steht. Der Film konfrontiert den Zuschauer zeitlich direkt mit seinem Informationsangebot und **versetzt ihn *ad hoc* in den Status eines Zeugen**; er spricht so das **Gegenwartsempfinden**[62] des Zuschauers an. Der Film muss also immer etwas *zeigen*, während der schriftliterarische Erzähler sich auf das *Berichten* beschränken kann.

In diesem Zusammenhang stellt sich eine grundsätzliche Frage, die in der Narratologie seit längerem kontrovers diskutiert wird: Gibt es überhaupt einen Filmerzähler?[63] In manchen Filmen tritt ein expliziter Erzähler auf, z. B. in Form einer Stimme aus dem Off oder als Zwischentitel im Stummfilm, so dass die Erzählinstanz klar erkennbar ist. Doch in vielen Filmen fällt es schwer, den Erzähler zu lokalisieren, weil nicht eindeutig bestimmbar ist, wer eigentlich die Bilder sieht und die Töne hört, die wir als Rezipienten präsentiert bekommen. Einige Filmwissenschaftler, wie z. B. DAVID BORDWELL, gehen so weit, die Existenz einer Erzählinstanz im Film vollständig abzulehnen. Andere Ansätze sehen die Kamera als Erzählerin oder konstruieren eine neue Instanz, z. B. »grand imagier« (CHRISTIAN METZ) oder »filmic composition device« (MANFRED JAHN). Sicher ist, dass der Spielfilm nicht zwingend über einen personalisierten Erzähler verfügt, er **verteilt die Erzählaktivität auf mehrere Funktionsträger**[64]. Insgesamt lässt sich festhalten, dass im Film die Erzählinstanz im Vergleich zum schriftsprachlichen Erzähltext zurücktritt.

In Bezug auf die Unterscheidung von narrativem und dramatischem Modus gilt für das filmische wie für das schriftliterarische Erzählen, dass es zahlreiche Möglichkeiten gibt, die beiden Modi miteinander zu verknüpfen. Im schriftliterarischen Erzähltext ist es beispielsweise die Kombination von Figurenrede und Erzählerkommentar, im Spielfilm spielt die Kategorie Nähe/Distanz durch die unterschiedlichen Einstellungsgrößen in jedem einzelnen filmischen Bild eine zentrale Rolle.

Fokalisierung

Da die filmische Erzählung maßgeblich eine visuell dominierte Erzählform darstellt, ist die Kategorie der Fokalisierung von besonders großem Interesse. Als *interne Fokalisierung* bezeichnet man das Erzählen aus der eingeschränkten Perspektive einer einzelnen Figur. Der Rezipient sieht nur das, was auch die Figur sieht. Im schriftliterarischen Erzähltext findet sich diese Darstellungsweise beim personalen und beim Ich-Erzähler, es gibt auch viele längere Texte, die ausschließlich intern fokalisiert erzählt werden.

Im Film entspricht die interne Fokalisierung der subjektiven Kamera, also der Darstellung des subjektiven Blickwinkels einer Figur. Diese Darstellungsweise kommt zwar häufig in Filmen vor, meist allerdings nur für eine einzige Einstellung oder eine kurze Sequenz. Es gibt nur wenige Filme, die komplett die subjektive Perspektive einer Figur übernehmen. Am Beispiel von DIE DAME IM SEE (1946) wird deutlich, weshalb das so ist: In der Verfilmung des Romans von RAYMOND CHANDLER wird das gesamte Geschehen aus des subjektiven Sicht des Detektivs Marlowe gezeigt, dessen Stimme gleichzeitig aus dem Off als Erzählerstimme zu hören ist. Der Protagonist selbst ist jedoch fast überhaupt nicht zu sehen. Dies geschieht nur am Anfang im Erzählerprolog und während des Films, als Marlowe in den Spiegel schaut (Abb. 13–14). Für den Zuschauer ist diese Form der filmischen Erzählung sehr ungewohnt, weil er in der Regel der Hauptfigur zuschaut, sie begleitet und nur in kurzen Abschnitten ganz in sie hineinschlüpft. Hinzu kommt, dass in DIE DAME IM SEE alle Figuren direkt in die Kamera schauen, um dem Zuschauer den Eindruck zu vermitteln, er selbst sei Marlowe.

Abb. 13–14: Subjektive Kamera in DIE DAME IM SEE (1946): Marlowe im Erzählerprolog und beim Blick in den Spiegel

Der Versuch, mit dieser Darstellungsweise die natürliche visuelle Wahrnehmung des Menschen zu imitieren, kann als gescheitert betrachtet werden. Für den Zuschauer entsteht nicht der angestrebte hohe Illusionsgrad, also das Gefühl, mit Marlowe zu »verschmelzen«, sondern eher das Gegenteil: Die ständige subjektive Kamerasicht und die direkte Ansprache durch die Figuren irritieren.

Die interne Fokalisierung im Film ist jedoch nicht zwingend an eine rein subjektive Kamera gebunden. Es gibt Filme, die ihre Geschichte aus der Sicht des Protagonisten erzählen, ohne ständig eine subjektive Kamera zu verwenden. JÜRGEN KÜHNEL nennt als Beispiel den Film ROSEMARY'S BABY (1967), in dem es keine Szene gibt, in der die Protagonistin Rosemary nicht präsent ist.[65] Alle subjektiven und alle Traumbilder sind ebenfalls aus ihrer

Perspektive aufgenommen. Filmisches Erzählen arbeitet demnach mit einer **Fluktuation zwischen subjektiver und objektiver Kamera**[66].

Eine Erzählung mit *externer Fokalisierung* wird von einem Außenstandpunkt heraus erzählt. Der Erzähler weiß weniger als seine Figuren, er gibt keinerlei Einblicke in die Gefühls- oder Gedankenwelt einer Figur. Für den Film würde das bedeuten, alle Hinweise auf die Befindlichkeit von Personen auszusparen, doch schon jede Großaufnahme eines Gesichts zeigt automatisch, ob die Figur sich freut, traurig ist oder erstaunt usw. Eine strenge externe Fokalisierung würde also eine sehr distanzierte Kamera voraussetzen. Diese Form der Darstellung ist deshalb im Spielfilm eher selten.

Ganz anders sieht es mit der *Nullfokalisierung* aus. Sie ist auktorial, hier weiß und sieht der Erzähler mehr als die einzelnen Figuren. Der Rezipient erhält einen Überblick über das gesamte Geschehen. Im Film wird dies entweder durch eine »allwissende« Erzählerstimme aus dem Off realisiert oder durch den ständigen Wechsel der Perspektive. Die Geschichte wird also nicht vom Standpunkt einer einzelnen Figur heraus erzählt. Diesem Fokalisierungstyp, **der genauer betrachtet ein ständiger Wechsel der Fokalisierung ist**[67], dürfte die Mehrzahl der Spielfilme entsprechen.

2.2.3 Stimme

Die letzte Kategorie nimmt die Beziehung des Erzählers zum Erzählten in den Blick. Erzählinstanz kann im Film – wie bereits problematisiert wurde – entweder eine Erzählerfigur sein, die als Off-Stimme in Erscheinung tritt oder eine nichtpersonale Instanz, die sich aus der Kombination verschiedener Elemente auf der Bild- und Tonebene wie Kamera, Montage, Musik usw. zusammensetzt.[68]

Stellung des Erzählers

Eine Erzählerfigur kann außerhalb der erzählten Geschichte stehen und somit *heterodiegetisch* sein. Dies trifft z. B. auf die Erzählerstimme in MARTIN SCORSESES Film ZEIT DER UNSCHULD (1993) zu. Ist die Erzählerfigur selbst Teil der erzählten Welt, handelt es sich um einen *homodiegetischen* Erzähler. In der Verfilmung von DOKTOR SCHIWAGO (1965) tritt mit Jewgraf beispielsweise eine an der Handlung beteiligte Figur als Erzähler auf, auch der Erzähler im bereits genannten Film DIE DAME IM SEE ist homodiegetisch.

Zeitpunkt des Erzählens

Ein weiterer Aspekt der Kategorie *Stimme* ist die Frage nach dem Zeitpunkt des Erzählens. Schriftliterarisches Erzählen ist im Regelfall *späteres Erzählen*, es findet im epischen Präteritum statt. Filmisches Erzählen ist hingegen meistens *gleichzeitiges Erzählen*, sofern keine Erzählerstimme verwendet wird. Tritt ein Erzähler aus dem Off in Erscheinung, kann dieser zwar sprachlich die zeitliche Distanz zwischen dem Geschehen und dem Erzählzeitpunkt deutlich machen, durch die gleichzeitige Darstellung des Geschehens in Bild und eventuell Ton, wird dieses jedoch für den Zuschauer direkt erlebbar: **Was für die »Erzähler-Stimme« Vergangenheit ist, wird vor den Augen des Zuschauers zu einem fiktionalen »Hier und Jetzt«.** KÜHNEL nennt dieses Phänomen **Fluktuation zwischen späterer und gleichzeitiger Narration.**[69] Die dritte Form, das *frühere Erzählen* kommt sowohl im Roman wie im Film nur sehr selten vor, beispielsweise in Verbindung mit Prolepsen oder Traumbildern.

Erzählebenen

In manchen Erzählungen können verschiedene Erzählebenen unterschieden werden. Wenn beispielsweise ein Erzähler die Geschichte eines anderen Erzählers wiedergibt, kann man von einer Binnenerzählung sprechen. Zur Unterscheidung der Erzählebenen wird die Rahmenerzählung, die auf der ersten Ebene angesiedelt ist, als *extradiegetisch* bezeichnet. Der extradiegetische Erzähler wendet sich an einen Adressaten außerhalb der erzählten Welt. Die Binnenerzählung – auf der zweiten Ebene – wird als *intradiegetische Erzählung* genannt. Intradiegetische Erzähler haben grundsätzlich einen Adressaten innerhalb der erzählten Welt.

Die Kombination verschiedener Erzählebenen hat z. B. im novellistischen Erzählen eine lange Tradition, auch in Filmen gibt es vielfach Rahmen- und Binnenhandlungen. So besteht z. B. der größte Teil des Blockbusters TITANIC (1997) aus einer intradiegetischen Erzählung: Die Protagonistin Rose erinnert sich im hohen Greisenalter daran, wie sie als junge Frau den Untergang der Titanic miterlebt hat.

2.3 Beispielanalyse: Reflexionen über das Erzählen in »Smoke«

Die in diesem Band vorgeschlagene Methode zur Auseinandersetzung mit Literaturverfilmungen setzt eine Reflexion des Erzählens in verschiedenen Medien voraus. Der Film *SMOKE* (1995) von PAUL AUSTER und WAYNE WANG eröffnet die seltene Gelegenheit, an einem einzigen Beispiel das schriftliterarische, das mündliche sowie zwei Formen des audiovisuellen Erzählens gegenüberzustellen.

Der Film ist episodisch angelegt, er erzählt unter anderem die Geschichte des Schriftstellers Paul, der durch einen Raubüberfall seine Frau verloren und diesen Schmerz noch nicht überwunden hat. Diese und mehrere andere Geschichten vernetzen sich im Tabakwarenladen von Auggie, dem zentralen Schauplatz des Films. Von Auggie erfahren wir im Laufe des Films, dass er seit vielen Jahren jeden Tag um acht Uhr morgens an der Straßenecke vor seinem Laden in Brooklyn ein Foto schießt und dieses in chronologischer Reihe mit den anderen Fotos archiviert.

Am Ende des Films, als eigentlich alle Geschichten zu Ende erzählt sind, wird – quasi als Epilog – die Geschichte nachgereicht, wie Auggie zu seiner Fotokamera kam, mit der er jeden Tag fotografiert. Der Erzählanlass für die Geschichte ist die Not des Schriftstellers Paul, der für die New York Times eine Weihnachtsgeschichte schreiben soll, dem aber nichts einfallen will. Auggie bietet an, ihm für ein Mittagessen die beste Weihnachtsgeschichte zu erzählen, die er je gehört hat.

Interessant ist nun zum einen die Entstehungsgeschichte dieser Erzählung. Der Drehbuchautor und Co-Regisseur des Films SMOKE, PAUL AUSTER, hat selbst 1990 einen Text mit dem Titel *AUGGIE WRENS CHRISTMAS STORY* in der New York Times veröffentlicht. Diese Geschichte hat den Regisseur WAYNE WANG dazu veranlasst, AUSTER zu bitten, gemeinsam mit ihm einen Spielfilm daraus zu machen.

Interessant ist zum anderen die Darstellungsweise der Geschichte im fertigen Film. Die Weihnachtsgeschichte wird dort nicht als Episode in die Filmhandlung integriert, sondern es wird die Situation des mündlichen Erzählens nachinszeniert. Der Film erzählt mit seinen filmischen Mitteln, wie Auggie Paul die Geschichte mündlich erzählt. Damit nicht genug, der Abspann des Films ist eine weitere, audiovisuell erzählte Version der Geschichte, dieses Mal als Abfolge von quasi-dokumentarischen Schwarz-Weiß-Fotografien, untermalt durch einen Song von TOM WAITS.

2.3.1 Die schriftliterarische Erzählung

Im ursprünglichen Text (SA 152–162), der in der New York Times erschienen ist, berichtet ein homodiegetischer Ich-Erzähler namens Paul mit interner Fokalisierung von seinem Verhältnis zum Zigarrenverkäufer Auggie Wren. Dieser erfährt zufällig, dass Paul ein berühmter Schriftsteller ist und zeigt ihm daraufhin sein Fotoprojekt, mit dem er einen Augenblick jedes Tages um acht Uhr morgens vor seinem Tabakladen dokumentiert. Zuerst ist Paul irritiert und stellt sich die Frage, wozu dieser Aufwand gut sein soll, dann erkennt er allmählich den philosophischen und künstlerischen Anspruch des Projekts. Einige Jahre später kommt die Anfrage von der Times und der Erzähler bittet Auggie um eine Geschichte. An dieser Stelle (SA 156) wechselt die Erzählform vom narrativen in den dramatischen Modus, denn die nächsten vier Seiten bestehen ausschließlich aus der Wiedergabe von Auggies Erzählung in direkter Rede. Zur extradiegetischen Rahmenerzählung Pauls tritt die intradiegetische Ebene mit Auggie als Erzähler. Es folgt ein kurzer Dialog der beiden Männer, dann nimmt der Ich-Erzähler Stellung in Bezug auf Auggies Geschichte. Er zieht in Erwägung, dass dieser alles nur erfunden haben könnte, fragt aber nicht nach:

> Er hatte mich dazu gebracht, ihm zu glauben, und das war das einzige, was zählte. Solange auch nur ein Mensch daran glaubt, gibt es keine Geschichte, die nicht wahr sein kann. (SA 161)

Die Darstellungsweise in der schriftliterarischen Version dieser Erzählung vermittelt uns also neben der Handlung der Geschichte die Einsicht in die Gedankenwelt des Ich-Erzählers. Der Kern der Geschichte, die Binnenerzählung Auggies, wird nicht einfach nur wiedergegeben, sondern durch den Erzähler kontextualisiert und kommentiert.

2.3.2 Die mündliche Erzählung im Film

Im Film werden zwei Geschehnisse aus der schriftliterarischen Erzählung voneinander abgelöst. Die Vorstellung des Fotoprojekts findet bereits zu einem früheren Zeitpunkt des Filmplots statt (SW 0:10:15–0:17:20), sie übernimmt eine wichtige Funktion bei der Charakterisierung der beiden Figuren. Paul schaut im Film die Fotos nicht einfach nur an, er entdeckt zufällig auf einem Bild seine Frau, zu einem Zeitpunkt kurz vor ihrem Tod. Diese Entdeckung verhilft ihm zum Verständnis von Auggies Projekt.

Die restlichen Handlungselemente werden in die Schlusssequenz des Films (SW 1:26:13–1:39:20) übernommen: Paul kommt zu Auggie in den Laden, fragt nach der Weihnachtsgeschichte, trifft sich mit ihm im Restaurant, dort erzählt dieser die Geschichte und sie unterhalten sich kurz darüber. Die filmische Darstellung der mündlichen Erzählsituation erscheint zuerst als sehr unspektakulär. Man sieht in halbnaher Einstellungsgröße, wie Auggie am Tisch im Restaurant sitzt und Paul sich dazusetzt (Abb. 15). Dann beginnt Auggie zu erzählen, weiterhin in halbnahen Einstellungen (Abb. 16), im Schuss-Gegenschuss-Verfahren sieht man Pauls Reaktionen auf diese Erzählung, die zunächst sehr zurückhaltend sind – er verschränkt die Arme (Abb. 17). Dann konzentriert sich der Kamerablick ganz auf Auggie, in einer fast fünfminütigen, sehr langsamen Kamerafahrt (SW 1:30:50–1:35:38) nähert sich die Kamera seinem Gesicht: aus der Halbnahen (Abb. 18) wird Nah (Abb. 20), Groß (Abb. 22) und schließlich eine Detail-Einstellung (Abb. 24), auf der nicht mehr der ganze Kopf, sondern nur noch der Mund, die Nase und das Kinn zu sehen sind. Als Gegenschuss folgt eine Detailaufnahme von Pauls Augen (Abb. 25). Das anschließende kurze Gespräch wird in Nah-Einstellungen gezeigt, gefolgt von einigen Schuss-Gegenschuss-Einstellungen, die nur noch die Mimik und Gestik der beiden rauchenden Männer zeigen (Abb. 26–29).

Abb. 15–29: Die mündliche Erzählung der Weihnachtsgeschichte in SMOKE

Ungewöhnlich ist hier natürlich erst einmal die Länge dieser Einstellung, die den kompletten Hauptteil und den Schluss von Auggies Erzählung umfasst. Im Grunde ist ein Monolog einer einzelnen Figur etwas sehr Unfilmisches, sodass man die Kamerafahrt als verzweifelten Versuch interpretieren könnte, diesem Ereignis mit filmästhetischen Mitteln Bedeutung zu verleihen. Angesichts der außerordentlichen darstellerischen Leistung von HARVEY KEITEL wäre ein solcher Kunstgriff jedoch überhaupt nicht notwendig. Die Erzählung wäre sicherlich auch dann noch interessant, wenn sie ausschließlich in Schuss-Gegenschuss-Einstellungen erzählt werden würde.

Die Kamerafahrt übernimmt in diesem Fall eine narrative Funktion. Der intern fokalisierte Erzähler im schriftliterarischen Text kommentiert Auggies Erzählung, dies ist in der filmischen Umsetzung – ohne den Einsatz einer Off-Stimme – nicht so leicht umsetzbar. Die Kamerafahrt visualisiert die Faszination, die von der gut erzählten Geschichte auf den Zuhörer Paul ausgeht, zuletzt hängt die Kamera und somit auch der Blick des Zuschauers

Schriftliterarisches und filmisches Erzählen

förmlich an Auggies Lippen. Der Schnitt auf die Detail-Einstellung von Pauls Augen verweist auf die Frage nach der Wahrhaftigkeit der Erzählung, die in der schriftliterarischen Version als Gedankenbericht des Erzählers ausgeführt wird. Im Film muss hierfür eine Reihe von Bildern genügen, neben den Augen Pauls sind dies das verschmitzte Lächeln Auggies und der Blickwechsel zwischen den beiden rauchenden Männern.

Die erzählerische Langsamkeit dieser Sequenz verweist auch auf die Episode, in der Paul die Fotoalben anschaut. Zuerst blättert er zu schnell, weil er das Prinzip noch nicht durchschaut hat. Auggie sagt daraufhin zu ihm: **Du kommst nie dahinter, wenn du nicht langsamer machst, mein Freund** (SW 0:13:45). Der Diskurs über Zeit ist ein zentrales Thema des Films, Zeit zu geben und sich Zeit zu nehmen.[70] Dieser inhaltliche Aspekt spiegelt sich in der formalen Darstellungsweise des Films mehrfach wider, beispielsweise in dieser Kamerafahrt.

2.3.3 Die Erzählung als »Stummfilm« im Film

Im Abspann wird die Geschichte dann noch einmal erzählt, dieses Mal – ganz im Gegensatz zur ersten filmischen Version – gänzlich ohne verbalsprachliche Codes, sondern rein visuell durch schwarz-weiße Filmsequenzen, auf der Tonebene unterlegt durch den Song INNOCENT WHEN YOU DREAM von TOM WAITS. Da der Rezipient die Geschichte schon kennt, wird sie auf die zentralen Ereignisse reduziert: der Diebstahl der Heftchen und die Verfolgung des Diebs durch Auggie, der Fund der Brieftasche und der Besuch Auggies bei Granny Ethel, das gemeinsame Weihnachtsessen, der Diebstahl der Kamera. Neben den Auslassungen gibt es auch Details, die nur in dieser Version der Erzählung vorkommen, z. B. das Aufteilen des Hähnchens mit den Händen (Abb. 38) oder die Inszenierung der Rückgabe der Brieftasche und des gleichzeitigen Diebstahls der Kamera als Tausch (Abb. 41). Mit der Schreibmaschine (Abb. 30) wird auf die ursprüngliche schriftliterarische Fassung der Geschichte und somit gleichzeitig in selbstreflexiver Weise auf die Entstehungsgeschichte des Films SMOKE verwiesen.

Die Bildästhetik der Einstellungen in dieser Sequenz erinnert an die Fotografien, die Auggie Paul zu Beginn des Films zeigt. Die Sequenz erzählt also nicht nur die Geschichte, wie Auggie zu seiner Kamera kam, sondern stellt sie gleichzeitig dar, als sei sie mit Hilfe dieser Kamera dokumentiert worden. Die Bilder können deshalb als dokumentarisch wahrgenommen werden, ihre Schwarz-Weiß-Ästhetik verweist jedoch zugleich auf ihren Kunstcharakter. Es könnte sich auch um die Bilder handeln, die als Imaginationen in Pauls Kopf beim Zuhören von Auggies Geschichte entstehen. Eine solche Funktion war ihnen offensichtlich auch zunächst zugedacht, PAUL AUSTER berichtet in einem Interview, dass ursprünglich geplant war,

Abb. 30–41: Die Erzählung der Weihnachtsgeschichte als »Stummfilm« im Film

die Schwarz-Weiß-Bilder in die Erzählsequenz im Restaurant als Parallelmontage einzumontieren:

> Wir schnitten es so, aber es wirkte einfach nicht. Worte und Bilder passten nicht zusammen. Man hatte sich darauf eingerichtet, Auggie zuzuhören, und als dann die Schwarzweißbilder zu laufen anfingen, wurde man von der visuellen Information so in Anspruch genommen, dass man nicht mehr auf die Worte hören konnte. (SA 26)

Die ungewöhnliche, aber kongeniale filmästhetische Umsetzung dieser doppelten Erzählung war also anfänglich gar nicht so geplant, sondern entstand – wie so oft im filmischen Produktionsprozess – erst im Schneideraum.

3 Einführung in die Grundbegriffe der Filmanalyse und der vergleichenden Erzähltextanalyse am Beispiel von »Der talentierte Mr. Ripley«

Die in Kapitel 2 beschriebenen Analysekategorien wirken vielleicht auf den ersten Blick etwas sperrig und spröde. Um ihren Nutzen für die Analyse von schriftliterarischem und filmischem Erzählen zu demonstrieren, werden sie am Erzählanfang von PATRICIA HIGHSMITHS Roman DER TALENTIERTE MR. RIPLEY (1955) und dessen filmischer Adaption von ANTHONY MINGHELLA (1999) erprobt. Bei dieser Gelegenheit werden die bereits angekündigten Ausdifferenzierungen auf der Ebene des Erzähldiskurses im Film nachgeliefert, also die Parameter zur Beschreibung der visuellen und auditiven Ebene des Films.

3.1 Schriftliterarisches Erzählen im Roman von Patricia Highsmith

Im Roman wird die Hauptfigur Tom Ripley vom Besitzer der Schiffswerft Herbert Greenleaf gebeten, dessen Sohn Dickie von der Rückkehr in die USA und zur Übernahme der väterlichen Firma des Vaters zu überzeugen. Tom kennt Dickie nur flüchtig, geht aber auf das Angebot ein, weil Greenleaf ihm eine beachtliche Geldsumme verspricht. Dickie hat sich in ein kleines italienisches Dorf zusammen mit seiner Freundin Marge zurückgezogen. Er versucht sich als Maler und genießt das »dolce vita«, so dass an eine Rückkehr nicht zu denken ist. Tom beneidet Dickie um diesen Lebensstil und schafft es, sich mit ihm anzufreunden und an seinem Leben teilzuhaben. Doch der Vater zuhause in New York wird ungeduldig und kündigt den Vertrag mit Tom auf. Gleichzeitig verhält sich Dickie distanzierter zu Tom, er möchte plötzlich alleine mit Marge in den Skiurlaub fahren. Tom Ripley wird daraufhin zu Dickies Mörder. Er nutzt sein Talent, Menschen perfekt imitieren zu können und übernimmt die Identität von Dickie Greenleaf. Er schafft es, die Familie und die Polizei zu täuschen und sich aus den entstehenden Schwierigkeiten herauszuwinden. Am Ende erschwindelt er sich sogar Dickies Erbschaft.

Der Roman steigt in medias res in die Geschichte ein, die ersten beiden Sätze lauten: **Tom blickte sich um. Er sah, dass der Mann aus dem *Grünen Käfig* gestürzt kam** (RH 5). Die Erzählung beginnt damit, dass Tom Ripley von Herbert Greenleaf zuerst von einer Kneipe zur nächsten verfolgt und dann angesprochen wird. Der weitere Erzählverlauf nach dem Angebot des Vaters, eine Reise nach Italien zu unternehmen, ist größtenteils chronologisch. Die eingestreuten Analepsen dienen hauptsächlich zur näheren Charakterisierung der Hauptfigur. Die Erzählung ist intern fokalisiert, der Leser verfolgt die gesamte Handlung aus Tom Ripleys Perspektive. Der Erzähler verwendet den narrativen Modus und präsentiert dem Leser mit Hilfe von Gedankenberichten und erlebter Rede einen detaillierten Einblick in die Psyche der Hauptfigur. An einigen Stellen wird besonders deutlich, wie sich das äußere Verhalten und die innere Verfasstheit Ripleys unterscheiden. Das Gespräch mit Greenleaf möchte er zuerst so schnell wie möglich beenden:

> Tom schenkte Mr. Greenleaf ein leeres Lächeln und trank sein Glas aus. Er saß ganz vorne auf der Stuhlkante, bereit zu gehen, aber die Enttäuschung auf der anderen Seite des Tisches war fast mit Händen zu greifen. »Wo lebt er denn in Europa?« fragte er, und es scherte ihn nicht einen Pfifferling, wo er lebte. (RH 9)

Im Kontrast der direkten Rede und der Wiedergabe seiner Gedanken wird ein für die Handlung entscheidender Charakterzug Ripleys verdeutlicht: Er passt sich stets der aktuellen Situation perfekt an, auch wenn dies seinem Inneren zutiefst widerspricht. Das erste Kapitel endet mit dem Angebot Greenleafs. Im zweiten Kapitel erfährt der Leser mehr Details über Ripleys schlechte Wohnsituation und bekommt einen Einblick in eine seiner kleinen Betrügereien.

Der Erzählanfang des Romans erfüllt somit alle wichtigen Funktionen einer Exposition: Es wird die Hauptfigur vorgestellt und mit verschiedenen erzählerischen Mitteln selbst- und fremdcharakterisiert, der Ort des Geschehens wird präsentiert und die Handlung in Gang gebracht. Auf der Ebene des Erzähldiskurses wird gleichzeitig der Erzählstil des Romans eingeführt, der während des gesamten Textes fortgeführt wird.

Kapitel, Seitenzahl (RH)	Zentrale Ereignisse	Schauplatz
I, 5	Tom Ripley bemerkt, dass er verfolgt wird und flüchtet in Raouls Kneipe.	New York, Fifth Avenue, zwischen dem Grünen Käfig und Raouls Kneipe
I, 6	Herbert Greenleaf betritt die Kneipe und stellt sich Tom als Dickies Vater vor.	Raouls Kneipe
I, 8	Greenleaf erkundigt sich, ob Tom mit Dickie befreundet ist und erzählt, dass dieser nach Italien gezogen ist.	
I, 10	Greenleaf lädt Tom zu einem Drink ein, das Gespräch gerät ins Stocken. Tom möchte eigentlich gehen, erzählt dann aber über seine gemeinsamen Erlebnisse mit Dickie.	
I, 12	Greenleaf macht Tom das Angebot, auf seine Kosten nach Europa zu reisen. Tom sagt zu.	

Kapitel, Seitenzahl (RH)	Zentrale Ereignisse	Schauplatz
II, 13	Nach Mitternacht macht sich Tom auf den Heimweg zu seiner herunter gekommenen Wohnung. Dort angekommen, zieht er sich aus und duscht.	auf dem Weg zu Toms Wohnung zwischen der Dritten und Zweiten Avenue
II, 15	Am nächsten Morgen steht Tom auf und wartet auf die Post. Er erhält einen Scheck, den er sich durch eine Betrügerei verschafft hat: Mit Hilfe von geklautem Briefpapier und Telefonanrufen fordert er Steuernachzahlungen bei einigen ausgewählten Personen an.	Toms Wohnung
III, 21	Tom ist bei Herbert Greenleaf und dessen Frau Emily zum Essen eingeladen. Tom erzählt Wahrheiten und Unwahrheiten über sich.	Haus der Greenleafs
III, 23	Mrs. Greenleaf zeigt Tom ein Fotoalbum mit Bildern von Dickie. Auf einem aktuellen Bild sieht er Marge, Dickies Freundin. Mrs. Greenleaf beginnt zu weinen, Tom verspricht, ihren Sohn zur Rückkehr zu überreden.	
III, 26	Mr. Greenleaf trinkt einen Cognac mit Tom. Er erzählt ihm von der Leukämie-Erkrankung seiner Frau und erklärt die Details der Reiseroute. Tom langweilt sich und er steht auf, um zu gehen. Greenleaf lädt ihn ein, die Werft zu besichtigen. Beim Abschied fragt er Tom, ob er einen bestimmten Roman von Henry James gelesen habe.	
IV, 29	Tom beschließt, niemandem von seiner Reise zu erzählen, ausgenommen Cleo Dobelle. Er besucht sie und berichtet alle Details, außerdem erzählt er von der Werftbesichtigung und dem zweiten Abendessen bei den Greenleafs.	Cleos Appartment
IV, 34	Tom und Cleo essen zusammen, sie zeigt ihm einige ihrer Malereien. Kurz vor Mitternacht verabschiedet sich Tom.	
IV, 34	Tom holt einige Kleidungsstücke ab, die Mrs. Greenleaf für ihren Sohn bestellt hat.	Kleidergeschäft Gebr. Brooks

Kapitel, Seitenzahl (RH)	Zentrale Ereignisse	Schauplatz
V, 35	Am Morgen der Abreise wird Tom vom Steward zu seiner Schiffskabine geführt. Dort überraschen ihn seine Freunde und beginnen, Whiskey zu trinken. Tom ärgert sich über diese Verabschiedung und unterhält sich nur mit Paul. Der Steward fordert die Besucher auf, wieder an Land zu gehen.	auf dem Schiff

Tab. 1: Erzählanfang im Roman von PATRICIA HIGHSMITH

3.2 Filmisches Erzählen in der Adaption von Anthony Minghella

Die Analyse des Erzählanfangs[71] im Film DER TALENTIERTE MR. RIPLEY aus dem Jahr 1999 wird an dieser Stelle mit einer kurzen Einführung in die Grundbegriffe der formalen Filmanalyse verknüpft. Bevor jedoch auf die Bild- und Tonebene als Ausdifferenzierung des Erzähldiskurses des Films näher eingegangen wird, erfolgt ein kurzer Blick auf die von MINGHELLA völlig umgestaltete Handlungsebene.

Die Auflistung der einzelnen Sequenzen des Filmanfangs (Tab. 2) zeigt, dass MINGHELLA außer dem Auftrag Greenleafs, seinen Sohn aufzusuchen und der Abreise mit dem Schiff kaum etwas aus dem Romananfang (Tab. 1) übernommen hat. Die Begründung für diese Veränderungen liegt in den Eigenheiten des schriftliterarischen und filmischen Erzählens. Im Roman geschieht auf den 39 Seiten der ersten fünf Kapitel verhältnismäßig wenig. Den größten Raum nehmen nicht die Handlungen der Hauptfigur ein, sondern die Darstellung ihrer Gedanken. Die Erzählinstanz legt somit den Schwerpunkt auf eine möglichst differenzierte Charakterisierung der Hauptfigur, der Leser erhält einen tiefen Einblick in ihre Psyche.

Minute (RM)	Zentrale Ereignisse	Schauplatz
0:00:32	Tom sitzt verzweifelt in einer Schiffskabine. Man hört seine Stimme aus dem Off: »Könnte ich doch nur noch mal von vorne beginnen. Könnte ich nur alles auslöschen, angefangen mit mir selbst.«	Schiffskabine
0:01:25	Tom begleitet die Sängerin Fran bei einer Cocktailparty am Klavier. Herbert Greenleaf stellt Tom sich und seine im Rollstuhl sitzende Frau Emily vor. Er fragt, ob Tom in der gleichen Klasse wie sein Sohn Dickie gewesen sei, weil er ein Princeton-Jackett trägt.	Penthouse im Central Park, New York

Minute (RM)	Zentrale Ereignisse	Schauplatz
0:02:33	Die Greenleafs, Tom und Fran verlassen das Gebäude und verabschieden sich. Tom und Fran gehen zu einem Auto, teilen die Gage auf und Tom gibt Frans Freund das ausgeliehene Jacket zurück, für den er eingesprungen ist.	auf der Straße
0:03:26	Tom rennt in das Konzerthaus, man sieht, wie er in der Toilette den Herren die Wasserhähne zudreht, Handtücher reicht und die Krägen abbürstet.	im Konzerthaus
0:03:44	Während des Konzerts steht Tom auf der Empore und lugt hinter einem Vorhang hervor. Nach dem Konzert sitzt er alleine auf der Bühne und spielt auf dem Klavier, der Hausmeister entdeckt ihn und er entschuldigt sich.	
0:04:13	Tom trifft Greenleaf auf der Werft. Er erzählt von seinem Sohn und fragt Tom, ob er nach Italien fahren könne, um ihn zur Rückkehr zu überreden. Tom zögert und wird von Greenleaf überrumpelt.	Greenleaf-Werft
0:05:07	Tom sitzt in seiner Wohnung, hört sich Jazz-Platten an und versucht erfolglos, die Interpreten zu erraten. Eine Etage über ihm wird lautstark gestritten.	in Toms Wohnung
0:06:03	Tom putzt Schuhe und hört wieder Jazz-Platten Diesmal erkennt er Charlie Parker. Er packt seinen Koffer und steigt die Treppen nach oben.	
0:06:43	Auf der Straße erwartet ihn der Chauffeur von Greenleaf, der ihm sein Ticket überreicht und ihn zum Hafen fährt.	auf der Straße vor Toms Wohnung
00:07:31	Das Schiff läuft aus.	Hafen

Tab. 2: Erzählanfang in der Verfilmung von ANTHONY MINGHELLA

Im Film ist eine solche Innensicht nicht so einfach darstellbar wie in einem Roman. MINGHELLA benutzt zwar ganz zu Beginn die Off-Stimme, um Toms Gedanken zu artikulieren, dies markiert jedoch nur den Erzählrahmen, der ausgehend vom Erzählschluss – also in ultimas res – die Geschichte aufrollt. Der Film endet in der Schiffskabine, die ganz am Anfang gezeigt wird. Der eigentliche Einstieg in die erzählte Welt beginnt mit der Cocktailparty, bei der Tom die Sängerin am Klavier begleitet. Ab diesem Zeitpunkt gibt es keine Off-Stimme mehr, die Figur Tom Ripley wird vielmehr über deren Handlungen und Verhaltensweisen charakterisiert. Greenleaf hält ihn für einen Princeton-Abgänger, Tom klärt dieses Missverständnis nicht auf. Obwohl er offensichtlich ein Talent zum Klavierspielen besitzt, ist er im Konzerthaus nur ein einfacher Bediensteter. Seine Wohnsituation macht deutlich, dass er das von Greenleaf angebotene Geld dringend braucht. Die kurze Episode mit den Jazz-Platten zeigt schließlich, wie schnell sich Tom mit einem neuen Gebiet vertraut machen kann – sein wichtigstes Talent.

Die Funktion des Erzählanfangs ist also im Roman und im Film dieselbe: Im Mittelpunkt steht die Figurencharakterisierung von Tom Ripley. Unterschiedlich sind hingegen die Darstellungsmittel auf der Ebene des Erzähldiskurses. Welche Mittel dem Film auf der Bild- und Tonebene zur Verfügung stehen, wird nun näher betrachtet.[72]

3.2.1 Visuelle Ebene

Die grundsätzliche Kategorie der visuellen Ebene ist die *Cadrage* (von frz. »cadre« = Rahmen). Sie bezeichnet die Festlegung des Bildausschnitts durch die Kamera und die Anordnung der Objekte und Personen innerhalb des Bildrahmens.

Das Bildformat beschreibt die Proportionen des Filmbildes und hat Auswirkungen auf die Bildgestaltung. Das *Standardformat* 1:1,33 (entspricht etwa 4:3) wurde bereits in der Stummfilmära verwendet und war jahrzehntelang das bestimmende Bildformat des Fernsehens. Im Kino wurden seit den 1950er Jahren zunehmend Breitwandformate eingesetzt (z.B. 1:2,35, das so genannte *Cinemascope-Format*), auch im Fernsehen hat sich inzwischen mit 16:9 ein breiterer Standard durchgesetzt. MINGHELLAS Ripley-Verfilmung verwendet mit 1:1,85 ein Breitwandformat.

Kameraperspektiven

Der Filmzuschauer sieht alles aus dem gleichen Blickwinkel, den die Kamera bei der Aufnahme des Bildes eingenommen hat. Als *Kameraperspektiven* werden unterschieden: Die *Normalsicht* (Augenhöhe) ist die Standardposition, sie entspricht unserer natürlichen Wahrnehmung. Die *Untersicht* (Extremfall: *Froschperspektive*) kann Personen überlegen oder heldenhaft, aber auch arrogant oder dämonisch wirken lassen. Personen, die in *Aufsicht* (Extremfall: *Vogelperspektive*) aufgenommen wurden, können einsam oder erniedrigt erscheinen. Oftmals ist die Wahl der Kameraperspektive aber rein funktional bedingt, z.B. durch eine Blickachse zwischen einer stehenden und einer sitzenden Person.

In den ersten Minuten von DER TALENTIERTE MR. RIPLEY dominiert die Normalsicht. Aus der Aufsicht gefilmt wurde die Einstellung, als Ripley im

Konzertsaal von der Empore auf die Bühne hinunterblickt (Abb. 42). Auch der Blick des stehenden Chauffeurs (Abb. 43) zu dem bereits im Auto sitzenden Ripley (Abb. 44) wird in Aufsicht gezeigt. Diese beiden Beispiele zeigen den funktionalen Einsatz der Kameraperspektive. Die Untersicht in Ripleys Wohnung (Abb. 45) ist hingegen mehrfach konnotiert: Sie demonstriert zum einen den schlechten Zustand seiner Behausung und zeigt die Quelle des Lärms, der auf der Tonebene zu hören ist. Zum anderen entsteht durch die Untersicht eine verzerrte Perspektive, die – unterstützt durch Ripleys Mimik – die Unzufriedenheit der Hauptfigur widerspiegelt.

Ripley im Konzertsaal
(Kameraperspektive: Aufsicht)

Der Chauffeur blickt zu Ripley
(Kameraperspektive: Normal)

Der Blick des Chauffeurs
(Kameraperspektive: Aufsicht)

In Ripleys Wohnung
(Kameraperspektive: Untersicht)

Abb. 42–45: Kameraperspektiven in DER TALENTIERTE MR. RIPLEY

Einstellungsgrößen

Die Nähe oder Distanz zum gezeigten Objekt wird mit der Kategorie der *Einstellungsgröße* beschrieben. Als Bezugsgröße dient hierbei der abgebildete Mensch. In der *Weit*-Einstellung (auch: *Panorama*) ist der Mensch verschwindend klein. Diese Einstellungsgröße dient in erster Linie zur Darstellung von großen Räumen und weiten Landschaften, damit sich der Zuschauer einen Überblick über den erzählten Raum verschaffen kann. Deshalb stehen Weit-Einstellungen oft als *Establishing Shot* am Anfang des Films oder bilden das Ende einer filmischen Erzählung. Die *Totale* dient ebenfalls der räumlichen Orientierung, sie zeigt den Menschen – im Gegensatz zur Weit-Einstellung – gut erkennbar in seinem Handlungsraum. In der *Halbtotale* ist die abgebildete Person – oder eine Gruppe von Personen – vollständig von Kopf bis Fuß zu sehen. Die *amerikanische Einstellung* ist eine Sonderform der halbnahen Einstellung. Sie geht auf das Western-Genre zurück, hier sehen wir den Menschen vom Kopf bis zu den Oberschenkeln, so dass neben dem Gesicht auch die Hand, die zum Revolver greift, im Bild ist. Als *Halbnah* bezeichnet man einen Bildausschnitt vom Kopf bis zur Hüfte. Diese Einstellungsgröße kann verwendet werden, um zwei (*Two Shot*) oder – je nach Bildformat – höchstens drei Personen (*Three Shot*) ins Bild zu setzen. Eine *Nah*-Einstellung zeigt die abgebildete Figur vom Kopf bis zur Mitte des Oberkörpers, so dass Mimik und Gestik gut zu erkennen sind. Das Interesse richtet sich nun eindeutig auf die Figur, das Umfeld ist nur noch in Ansätzen nachzuvollziehen. Die *Groß*-Aufnahme zeigt ausschließlich den Kopf und evtl. die Schultern des Menschen. Die Mimik wird nun im Detail erkennbar, also z. B. Emotionen wie Freude oder Trauer. Eine räumliche Orientierung ist für den Zuschauer hingegen nicht mehr möglich, weil das Umfeld nicht sichtbar ist. In der *Detail*-Einstellung ist schließlich nur noch ein Ausschnitt des Gesichts – z. B. die Augen, der Mund – oder ein einzelner Gegenstand zu sehen. Durch eine Detail-Einstellung wird das Abgebildete stark mit Bedeutung aufgeladen, da diese Art und Weise der Abbildung in unserer natürlichen Seherfahrung so nicht vorkommt.

Der eigentliche Einstieg von DER TALENTIERTE MR. RIPLEY – nach der rahmenden Sequenz in der Schiffskabine – beginnt mit einer Großaufnahme von Tom Ripleys Händen am Klavier, die nach einem Kameraschwenk in eine Großaufnahme seines Gesichts im Profil (Abb. 51) übergeht. Damit ist die Hauptfigur der Erzählung prominent ins Bild gesetzt. Es folgt eine Panorama-Einstellung (Abb. 46), die dem Zuschauer signalisiert, dass die Geschichte in New York spielt. Der Blick über den Central Park lässt außerdem darauf schließen, dass man sich in gut situierten Kreisen befindet. Beim Verlassen des Gebäudes sieht man in einer Halbtotalen (Abb. 48), wie

Blick auf die Skyline New Yorks
(Einstellungsgröße: Panorama/Weit)

Tom auf der Greenleaf-Werft
(Einstellungsgröße: Totale)

Tom, Fran und die Greenleafs
(Einstellungsgröße: Halbtotale)

Tom und Mr. Greenleaf
(Einstellungsgröße: Amerikanisch/
Halbnah)

Mr. Greenleaf
(Einstellungsgröße: Nah)

Tom am Klavier
(Einstellungsgröße: Groß)

Jazz-Schallplatte
(Einstellungsgröße: Detail)

Abb. 46–52:
Einstellungsgrößen in DER TALENTIERTE MR. RIPLEY

die Greenleafs zusammen mit Fran und Tom aus dem Aufzug steigen. Der sichtbare Raum unterstreicht die gehobene gesellschaftliche Situierung, außerdem bietet der Bildausschnitt genügend Platz für die vier abgebildeten

Menschen. Gleichzeitig wird verdeutlicht, dass Mrs. Greenleaf im Rollstuhl sitzt.

Am Beispiel der Szene an der Werft lassen sich die Funktionen der Totale-, Halbnah- und Nah-Einstellungen zeigen: Das Gespräch zwischen Greenleaf und Tom beginnt in der amerikanischen bzw. halbnahen Einstellung (Abb. 49), um einerseits beide Gesprächspartner und andererseits die Werft als Gesprächsort ins Bild zu setzen. Als das Gespräch zum entscheidenden Punkt kommt, werden zuerst Nah- und dann Großeinstellungen (Abb. 50) verwendet. Greenleaf beendet das Gespräch dann ganz abrupt und der etwas überrumpelte Tom wird in einer Totalen (Abb. 47) gezeigt. Auf seiner Werft trifft ganz offensichtlich Mr. Greenleaf die Entscheidungen, Tom wirkt fast wie ein Fremdkörper.

Die Detaileinstellung kommt in der Darstellung der sich drehenden Schallplatte zum Einsatz. Das Element der Jazz-Musik spielt in MINGHELLAS Transformation der Romanvorlage eine entscheidende Rolle, insofern kommt Ripleys intensiver Auseinandersetzung mit den Jazz-Schallplatten eine große Bedeutung zu. In diesem speziellen Fall hat die Detaileinstellung sicherlich auch ästhetische Gründe, da eine Großaufnahme des Schallplattenspielers die gleiche Funktion erfüllen würde.

Kamerabewegungen

Durch Bewegungen überwindet das kadrierte Bild seine Begrenztheit. Neben der Bewegung von Objekten vor der Kamera geschieht das vor allem durch eine Bewegung der Apparatur selbst, also der Kamerabewegung. Im *Stand* wird ein Objekt aus der gleichen Perspektive und in der gleichen Größe aufgenommen, während sich die Kamera beim *Schwenk* in horizontaler oder vertikaler Richtung dreht, jedoch ebenfalls ohne dabei ihren Standpunkt zu verlassen. Bei einer *Fahrt* wird die Kamera in horizontaler Richtung bewegt: in der *Zu-* oder *Ranfahrt* auf ein Objekt zu, in der *Rückfahrt* davon weg, bei einer *Parallelfahrt* synchron mit einer Objektbewegung.

Kunstvolle Variationen der Kamerafahrt sind die *Kreisfahrt*, in der ein Objekt von der Kamera umkreist wird und die *Kranfahrt*, die eine fast unbegrenzte Bewegungsfreiheit der Kamera ermöglicht. Als *entfesselte Kamera* wird – seit den Experimenten des Stummfilm-Kameramanns KARL FREUND in den 1920er-Jahren – die vom Stativ befreite Kamera bezeichnet, meistens eine *Handkamera*. Um das Ruckeln und die Unschärfen von Handkamera-Bildern zu vermeiden, wurde mit der *Steadicam* ein System zur Bildstabilisierung entwickelt. Hier wird die Kamera mit einem Trägergerüst direkt am Kameramann befestigt und alle Bewegungen werden abgefedert.

Beim *Zoom* steht die Kamera still, es wird jedoch manchmal als Ersatz für eine Kamerafahrt eingesetzt, technisch gesehen handelt es sich allerdings um die Veränderung der Brennweite des Objektivs. Im Bild unterscheidet sich das Zoom durch eine – von der natürlichen Seherfahrung abweichende – Veränderung der realen Größenverhältnisse der im Vorder- und Hintergrund abgebildeten Objekte, die bei einer Fahrt gleich bleiben.[73]

Die erste Szene von DER TALENTIERTE MR. RIPLEY wird als Kreisfahrt umgesetzt, die fast 180 Grad abdeckt. Tom Ripleys Kopf wird in Großaufnahme umkreist und somit das Thema des Films zusammengefasst: Es geht um die Psyche, um die Identität dieser Person. Unterstrichen wird dies durch die grafischen Effekte: Am Anfang ist nur ein Streifen mit Toms Auge zu sehen, es folgen weitere Streifen, die einen größeren Einblick zulassen. Die weiteren Szenen des Filmanfangs beginnen fast alle mit einer kurzen Kamerafahrt, die jeweils bei einem Objekt beginnt und dann diagonal nach oben verläuft: von Toms Händen auf dem Klavier zu seinem Kopf, vom Waschbecken in der Konzerthaus-Toilette zu Tom, der die Besucher bedient, vom Plattenspieler über die Plattenhülle zu Tom mit verbundenen Augen, von dem schmutzigen linken Schuh zu Tom, der den rechten bürstet. Auf diese Weise wird der Beginn einer Szene bzw. Sequenz im Film markiert. Durch die Wiederholung eines Gestaltungsmittels entsteht ein bestimmter filmischer Stil, auf den sich der Zuschauer bei der Rezeption unbewusst einstellt.

Beleuchtung

In Bezug auf die *Beleuchtung* wird unterschieden zwischen dem *Führungslicht* (Key-Light), das die Objekte vor der Kamera von der Seite aus anstrahlt und dem *Fülllicht*, das, in etwa aus der Richtung der Kamera, die entstehenden Schatten aufhellt. Werden auf dem Set natürliche Lichtverhältnisse simuliert, so spricht man vom *Normalstil*. Durch Einsatz eines sehr hellen Führungslichts werden auch kleinere Details im Bild gut sichtbar und man spricht von *High-Key*-Beleuchtung. Im Gegensatz dazu wird bei *Low-Key* ein dunkleres Führungslicht und wenig Fülllicht verwendet, so dass das Bild stärker von Schatten bestimmt wird. Dieser Beleuchtungsstil hat mit dem *Film Noir* ein ganzes Filmgenre geprägt, dort bildet das Spiel mit Licht und Schatten das zentrale visuelle Gestaltungselement.

In DER TALENTIERTE MR. RIPLEY wird weitgehend der Normalstil, also natürliche Beleuchtung eingesetzt. So erscheint beim Konzert auf der Terrasse alles im hellen Sonnenlicht, in der Kellerwohnung von Tom Ripley ist es hingegen relativ düster. Der Beginn in der Schiffskabine ist im Low-Key-Stil inszeniert, es wird gezielt Ripleys rechte Gesichtshälfte beleuchtet, während die andere Seite im Dunkeln bleibt (Abb. 53). Damit ist die Zwiespältigkeit der Ripley-Figur bereits in der ersten Einstellung des Films angedeutet.

Farbe

Obwohl der Farbfilm erst in den 1960er-Jahren zum Standard wird, spielt *Farbe* in Form von nachkoloriertem Filmmaterial schon seit der Frühzeit des Kinos eine Rolle. Mit dem Farbfilm steht den Filmemachern dann eine neue Gestaltungsebene zur Verfügung: Farbe schafft bestimmte Stimmungen und Atmosphären, sie kann eingesetzt werden, um Bilder besonders realistisch wirken zu lassen, aber auch zu deren Verfremdung. Farben können darüber hinaus symbolische Bedeutung annehmen und zu einer Farbdramaturgie kombiniert werden.

Die Farbgebung von DER TALENTIERTE MR. RIPLEY orientiert sich weitgehend an den natürlichen Farben der Objekte. Auffällig ist jedoch die farbliche Gestaltung der Bilder von Mongibello, dem kleinen italienischen Dorf, in das sich Dickie geflüchtet hat. Hier dominieren die warmen Farben, vor allem Gelb- und Brauntöne. Diese intensive Farbgebung wurde vermutlich durch spezielle Filter erzielt, die während der Aufnahmen oder in der Post-Produktion eingesetzt wurden.

Setting

Die Gestaltung des Bühnenbildes ist ein wichtiger Aspekt bei der Analyse einer Theaterinszenierung. Für die Filmanalyse gilt dieser in analoger Weise: Wurde an einem realen Schauplatz gedreht oder in künstlich gebauten Kulissen im Studio? Welche Requisiten wie z. B. Kostüme wurden verwendet? Schon früh in der Filmgeschichte haben sich in diesem Zusammenhang zwei Pole herausgebildet, der *Realismus* und die *Stilisierung*.

In den Filmstudios wurden viele Tricks entwickelt, um die Vorstellungen der erzählten Welt ins Bild zu setzen. Autofahrten wurden beispielsweise oft als Rückprojektionen realisiert, so dass die Schauspieler das Studio nicht verlassen mussten, außerdem waren wichtige Faktoren wie das Wetter beliebig manipulierbar. Futuristische Stadtarchitekturen wurden nicht im originalen Maßstab, sondern als verkleinerte Modelle nachgebaut. Heute werden solche Effekte meistens digital im Computer simuliert und mit Realaufnahmen kombiniert.

In DER TALENTIERTE MR. RIPLEY findet sich ein sehr realistisches Setting, das in einer Kombination von Außen- und Studioaufnahmen die Atmosphäre der 1950er Jahre perfekt nachbildet.

3.2.2 Auditive Ebene
On- und Off-Ton

Die grundsätzliche Kategorie der Tonebene ist die Unterscheidung zwischen *On-Ton*, dessen Quelle auf dem Bild zu sehen ist (z. B. eine sprechende Person oder ein spielender Musiker) und *Off-Ton* ohne sichtbare Quelle. Filmmusik kommt in der Regel aus dem Off, weil das Orchester, das die Musik spielt, im Filmbild nicht auftaucht. Sie ist somit außerdem *nicht-diegetisch*, da sie kein Teil der erzählten Welt ist. Als *diegetischer Ton* können hingegen jeder On-Ton und alle Off-Töne, die zur erzählten Welt gehören, bezeichnet werden.

In der Anfangssequenz von DER TALENTIERTE MR. RIPLEY spielt die Tonebene eine zentrale Rolle. Fast alle Szenenübergänge werden auf der auditiven Ebene eingeleitet, d.h. bevor das Bild zu sehen ist, hören wir bereits den dazugehörenden Ton. So erklingt das Lied, das Tom am Klavier begleitet, bereits in der Szene ganz am Anfang in der Schiffskabine, ergänzt durch die Off-Stimme Toms. Diese dient zusammen mit seinem Klavierspiel als auditive Brücke zur Konzert-Szene. Das Beethoven-Streichquartett im Konzerthaus ist ebenfalls lange Zeit vor dem entsprechenden Bild zu hören, es beginnt bereits, als Tom über die Straße ins Konzerthaus läuft und begleitet Toms Dienste im Waschraum.

Oftmals sind diese Tonbrücken jedoch nur sehr kurz, z.B. beim Übergang vom Konzerthaus zur Werft. Dort werden die Werftgeräusche ca. eine halbe Sekunde vor dem Bild eingeblendet. Dies dient zur Kaschierung des Schnitts auf der Bildebene, durch die vorab eingeblendeten Geräusche erscheint dem Rezipienten der Schnitt weicher als bei synchronisiertem Bild- und Tonschnitt.

Sprache

Sprache findet sich auf der auditiven Ebene meistens in Form von Figurenrede bzw. *Dialogen* oder als Stimme eines unsichtbaren Erzählers aus dem Off. Die Off-Stimme in der Schiffskabine und ihre Funktion wurden bereits erläutert. Ansonsten dominieren in DER TALENTIERTE MR. RIPLEY auf der sprachlichen Ebene die Dialoge. Eine besondere Form der Sprachverwendung ist das Lied »Lullaby for Cain«, mit dem der Film eröffnet wird. Der Liedtext (Material 9) kann als Kommentar zur Filmhandlung gelesen werden: In dem Wiegenlied wird der Brudermörder Kain getröstet, der keinen Seelenfrieden mehr finden kann. Die Parallele zu Tom Ripley ist offensichtlich.

Sprache kann natürlich auch in Form von Schriftzeichen auf der visuellen Ebene eine Rolle spielen, z.B. in den so genannten *Credits* im Vor- und Abspann des Films. Wichtig ist hier vor allem die Einblendung des Filmtitels, in unserem Beispiel als visuelles Spiel mit Schriftzeichen realisiert: Zwischen den beiden still stehenden Wörtern »The« und »Mr. Ripley« werden in schneller, kaum wahrzunehmender Abfolge mehrere Wörter eingeblendet (innocent, mysterios, yearning, secretive, sad, lonely, troubled, confused, loving, musical, gifted, intelligent, beautiful, tender, sensitive, haunted, passionate), am Ende bleibt »talented« stehen (Abb. 53). Dieses Spiel mit Schrift visualisiert

– zusammen mit den bereits erwähnten Streifen, in die das Bild vorher segmentiert wurde – die Zerrissenheit und Identitätssuche der Hauptfigur.

Einblendung des Titels im Vorspann

Einblendung des Regisseurs

Abb. 53–54: Einsatz von Schrift in DER TALENTIERTE MR. RIPLEY

Mit der Einblendung des Namens des Regisseurs endet in der Regel der Vorspann, in unserem Fall mit dem Schiff, das den Hafen verlässt (Abb. 54).

Geräusche

Bei den Geräuschen im Film wird meistens die natürliche »Geräuschkulisse« nachgeahmt, um dem Rezipienten einen möglichst realistischen Eindruck zu vermitteln (*atmosphärischer Ton* bzw. *Atmo*). Hierbei wird nur selten der Originalton der Aufnahme verwendet, es werden vielmehr alle Geräusche wie Schritte, Türenschlagen usw. im Nachhinein im Studio neu nachsynchronisiert. Dieses Verfahren wird nach seinem Erfinder als *Foley* bezeichnet.

Am Filmanfang von DER TALENTIERTE MR. RIPLEY werden Geräusche zur Abgrenzung von Räumen eingesetzt. An den Orten, an denen sich die oberen Schichten, wie das Ehepaar Greenleaf, aufhalten, ist es verhältnismäßig ruhig, z.B. auf der Terrasse am Central Park und im Inneren des Konzertsaals. Die Orte, die Tom zugeordnet sind, wie der Waschraum im Konzertsaal oder die Kellerwohnung, erscheinen hingegen als relativ laut.

Musik

Filmmusik gibt es bereits seit den Anfängen des Kinos. Im Stummfilm bestand die gesamte auditive Ebene aus der musikalischen Begleitung. Seit der Einführung des Tonfilms dominiert Filmmusik den Vor- und Abspann und nimmt verschiedene Funktionen als Begleitung der Handlung ein. Sie kann zur Charakterisierung von Figuren oder Schauplätzen dienen (*Leitmotiv-Technik* bzw. *Underscoring*) oder bestimmte Stimmungen schaffen (*Mood-Technik*). Grundsätzlich kann dies *illustrierend* geschehen, also als Unterstützung des gleichzeitig auf der visuellen Ebene Abgebildeten oder *kommentierend* bis *polarisierend*, also durch eine unterschiedliche Wirkung von Bild und Ton.

In der Anfangssequenz von DER TALENTIERTE MR. RIPLEY finden sich verschiedene Formen der Filmmusik: Das Gesangsstück am Anfang beginnt im Off und geht übergangslos in den Auftritt von Tom und der jungen Frau über, wird also zum On-Ton. Typische Filmmusik aus dem Off gibt es kurze Zeit später. Herbert Greenleaf spricht Tom auf sein – geliehenes – Jacket an, weil er davon ausgeht, dass dieser wie sein Sohn in Princeton war. In dieser Situation lügt Tom zum ersten Mal, untermalt von einigen Vibraphon-Tönen. Für den Rezipienten wird hierdurch der Stellenwert dieser Lüge für den Fortgang der Handlung hervorgehoben. Die Brückenfunktion des Streichquartetts wurde bereits erläutert.

Die Jazzmusik, die Tom in seiner Wohnung hört, setzt einen weiteren akustischen Akzent. Zum einen schafft sie einen Kontrast zur klassischen Musik, die den ersten Teil des Filmanfangs dominiert. Zum anderen dienen die Stücke von Dizzy Gillespie, Chet Baker und Charlie Parker der zeitlichen Kontextuierung der Handlung, die im Jahr 1958 angesiedelt ist. Am Beispiel der Auseinandersetzung mit dem Jazz wird das Talent Ripleys veranschaulicht: Obwohl ihm die Musik überhaupt nicht gefällt, schafft er es in kürzester Zeit, ein Experte darin zu werden.

Schließlich taucht als weiteres musikalisches Element die Arie MACHE DICH, MEIN HERZE REIN aus der Matthäus-Passion (BWV 244) von JOHANN SEBASTIAN BACH auf. Die ersten Töne dieses Stückes erklingen zeitgleich mit dem Blick der Kamera auf das Foto von Dickie im Princeton-Jahrbuch (Abb. 55). Somit wird bereits durch diese Bild-Ton-Kombination auf den späteren Tod von Dickie verwiesen, wiederum – wie bei der Kain-und-Abel-Symbolik – durch einen intertextuellen bzw. intermedialen Verweis auf die Bibel.

Die Gestaltung der gesamten Tonspur – die Abmischung und Montage von Sprache, Geräuschen und Musik sowie die auditiven *Special Effects* (SFX) – wird als *Sound Design* bezeichnet. Die Rolle der auditiven Ebene und insbesondere der Musik für die Wirkung eines Films auf den Rezipienten wird oft unterschätzt, weil die akustischen Eindrücke nicht so bewusst wahrgenommen werden wie die bildlichen. Deshalb sollte die Tonebene im Rahmen einer Filmanalyse nicht zu kurz kommen, die Beispiele aus DER TALENTIERTE MR. RIPLEY haben die enorme Bedeutung der auditiven Codes verdeutlicht.

Abb. 55: Das erste Bild von Dickie, untermalt durch eine BACH-Arie

3.2.3 Montage

Die Montage wird in der Filmtheorie als das zentrale filmische Gestaltungsmittel definiert, sie ist ein wichtiges Element zur Konstitution des filmischen Raums und entscheidend für die Gestaltung der filmischen Zeit. Montage findet sowohl auf der visuellen als auch auf der auditiven Ebene statt, sie organisiert das komplexe Zusammenspiel von Bild und Ton.

Grundsätzlich lassen sich *zwei Montagekonzepte* unterscheiden: Entweder dient Montage als Mittel zur Herstellung von Raum-Zeit-Kontinuität und unterstützt somit den Erzählfluss oder sie dekonstruiert absichtlich den Raum und die Zeit im Film, so dass der Rezipient gezwungen ist, diese im Rezeptionsprozess zu rekonstruieren.[74] Dem ersten Konzept folgt das Hollywoodkino mit dem so genannten *Continuity System*, das zweite Konzept findet sich eher im Autorenkino mit künstlerischem Anspruch, im experimentellen Film oder auch in der Werbespot- und Musikvideo-Ästhetik.

Epische Montage

Bei der *epischen* bzw. *erzählenden Montage* steht der Erzählfluss im Vordergrund, d.h. viele Elemente der beiden zusammengefügten Einstellungen bleiben gleich (Figuren, Raum, Requisiten, Beleuchtung usw.). Für den Rezipient entsteht hierdurch der Eindruck von Unmittelbarkeit, Einheitlichkeit und Kontinuität. Die Verknüpfung der Einstellungen entspricht der Handlungslogik, insofern spricht man auch vom *unsichtbaren Schnitt*. Zur epischen Montage kann man weitere Techniken zählen, z.B. das *Schuss-Gegenschuss*-Verfahren, das zur Darstellung von Dialogszenen verwendet wird. Hierbei ist abwechselnd immer einer der beiden Gesprächspartner im Bild zu sehen, meistens in Halbnah oder Nah. Die *Parallelmontage* ist ein Einstellungswechsel zwischen zwei Geschehnissen, die an unterschiedlichen Orten stattfinden. Durch ein mehrfaches Hin- und Herschneiden (*Cross Cutting*) entsteht beim Rezipienten der Eindruck der Gleichzeitigkeit dieser Geschehnisse. Als epische Montage gelten auch *Zeitsprünge* und Rück- oder Vorblenden (*Flashback, Flashforward*).

Der Erzählanfang von DER TALENTIERTE MR. RIPLEY ist durch eine epische Montageform gekennzeichnet. Er besteht aus einzelnen Szenen (Auftritt, Konzerthaus, Werft, Wohnung), die in sich eine hohe Kontinuität aufweisen. Der Zuschauer kann aus den präsentierten Bildern problemlos einen filmischen Raum konstruieren. Ein Beispiel: Der Auftritt von Tom findet auf einer Terrasse statt, die sich offensichtlich in einer höheren Etage eines Gebäudes befindet, dann fährt er zusammen mit den Greenleafs mit dem Aufzug nach unten. Von dort aus gehen sie auf die Straße, die Tom dann überquert, um im Konzerthaus anzukommen. Durch diese räumliche Kontinuität erscheinen diese aneinandergereihten Bilder »wie aus einem Guss«.

Als Beispiel für das Schuss-Gegenschuss-Verfahren lässt sich das Gespräch von Greenleaf mit Tom auf der Werft anführen. Es beginnt mit einem halbnahen Establishing Shot, auf dem die beiden Gesprächspartner in ihrer Umgebung zu sehen sind (Abb. 56). Dann bleiben sie stehen und das weitere Gespräch wird als Wechsel von nahen Einstellungen von Greenleaf (Abb. 57) und Tom (Abb. 58) gezeigt. Dieses Verfahren hat sich im Laufe der Filmgeschichte als Konvention zur Darstellung von Gesprächen herausgebildet und wird deshalb vom Rezipienten trotz des harten Hin- und Herschneidens zwischen den Gesprächspartnern als kontinuierlich wahrgenommen.

Abb. 56–58: Schuss-Gegenschuss-Verfahren in DER TALENTIERTE MR. RIPLEY

Konstruktivistische Montage

Die konstruktivistische Montage bildet das Gegenstück zur epischen Montage, sie zielt nicht auf Kontinuität oder Handlungslogik ab. Ein anschauliches Beispiel für dieses Montagekonzept ist die *Kontrastmontage* bzw. *kommentierende Montage*. Hier werden zwei Einstellungen zusammengefügt, die in keinem unmittelbar erkennbaren Zusammenhang in Bezug auf Figuren, Raum und Zeit stehen. Da die Bilder im Film direkt aufeinander folgen, versucht der Rezipient sie trotzdem in einen Sinnzusammenhang zu setzen, so dass die beiden Einstellungen sich gegenseitig kommentieren.

Diese Form der Montage wurde in den 1920er Jahren von den russischen Formalisten häufig eingesetzt. Berühmt geworden ist eine Sequenz aus SERGEJ M. EISENSTEINS *STREIK* (UdSSR 1923), in der Bilder von demonstrierenden Arbeitern mit Bildern aus einem Schlachthof kontrastiert werden

(Abb. 59–61). Durch die Parallelmontage von zwei inhaltlich nicht direkt aufeinander bezogenen Sachverhalten – Bilder aus dem Schlachthof und Bilder der Niedermetzelung des Arbeiteraufstands durch die Polizei – wird der Sachverhalt des Schlachtens vom eigentlichen Objekt, also dem Vieh, auf die Arbeiter übertragen.

Abb. 59–61: Schlachthof – Demonstranten – Soldaten:
Kontrastmontage in Eisensteins STREIK (1925)

In einem konventionell erzählten Hollywood-Film sind Kontrastmontagen jedoch eher selten anzutreffen, da sie die Illusionswirkung des Films unterlaufen. Der Zuschauer kann nicht in die erzählte Welt eintauchen. Die Betonung und somit die Sichtbarkeit der Schnitte – im Gegensatz zum *unsichtbaren Schnitt* des Continuity Systems – erinnert den Rezipienten ständig daran, dass er gerade einen Film sieht.

4 »Die Leiden des jungen Werther«

Nach diesen grundlegenden Ausführungen zu den Gemeinsamkeiten und Unterschieden des schriftliterarischen und filmischen Erzählens werden nun vier Klassiker der Schullektüre neben ihre Verfilmungen gestellt. GOETHES Werther-Roman ist ein Paradebeispiel für das Phänomen der Adaption, da er bereits kurze Zeit nach seiner Veröffentlichung eine Vielzahl von literarischen und musikalischen Bearbeitungen und Parodien hervorrief. Diese so genannten *Wertheriaden* belegen die große Faszination, die von der Werther-Figur ausging und die einige Leser des Romans in ein regelrechtes »Werther-Fieber« verfallen ließ.

Die filmische Adaption von EGON GÜNTHER entstand circa 200 Jahre nach der Publikation der ersten Fassung des Romans. Der Regisseur betont in einem Interview, dass es ihm bei der Verfilmung nicht um Werktreue ging, sondern um die **Sprache**, die **deutschen Zustände** und um die **Frage, was einen jungen Mann diesen Kalibers zur Strecke bringt**.[75] Der Film unterscheidet sich von GOETHES Roman deshalb an einigen Stellen in Bezug auf die erzählte Geschichte und – durch den Medienwechsel bedingt – natürlich vor allem in der Art und Weise der Darstellung. Die Verfilmung nimmt keine Aktualisierung vor, das heißt, wie im Roman spielt die Geschichte im 18. Jahrhundert. Dem Zuschauer wird in diesem Zusammenhang kein realistisches Setting präsentiert, die Kostüme und das Dekor erinnern durch ihre Künstlichkeit vielmehr ständig daran, dass es sich um einen Film handelt. Übernommen wurden im Film auch die Grundmotive des Schrifttextes, wie z.B. die unerfüllte Liebe in der Dreiecksbeziehung von Werther – Lotte – Albert, der Widerspruch zwischen der Freiheit des Individuums und den Zwängen der Gesellschaft oder die Natur als Spiegel der Seele. Die zentralen Figuren und Ereignisse der Handlung tauchen im Film auf, auch wenn sie teilweise anders gewichtet werden. Der wichtigste Unterschied liegt somit in der Erzählform des Schrift- und des Filmtextes. Diese wird im Folgenden neben dem Kreuzigungsmotiv und der Selbstmordszene als ein Ansatzpunkt für eine Auseinandersetzung im Deutschunterricht herausgegriffen (vgl. Unterrichtssequenz U4).

4.1 Erzählform des Romans von Johann Wolfgang Goethe und des Films von Egon Günther

Die Art und Weise der Darstellung einer Erzählung – der Erzähldiskurs – hat großen Einfluss auf die Wirkung des Textes beim Rezipienten. MARTI-

NEZ und SCHEFFEL führen das »Werther-Fieber« der zeitgenössischen Leser von GOETHES DIE LEIDEN DES JUNGEN WERTHER (1774) wesentlich auf GOETHES Entscheidung zurück,

> Werthers Schicksal nicht im distanzierten Bericht eines ironisch allwissenden Erzählers, sondern in der identifikationsfördernden Ich-Perspektive der Briefform[76]

gestaltet zu haben.

Der WERTHER ist ein Paradebeispiel für den einstimmigen, monologischen Briefroman, in dem ein *homodiegetischer* Erzähler seine persönliche Geschichte erzählt. Da hier erzählendes und erlebendes Ich nahezu identisch sind, spricht man auch von einem *autodiegetischen* Erzähler.[77] Diese Bestimmung des Erzählverhaltens bezieht sich jedoch nur auf die Briefe selbst, also die *intradiegetische* Ebene. Ergänzend tritt im Roman die Instanz eines – fiktionalen – Herausgebers hinzu, dessen *extradiegetische* Kommentare die Briefe des Ich-Erzählers rahmen und eine kommunikative Brücke zum Leser aufbauen, der vom Herausgeber direkt angesprochen wird. Insbesondere im letzten Teil des Romans (WGoe 114 ff.) kommt diesem Herausgeber eine zentrale Erzählfunktion zu. Er rekonstruiert im Nachhinein die Geschehnisse, die zu Werthers Selbstmord geführt haben und besitzt aufgrund der unterschiedlichen Quellen, die ihm zur Verfügung stehen, eine relative Übersicht, ist also *nullfokalisiert*. Der intradiegetische Ich-Erzähler ist hingegen auf eine sehr subjektive Sichtweise bzw. Mitsicht beschränkt und deshalb *intern fokalisiert*. Die Erzählform des WERTHER-Romans ist grundlegend durch diese geschickte Kombination aus Nähe des Ich-Erzählers und Distanz der Herausgeberfiktion bestimmt. Im Film kann eine solche Erzählstrategie nur teilweise übernommen werden. Insbesondere einer internen Fokalisierung sind im Film grundsätzlich Grenzen gesetzt. EGON GÜNTHER löst das Problem in seinem 1976 von der DEFA in der DDR produzierten Film, indem er eine Rahmenhandlung konstruiert, in der Wilhelm auftritt und anhand der Briefe die Ereignisse um Werther rekonstruiert. Diese Rahmenerzählung setzt sich durch ihre Schwarz-Weiß-Ästhetik auch visuell von der Binnenerzählung ab (Abb. 62). An die Stelle des namenlosen Herausgebers des Romans tritt im Film mit Wilhelm also eine der Figuren des Romans. Die filmische Binnenerzählung wird einige Male durch die Rahmenerzählung unterbrochen und kommentiert, im letzten Teil des Films werden dann Binnen- und Rahmenerzählung durch eine Überblendung (WGü 1:34:36) zusammengeführt, die Figuren aus der extradiegetischen Ebene erscheinen in dieser Einstellung zum ersten Mal in Farbe (Abb. 63).

Auch der Einstieg in die intradiegetische Erzählebene ist im Film ein anderer als im Roman: Dieser beginnt mit dem Satz **Wie froh bin ich, dass**

Wilhelm in der Rahmenerzählung

Extra- und intradiegetische Ebene in einer Überblendung

Einstieg in die Binnenerzählung: Werther und sein Träger

Abb. 62–64: Erzählebenen im Werther-Film

ich weg bin! (WGoe 5), also mit dem Bericht eines Ich-Erzählers, der an sein Weggehen zurückdenkt und dies in Form eines Briefes mitteilt. GÜNTHERS Film setzt hingegen zu einem früheren Zeitpunkt der Geschichte ein, er zeigt auch die Reise selbst. Die filmische Binnenerzählung beginnt mit der Gotthard-Besteigung, die im Roman nicht zu finden ist, sondern sich auf GOETHES *BRIEFE AUS DER SCHWEIZ* (1779), gewissermaßen eine Vorgeschichte zum Werther-Roman, bezieht. Der Aufstieg Werthers auf den Berg geschieht nicht aus eigener Kraft, sondern durch ein »Lasttier«: Werther lässt sich auf dem Rücken eines Schweizer Bergbauern über den Gotthardt tragen (Abb. 64). Auf den Zuschauer wirkt dieses Bild eines damals durchaus üblichen Vorgangs ziemlich schockierend.[78]

Die Vorspann-Sequenz – während der Besteigung werden die Credits als Schrift eingeblendet – erfüllt eine wichtige Funktion im Rahmen der Figurencharakterisierung von Werther. Auf die Ansprache eines anderen »Huckepack«-Reisenden reagiert er nicht, obwohl dieser ihn in mehreren Sprachen anredet und dadurch seine hohe Bildung und gesellschaftliche Stellung unter Beweis stellt. Mit dem Bergbauern führt er hingegen anschließend gerne ein Gespräch. Das abweisende Verhalten gegenüber dem ihm sozial Gleichgestellten und das – anbiedernde – Gespräch mit dem Bauern veranschaulicht Werthers Haltung als einsamen und sozialromantischen Intellektuellen, der – im wahrsten Sinne des Wortes – die Bodenhaftung verloren hat. Eine wirkliche Solidarisierung mit den von ihm so bewunderten »einfachen« Menschen würde zumindest voraussetzen, dass er den Berg aus eigener Kraft erklimmt.

In der Gegenüberstellung des Erzählbeginns im Roman und im Film wird ein Hauptunterschied des schriftliterarischen und des filmischen Erzählens deutlich: Im Roman dominiert der subjektive Blick auf das Geschehen aus zeitlicher Distanz, der Film setzt hingegen am chronologischen Beginn der Geschichte ein und konfrontiert den Rezipienten ganz unmittelbar mit dem Geschehen. Doch GÜNTHER verzichtet in seiner filmischen Erzählung nicht völlig auf die Stimme eines Ich-Erzählers. Immer wieder streut er Zitate aus Werthers Briefen als Off-Stimme ein und schafft auf diese Weise eine Innensicht in die Hauptfigur, z. B. gleich zu Beginn des Films (WGü 0:04:20–0:05:02). Die Off-Stimme wird hier nicht etwa mit einer Großaufnahme Werthers samt nachdenklicher Mimik kombiniert, sondern dient als auditive Brücke über eine *Montagesequenz*, die einen Ritt Werthers zeitraffend zusammenfasst. Die Stimme auf der Tonebene zitiert – fast wortwörtlich – Auszüge aus den Briefen vom 13. Mai und vom 27. Mai:

> Du fragst, ob du mir meine Bücher schicken sollst? – Lieber, ich bitte dich um Gottes willen, laß mir sie vom Halse! Ich will nicht mehr geleitet, ermuntert, angefeuert sein, [...]. (WGoe 9)
> Ich sage dir, mein Schatz, wenn meine Sinne gar nicht mehr halten wollen, so lindert all den Tumult der Anblick eines solchen Geschöpfs, das in glücklicher Gelassenheit den engen Kreis seines Daseins hingeht, von einem Tage zum andern sich durchhilft, die Blätter abfallen sieht und nichts dabei denkt, als daß der Winter kommt. Seit der Zeit bin ich oft draußen. (WGoe 17)

Auf der Bildebene wird der reitende Werther in der Totalen und Halbtotalen gezeigt, ergänzt durch das Bild einer Familie im Wald (Abb. 67) und zweimal ein Junge, der ihm zuwinkt (Abb. 68). Dies verweist auf Werthers Liebe zu den Kindern und den »einfachen« Menschen, auf seine Sehnsucht nach ihrer Lebensweise. In der zweiten Einstellung (Abb. 66) reitet er im nebligen Wald an einem Galgen vorbei – eine Antizipation des bevorstehenden Todes, die man nicht unbedingt auf den ersten Blick wahrnimmt. Ton- und Bildebene gehen in dieser Sequenz eine komplexe Wechselbeziehung ein, einige Informationen sind auf beiden Ebenen präsent, andere wiederum nur im Bild oder nur im Ton. GÜNTHERS Adaptionskonzept beschränkt sich also nicht auf eine »Bebilderung« der Romanvorlage, sondern zielt auf eine Übersetzung, die der Ästhetik des Mediums Film gerecht werden will.

Abb. 65–68: Der reitende Werther in einer Montagesequenz

4.2 Das Kreuzigungsmotiv und der Selbstmord im Film von Egon Günther

Das **konzeptionelle Zentrum**[79] des Werther-Films bildet das Kreuzigungsmotiv, das bereits im Roman angelegt ist. J. M. R. Lenz hat diesen Aspekt mit seiner Bemerkung herausgehoben, Werther sei **ein gekreuzigter Prometheus**[80]. Das *Kreuz* wird in Günthers Film zusammen mit *Rot* als Farbe des Blutes zum visuellen Symbol, das von Beginn bis Ende des Films als roter Faden fungiert und in den Schlüsselszenen immer wieder auftaucht.

Das letzte Bild des Vorspanns zeigt den braun gekleideten Werther in Nahaufnahme, wie er auf dem Rücken des Bergbauern sitzt (Abb. 69). In der nächsten Einstellung folgt eine Großaufnahme der – braunen – Hand eines hölzernen Kruzifix' (Abb. 70), in die ein Nagel eingeschlagen wird. Durch die Montage dieser beiden Einstellungen wird die Verbindung zwischen Werther und Christus visuell konstituiert. Das Motiv wird im weiteren Verlauf des Films immer wieder aufgenommen, so steht Werther mehrmals vor Fensterkreuzen (Abb. 71) und im Gespräch mit Albert erlaubt er sich einen Scherz, in dem er die Haltung eines Gekreuzigten einnimmt und seine Hand scheinbar mit einer Schere durchbohrt (Abb. 72–73). Im Handlungsstrang mit dem Knecht, der die Geschichte Werthers spiegelt und seinen Tod vorwegnimmt, taucht ebenfalls die Schere in Verbindung mit einer Kopfwunde auf (Abb. 74).

Abb. 69–74: Werther und das Kreuzigungsmotiv

In der Selbstmord-Szene am Ende des Films wird das Kreuzigungsmotiv ein letztes Mal aufgegriffen. Dem Zuschauer wird nicht direkt gezeigt, wie Werther den Schuss auf sich selbst abgibt, stattdessen wird eine *konstruktivistische Montage* von acht Einstellungen präsentiert (Abb. 75–82): eine Kirche im Nebel – Werther, der am Schreibtisch seinen letzten Brief schreibt – die von Albert geliehenen Pistolen – ein Fenster, das mit einem Knall aufspringt – der am Boden liegende Werther mit einer blutenden Kopfwunde – Werther, wie er sich von der jungen Maria verabschiedet (Rückblende, vgl. WGü 0:41:43) – der leere Schreibtisch mit der tickenden Uhr – eine Panorama-Einstellung der Gotthard-Besteigung vom Beginn des Films. Zur letzten Einstellung spricht Werthers Stimme aus dem Off: **Mein Gott, mein Gott, warum hast du mich verlassen?** (WGü 01:37:37).

Diese Form der Darstellung unterbricht die raum-zeitliche Kontinuität der Erzählung und somit die Gegenwärtigkeit des Films und seine Illusionswirkung. Sie folgt nicht dem Prinzip des unsichtbaren Schnitts, sondern verlangt vom Rezipienten eine kombinatorische Leistung. Auf diese Weise wird der Selbstmord nicht voyeuristisch ausgekostet, sondern unter Verwendung des

»Die Leiden des jungen Werther«

Zeit (WGü)	Bildebene	Tonebene
01:36:55	Totale	Sprache: – Geräusche: Uhrticken Musik: Orgel, Schlagzeug
01:37:02	Nah	Sprache: – Geräusche: Uhrticken Musik: Orgel, Schlagzeug
01:37:10	Groß	Sprache: – Geräusche: Uhrticken Musik: Orgel, Schlagzeug
01:37:15	Halbnah	Sprache: – Geräusche: Knall (Schuss), Zersplittern der Glasscheibe, Stille Musik: –
01:37:18	Nah	Sprache: – Geräusche: dumpfer Aufprall auf dem Boden, Uhrticken setzt wieder ein Musik: –
01:37:26	Halbnah	Sprache: Werther: »Addio, piccola mia.«/Mädchen: »Adieu.« Geräusche: Schuhe auf Holzboden, Uhrticken Musik: –
01:37:35	Halbnah	Sprache: – Geräusche: Uhrticken Musik: –

Zeit (WGü)	Bildebene		Tonebene
01:37:37		 Panorama	Sprache: Werther: »Mein Gott, mein Gott, warum hast du mich verlassen?« Geräusche: Uhrticken, Windrauschen Musik: –

Abb. 75–82: Werthers Selbstmord als konstruktivistische Montage

über den ganzen Film hinweg immer wieder aufscheinenden Kreuzigungsmotivs – das Fensterkreuz, die blutende Wunde, das Zitat der letzten Worte Jesu – inszeniert. Damit wird dem Rezipienten gleichzeitig ein Interpretationsangebot für diesen Selbstmord eröffnet: Werther opfert sich für seine Ideale und wird gleichzeitig Opfer der sozialen Ordnung, die diese Ideale ad absurdum führt. Die von Wilhelm zu Beginn des Films gestellte Frage **Warum hat er sich erschossen? War das nur aus unglücklicher Liebe oder war's das Ganze?** (WGü 0:02:18) wird am Ende des Films zwar nicht explizit, d.h. sprachlich beantwortet, das filmische Arrangement spricht jedoch sehr für die zweite Deutung. Durch die Parallelisierung von Werthers Leidensgeschichte und der Passion Christi – vom hölzernen Kruzifix bis zur Selbstmordszene – wird seinem Tod eine überindividuelle Bedeutung zugesprochen.

Nimmt man den Entstehungskontext des Films in den Blick, dann eröffnet sich eine weitere Lesart. EGON GÜNTHER musste den Film 1976 unter den schwierigen Bedingungen der staatlich kontrollierten Filmproduktion in der DDR realisieren. Aufgrund seiner gesellschaftskritischen Filme – insbesondere DIE SCHLÜSSEL (1974) – wurden ihm ab Mitte der 1970er Jahre nur noch historische Stoffe und Literaturverfilmungen angeboten, er durfte keine »Gegenwartsfilme« mehr drehen. Werthers aussichtsloser Kampf gegen die borniert höfische Gesellschaft kann vor diesem Hintergrund auch als Kommentar der Filmemacher zur gesellschaftlichen Situation der DDR gelesen werden.

Der Ich-Erzähler im Briefroman kann den Moment seines eigenen Todes nicht selbst erzählen. Deshalb meldet sich im letzten Teil des Romans (WGoe 114 ff.) wieder der extradiegetische Erzähler, also der fiktive Herausgeber zu Wort. Das Ereignis des Selbstmords wird berichtet durch den Abschiedsbrief Werthers **Nach eilfe** (WGoe 150 ff.), gefolgt von dem Hinweis eines »Ohrenzeugen«:

> Ein Nachbar sah den Blitz vom Pulver und hörte den Schuss fallen; da aber alles stille blieb, achtete er nicht weiter drauf. (WGoe 152)

Im Roman wird dem Leser also ebenfalls der Blick auf den eigentlichen Akt des Selbstmords verwehrt und durch eine indirekte Darstellung ersetzt. Der Leser muss diese wichtige Leerstelle in seiner Imagination selbst füllen. Durch die Distanziertheit des extradiegetischen Erzählers bleiben allerdings beide im Roman angelegten Motive für den Selbstmord erhalten: die unglückliche Liebe und die Unerträglichkeit der gesellschaftlichen Ordnung. Während der Film durch die bereits erwähnte Überblendung die intra- und die extradiegetischen Erzählebenen verschmelzen lässt, dominiert im Roman am Ende die Stimme des distanziert erzählenden Herausgebers.

4.3 Der Film von Uwe Janson als aktualisierende Adaption

Die Geschichte über die Leiden des Werthers hat nicht nur zeitgenössische Schriftsteller zu Wertheriaden animiert, sondern strahlt offensichtlich bis in die Gegenwart eine große Faszination aus. EGON GÜNTHERS Adaption steht neben weiteren Werther-Verfilmungen, wie LE ROMAN DE WERTHER (1938) von MAX OPHÜLS, BEGEGNUNG MIT WERTHER (1949) von KARL HEINZ STROUX, W. – LE JEUNE WERTHER (1992) von JACQUES DOILLON oder jüngst WERTHER (2008) von UWE JANSON. Daneben gibt es zahlreiche Filme, die den Stoff mehr oder weniger explizit aufgreifen, z. B. DIE WIESE (1979) der Gebrüder TAVIANI[81] oder der Fernsehfilm IHR KÖNNT EUCH NIEMALS SICHER SEIN (2008) von NICOLE WEEGMANN, der mit dem 3sat-Zuschauerpreis ausgezeichnet wurde.

In der Gegenüberstellung von verschiedenen Übersetzungen ein- und desselben literarischen Stoffes wird der Transformationsprozess beim Medienwechsel vom Buch zum Film besonders deutlich. JANSONS Verfilmung im Auftrag des ZDF-Theaterkanals steht ganz im Zeichen der Aktualisierung des Werther-Stoffes. Das gilt sowohl für die Handlung, die ins heutige Berlin versetzt wird, als auch für die Filmästhetik, die sich durch eine wackelnde Handkamera, teils sehr schnell geschnittene Sequenzen und viele digitale Spezial-Effekte auszeichnet. Dieses Adaptionskonzept hat dem Film erwartungsgemäß nicht viel Lob eingebracht. Die meisten Rezensionen bemängeln diesen Ansatz, zumal JANSON neben dem Berliner Jugend-Slang zusätzlich Zitate aus GOETHES Roman als Off-Stimme einstreut. Herausgekommen ist, so der Kritiker der FRANKFURTER ALLGEMEINEN ZEITUNG, ein Film, der **unendlich langweilig** ist und **der hunderttausendste Versuch [..], eine zeitlos gültige Tragödie zu »aktualisieren«, weil sie sonst angeblich niemandem mehr etwas sagt**.[82] Die Kritik am teilweise überambitionierten Adaptionskonzept von JANSON ist sicherlich berechtigt. Die Rezension verweist aber gleichzeitig auf das offenbar in den Feuilletons immer noch weit verbreitete Unbehagen gegenüber aktualisierenden Verfilmungen von »Klassikern« der Schriftliteratur.

Die Werther-Figur ist in JANSONS Verfilmung ein erfolgloser Fotograf, dem Albert soeben die Veröffentlichung eines Fotobandes verwehrt hat. Die Ablehnung der höfischen Gesellschaft im Roman wird zum Protest gegen die Konsumgesellschaft, dem Werther, sein Kumpel Wilhelm und Onkel Bernd – eine von JANSON neu eingeführte Figur – mit verschiedenen subversiven Aktionen begegnen. Im Gegensatz zur Lotte GOETHES wechselt diese im Film für eine kurze Zeit die Seiten und begleitet – zusammen mit ihrer Freundin Nancy – Werther und seine Freunde. Am Ende treffen sich alle Beteiligten wieder und es kommt zum großen »Showdown«, bei dem Albert seinen Gehilfen dazu auffordert, Werther zu töten. Dieser nimmt ihm das Gewehr ab und erschießt sich, nach den letzten Worten »Her mit dem schönen Leben!«, selbst.

Abb. 83–86: Figurenensemble in *WERTHER* von UWE JANSON: Werther, Lotte, Wilhelm, Albert

Für einen Vergleich zweier oder mehrerer Werther-Verfilmungen bieten sich zahlreiche Zugänge an, z. B. die Zusätze oder Auslassungen gegenüber des Plots der Romanvorlage, die veränderten Figurenkonstellationen oder die Gegenüberstellung der Charakterisierung einzelner Figuren. Jeder Werther-Film spiegelt den jeweils aktuellen Zugang zu GOETHES Roman wider, Verfilmungen sind somit immer auch Zeugnisse der Rezeptions- und Wirkungsgeschichte eines schriftliterarischen Werks.

Bei aller berechtigten Kritik bietet JANSONS Verfilmung einen sehr guten Ausgangspunkt, um über die Aktualität der *LEIDEN DES JUNGEN WERTHER* nachzudenken und Überlegungen anzustellen, wie die Geschichte heute auf filmische Weise erzählt werden kann.

5 »Die Marquise von O…«

Der französische Regisseur ERIC ROHMER hat HEINRICH VON KLEISTS Erzählung DIE MARQUISE VON O… 1976 verfilmt. Sein Anspruch war hierbei, dem Kleist'schen Text Wort für Wort zu folgen, da dieser bereits ein echtes ›Drehbuch‹ sei, auf das sich die Regiearbeit ohne Vermittlung einer sogenannten ›Bearbeitung‹[83] direkt stützen könne. Diese Aussage des Regisseurs widerspricht dem hier zugrunde gelegten Konzept der Literaturverfilmung als Transformation und somit Übersetzungsleistung von einem Zeichensystem in ein anderes. Inwiefern KLEISTS Text tatsächlich Drehbuchcharakter besitzt und ob ROHMER sein Ziel einer *Illustration* im Sinne KREUZERS erreicht – das sind viel versprechende Fragestellungen für die Auseinandersetzung mit dieser Literaturverfilmung.

5.1 Erzählform der Novelle von Heinrich von Kleist und der Verfilmung von Eric Rohmer

Schriftliterarisches Erzählen kann als Informationsvergabe eines Erzählers an einen Leser definiert werden. Entscheidend ist in diesem Zusammenhang, welche Informationen zu welchem Zeitpunkt und in welcher Detailliertheit vermittelt werden. HEINRICH VON KLEISTS Novelle *DIE MARQUISE VON O…* ist ein sehr gutes Beispiel dafür, wie ein Erzähler den Leser durch einen perfekt abgestimmten Informationsfluss sehr geschickt lenken kann. Der Erzähler besitzt hier eigentlich die Übersicht über die gesamte Geschichte, ist also *nullfokalisiert*. Trotzdem mischt er sich über weite Strecken kaum kommentierend oder wertend ein, sondern fungiert vielmehr als Berichterstatter über die Ereignisse der Handlung.

An einigen Stellen nimmt der Erzähler die Perspektive der Mitsicht an, wechselt also in eine *interne Fokalisierung*. Ein Beispiel hierfür findet sich in der Szene, nachdem die Marquise ihr Elternhaus verlassen hat:

> Der Aufruhr, der ihre Brust zerriss, legte sich, als sie im Freien war, sie
> küsste häufig die Kinder, diese ihre liebe Beute, und mit großer Selbstzufriedenheit gedachte sie, welch einen Sieg sie, durch die Kraft ihres schuldfreien Bewusstseins, über ihren Bruder davongetragen hatte. (MK 27 f.)

An solchen Stellen ist die Distanz des Erzählers zu seinem Erzählgegenstand viel geringer als in den berichtenden Passagen, z. B. über die Geschäftsreisen des Grafen oder den szenischen Passagen, die hauptsächlich durch die Wiedergabe von Figurenrede getragen werden, z. B. beim überraschenden Auftauchen des Grafen im Haus des Kommandanten:

> Der Graf setzte sich, indem er die Hand der Dame fahrenließ, nieder, und
> sagte, dass er, durch die Umstände gezwungen, sich sehr kurz fassen müsse;
> dass er, tödlich durch die Brust geschossen, nach P... gebracht worden wäre;
> dass er mehrere Monate daselbst an seinem Leben verzweifelt hätte; [...]
> (MK 10)

Der Erzähler wechselt also geschickt zwischen *narrativem* und *dramatischem Modus*. Hinzu kommt eine differenzierte Gestaltung des Erzähltempos, das zwischen stark raffendem Erzählen von weniger bedeutenden Ereignissen und den detaillierten zeitdeckenden Schilderungen der Höhepunkte in der Erzählhandlung changiert. Die Erzählung ist – abgesehen von der Einleitung mit der Zeitungsannonce, auf die der erste Teil der Erzählung als eine relativ ausführliche Analepse folgt (MK 3–29) – chronologisch aufgebaut und lässt sich in fünf Akte aufteilen:[84]

I. Vorstellung der Marquise, Kampf um die Zitadelle, Rettung durch den Grafen; II. Nachricht vom Tod des Grafen, plötzliches Erscheinen und Heiratsantrag des Grafen; III. Erkennen der Schwangerschaft und Verstoßung aus dem Elternhaus, Zeitungsannonce; IV. Rückkehr des Grafen, Abweisung durch die Marquise, Antwort auf die Annonce; V. List der Mutter, Versöhnung zwischen Vater und Tochter, Heirat und nach einem Jahr Aussöhnung mit dem Grafen.

Auf das Verhältnis von Erzählzeit und erzählter Zeit verweist auch die Ellipse, die durch den **wohl berühmtesten Gedankenstrich der deutschen Literatur**[85] entsteht:

> Hier – traf er, da bald darauf ihre erschrockenen Frauen erschienen, Anstalten, einen Arzt zu rufen; versicherte, indem er sich den Hut aufsetzte, dass sie sich bald erholen würde; und kehrte in den Kampf zurück. (MK 5)

Das für die Handlung entscheidende Ereignis der Vergewaltigung der bewusstlosen Marquise durch den Grafen wird in der Erzählung ausgespart. Nicht zuletzt durch diese Ellipse verweist die Erzählstruktur der Novelle auf das Handlungsmuster des Kriminalromans, da sich der Leser im weiteren Verlauf der Erzählung zusammen mit den Figuren der Geschichte um die Auflösung der rätselhaften Schwangerschaft bemüht.

Eric Rohmers Behauptung, Kleists Novelle selbst sei schon ein Drehbuch wurde bereits erwähnt. Dafür spricht die detailgenaue Schilderung vieler Szenen im dramatischen Modus und insgesamt die szenisch angelegte Erzählstruktur. Mit seiner Annahme, dass sich der Erzähler **jeglicher Andeutung der inneren Vorgänge seiner Helden** versage und dass alles **von außen her beschrieben sei und mit der gleichen Ungerührtheit betrachtet wie durch das Objektiv einer Kamera**[86], irrt er jedoch. In den nullfokalisierten Passagen finden sich vereinzelt kommentierende Aussagen des Erzählers, in den intern fokalisierten stellenweise ein Einblick in Gefühls- und Gedankenwelt der Figuren. Ein echtes Drehbuch definiert darüber hinaus die Nähe oder Distanz zum Gezeigten, indem es Angaben zu den Einstellungsgrößen in den jeweiligen Szenen liefert. Bei KLEIST findet sich hier freilich nur wenig, so dass ROHMERS Entscheidung, die detailgetreuen Schilderungen der Mimik und Gestik nicht in Groß- und Nahaufnahmen, sondern vielmehr in totalen, halbtotalen oder höchstens halbnahen Einstellungen zu zeigen, verwundert.[87] Auch die Umformung der durch einen Erzähler vermittelten indirekten Rede in direkte Figurenrede stellt bereits einen tief greifenden Transformationsprozess dar: Die Distanziertheit des späteren Erzählens im Schrifttext wird in die Gegenwärtigkeit des gleichzeitigen Erzählens im Filmtext überführt.

Ein noch größeres Gewicht kommt einer Veränderung zu, die ROHMER in Bezug auf die Handlung vornimmt. Das zentrale Ereignis der Vergewaltigung der Marquise durch den Grafen wird im Film nicht als Ellipse dargestellt – was filmtechnisch durch einen einfachen Schnitt oder eine Abblende problemlos möglich gewesen wäre. In der Verfilmung wird an dieser Stelle eine zusätzliche Szene eingefügt: Julietta fällt nicht in Ohnmacht, sondern wird im Schlaf vergewaltigt, nachdem sie einen Mohntrunk zu sich genommen hat. Der Regisseur begründet diesen schwerwiegenden Eingriff in den Handlungsablauf folgendermaßen:

> In der Tat schien uns eine einfache kinematographische Ellipse nur mit äußerster Behutsamkeit jene drei berühmten Pünktchen[88] belegen zu können, die hier die Erzählung unterbrechen. Im Unterschied zum Leser der Erzählung, dessen Vorstellungskraft wendiger und dessen Denkvermögen abstrakter ist, muss der Filmzuschauer diese leeren Bilder ausstatten, die nicht zu jenen passen, die ihm vorher oder nachher gezeigt werden.[89]

Diese Aussage reproduziert das bereits eingangs erörterte Vorurteil über den aktiven Buchleser und den passiven Filmrezipienten. ROHMER scheint weder den filmischen Erzähltechniken noch dem Zuschauer vollkommen zu vertrauen, denn gerade durch eine Ellipse könnte der Rezipient zu einer Imaginationsleistung herausgefordert werden. Der Film löst sich durch diesen Eingriff in den Handlungsverlauf auch vom Erzählmuster des Kriminalromans, da – obwohl der eigentliche sexuelle Akt auch bei ROHMER ausgespart wird – kein großer Zweifel daran besteht, wer für die Schwangerschaft der Marquise verantwortlich ist.

Die Schrift-Zenriertheit ROHMERS zeigt sich auch in den Zwischentiteln, die er – möglicherweise als Hommage an den Stummfilm oder als Reminiszenz an KLEISTS schriftlichen Erzähltext – in den Film einfügt und die als eine von mehreren Erzählinstanzen fungieren. Die genaue Funktion der einzelnen Tafeln bleibt jedoch unklar, teils liefern sie lediglich Orts- und Zeitangaben, teils scheinen sie dazu zu dienen, eine Erzählerstimme aus dem Off zu ersetzen. URSULA LINK-HEER sieht in den Zwischentiteln **ein Verfahren des epischen Gestus und der Verfremdung.**[90]

ROHMER nimmt darüber hinaus weitere Veränderungen gegenüber dem KLEIST-Text vor.[91] Die zweite Hälfte der Fiebertraum-Erzählung des Grafen, in welcher Julietta als Schwan Thinka erscheint, wird an den Schluss des Films verlagert. Außerdem verlegt ROHMER die Bekanntmachung der Zeitungsannonce zu Beginn des Films in ein Wirtshaus, er erfindet also eine weitere Szene hinzu.

ROHMERS *MARQUISE VON O…* ist mit Sicherheit nicht die einzig denkbare filmische Umsetzung der KLEIST-Novelle, sie verweist lediglich – allen Proklamationen des Regisseurs zum Trotz – auf *eine* mögliche Lesart des Textes. Im Zusammenhang mit dieser Verfilmung von **radikaler Werktreue**[92] zu sprechen, ist deshalb nicht ganz nachvollziehbar. ROHMERS Adaptionskonzept ist geprägt von seinem **wortverliebten oder philologischen Respekt vor der Sprache KLEISTS**[93], Veränderungen des Plots hingegen waren für den Regisseur offenbar weniger problematisch.

5.2 Die Vergewaltigungsszene in Rohmers Verfilmung

Die Ausgestaltung des berühmten Gedankenstriches bei ROHMER beschäftigt alle Interpreten des Films. CHRISTINE KÜNZEL sieht durch die Einführung des Schlafmittels die Glaubwürdigkeit der Ohnmacht der Marquise in Frage gestellt. Einerseits diene es zwar **quasi als »Beweismittel« ihrer Bewusstlosigkeit**, andererseits liefere es jedoch **die Projektionsfläche für die Inszenierung eines »erotischen Traumes«** und somit die Möglichkeit, der Marquise ein **unterbewusstes Begehren**[94] zu unterstellen.

Unterstützt wird diese Lesart durch einen intermedialen Verweis, der in die filmische Umsetzung der Vergewaltigungsszene eingeflochten wurde. Die Körperhaltung der schlafenden Julietta spielt auf das berühmte Ge-

 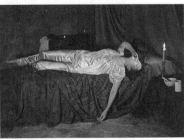

Abb. 87–88: JOHANN HEINRICH FÜSSLI: *NACHTMAHR* (1781, Öl auf Leinwand, 101,6 x 127 cm, Detroit/Michigan, Institute of Fine Arts (akg-images)) und die Aktualisierung des FÜSSLI-Gemäldes in der Verfilmung von ROHMER (MR 0:09:10)

mälde NACHTMAHR von JOHANN HEINRICH FÜSSLI aus dem Jahr 1781 an (Abb. 87–88). Dort finden sich neben bzw. auf der schlafenden Frau ein Pferd und ein Gnom, die dem Bild – entsprechend seinem Titel – eine unheimliche Atmosphäre verleihen. Ohne diese beiden alptraum- und rätselhaften Wesen – wie in der filmischen Umsetzung bei ROHMER – besitzt das Bild tatsächlich vor allem eine erotische Konnotation.[95]

Bemerkenswert ist ferner die Kameraführung und somit die Fokalisierung in dieser Sequenz. Nachdem der Graf die Marquise in das Kellergewölbe und hierdurch in Sicherheit gebracht hat, verlässt er den Raum und nimmt – wie in der Novelle (MK 5) – die Kapitulation des Kommandanten entgegen. Er überquert den Vorplatz des Gebäudes, in dem sich die Marquise befindet und stellt fest, dass alle schlafen: die Soldaten, Leopardo, das Hausmädchen und die Kinder. Dann begleitet die Kamera den Grafen, wie er den Raum betritt, in dem die Marquise schläft, nach einer amerikanischen Einstellung seines Rückens in der Türöffnung sehen wir eine halbnahe Einstellung von Julietta, wie sie auf dem Bett liegt (Abb. 91). Auffallend ist die Einrichtung dieses Raumes mit roten, edlen Stoffen – die Kinder schlafen nebenan auf Stroh – und das weiße, seidene Nachtgewand der Marquise, die sich unbedeckt im Schlaf hin- und herbewegt. Darauf folgt eine nahe Einstellung des Grafen, der offensichtlich fasziniert auf diese Szenerie blickt, die Kamera fährt bis zu einer Groß-Einstellung an ihn heran. Das Bild der Marquise wird durch diese Montage als subjektive Kamera definiert, die den Blick des Grafen abbildet. Zusammen mit den Kamerabewegungen, die eindeutig auf den Grafen bezogen sind, kann man von einer internen Fokalisierung sprechen.

Zeit	Bildebene	Tonebene
00:08:00	Aufblende, Totale, fest stehende Kamera	Sprache: – Geräusche: leise Schritte auf dem Gras, leises Hundegebell und Kirchenglocken Musik: –
00:08:48	Halbtotale, Kamerabewegung parallel zum Grafen	Sprache: – Geräusche: Schritte, Knarren der Lampe, Schnarchen Musik: –

Zeit	Bildebene	Tonebene
00:09:09		Sprache: – Geräusche: Atemgeräusche, leises Stöhnen Musik: –
	Halbnah, fest stehende Kamera	
00:09:22		Sprache: – Geräusche: Atemgeräusche, leises Stöhnen Musik: –
	Kamerafahrt von Halbnah bis Nah, Abblende	

Abb. 89–92: Die Vergewaltigungsszene in ROHMERS *DIE MARQUISE VON O…*

In ROHMERS Verfilmung wird die Schlüsselszene also mehrfach transformiert: Neben der inhaltlichen Erweiterung auf der Ebene der Geschichte durch das Hinzufügen einer neuen Szene wird auch eine andere Perspektive der Darstellung als in der Novelle gewählt.

5.3 Frei nach … – »Julietta« von Christoph Stark

Im Jahr 2000 fährt die 18-jährige Schülerin Julietta aus Stuttgart zur Love-Parade nach Berlin. Unter Drogeneinfluss verliert sie im Gedränge ihren Freund Jiri und bricht später ohnmächtig in einem Brunnen zusammen. In letzter Minute wird sie von Max, einem Berliner DJ, vor dem Ertrinken gerettet und während ihrer Bewusstlosigkeit von ihm vergewaltigt. Als sie am nächsten Morgen aufwacht, verliebt sie sich sofort in ihren Retter, der jedoch von seinem schlechten Gewissen geplagt wird. Nach der Rückkehr Juliettas in ihre Heimatstadt lernen sich Jiri und Max zufällig kennen und werden Nachbarn. Doch einige Wochen später bemerkt sie ihre Schwangerschaft und kehrt nach Berlin zurück. Es beginnt eine Dreiecksgeschichte mit zahlreichen Wendungen. Am Ende trennt sie sich von Jiri und verzeiht Max, will sich aber als alleinerziehende Mutter in Berlin durchschlagen.

Die Bezüge des Films zu KLEISTS Novelle sind offensichtlich, werden jedoch explizit nur im Nachspann mit der vorsichtigen Formulierung **nach einem Motiv von Heinrich von Kleist** (MS 1:31:04) angezeigt. Der Film von

CHRISTOPH STARK will also keine Verfilmung der Novelle sein, er greift lediglich auf Versatzstücke des KLEIST-Textes zurück. Im Zentrum steht die Aktualisierung: Aus dem Krieg wird die Love Parade, aus dem Grafen wird ein DJ und aus der Ohnmacht ein Drogentrip. Die Zweierkonstellation aus der Figur der Julietta und der des Grafen wird mit Juliettas Freund Jiri zur Dreierkonstellation erweitert. Ihre Eltern halten nach außen das Bild einer perfekten Familie aufrecht, dabei unterhalten beide Ehepartner seit längerem eine andere Liebesbeziehung.

Abb. 93–95:
Julietta zwischen Jiri und Max in
JULIETTA (2001)

JULIETTA war in Deutschland weder finanziell erfolgreich[96] noch bei den Kritikern sonderlich beliebt. BIRGIT GLOMBITZA bezeichnet den Film in einer Rezension als eine **Frauen verachtende Bedeutungslotterie** und schreibt ihm **die Ästhetik und den Charme einer Vorher-nachher-Clearasil-Geschichte** zu.[97]

Andernorts hat das Debüt des ehemaligen Werbespot- und Musikvideoclip-Regisseurs mehr Anerkennung erfahren, so erhielt der Film 2002 den ersten Preis beim »Brooklyn International Film Festival«, außerdem wurde CHRISTOPH STARK im gleichen Jahr als bester Regisseur beim portugiesischen Festival »Fantasporto« ausgezeichnet. Diese Auszeichnungen sind höchstwahrscheinlich auf die teilweise sehr ambitionierte Filmästhetik von JULIETTA zurückzuführen. Zumindest der Beginn des Films vermag es, dem Rezipienten einen Eindruck des rauschhaften Erlebnisses zu vermitteln, das die Protagonistin auf der Love Parade erfährt. Die Kamera arbeitet gezielt mit Unschärfen, Schwenks und Fahrten, durch den Einsatz einer Handkamera wird ein hohes Maß an Authentizität erreicht. Eine sehr kunstvolle 360-Grad-Kamerafahrt um Julietta und Jiri geht nahtlos in die Drehbewegung eines Plattentellers auf einem Wagen der Love Parade über (Abb. 100–101). Die durch diese filmischen Mittel aufgebaute Dynamik geht jedoch im Verlauf des weiteren Films leider verloren.[98]

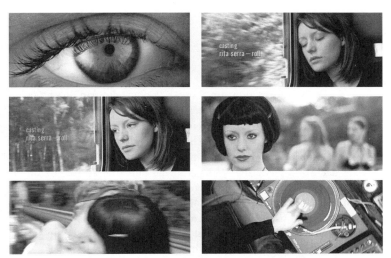

Abb. 96–101: Der Erzählbeginn: Julietta wacht auf; gezielte Unschärfen; die 360°-Kamerafahrt geht in einen sich drehenden Plattenteller über

In der Gegenüberstellung von JULIETTA und ROHMERS Verfilmung der MARQUISE VON O…wird deutlich, wie unterschiedlich mit einer schriftliterarischen Textvorlage umgegangen werden kann. STARKS filmische Übersetzung markiert einen Pol auf der Skala zwischen der sehr freien und der wortgetreuen Übersetzung, ROHMERS Film den anderen Pol. Beide Filme haben sowohl ihre Stärken als auch ihre Schwächen, im Rahmen des Deutschunterrichts bieten sie sich vor allem für eine Herausarbeitung der verschiedenen Adaptionskonzepte an. Neben der Verlagerung der Handlung in die Gegenwart nimmt JULIETTA starke Veränderungen in der Figurenkonstellation vor, die Dreiecksgeschichte führt zu zahlreichen Missverständnissen und Verwerfungen, die nicht auf den KLEIST-Text zurückgehen. Durch die Nullfokalisierung besitzt der Rezipient einen großen Wissensvorsprung gegenüber den Figuren: Nur er weiß, dass Julietta bei der Love Parade zuerst mit Jiri geschlafen hat und dann von Max vergewaltigt wurde. Als Jiri und Max sich kennenlernen, weiß er bereits, dass Jiri Juliettas Freund ist, und so weiter. Diese beiden Beispiele markieren die Unterschiede der Erzählform gegenüber der Novelle, die – zumindest im ersten Teil – dem Muster einer Kriminalerzählung folgt. Bei ROHMER weiß der Rezipient zwar mehr als die Figuren, diese bleiben jedoch letztlich blaß, weil die Erzählform keinen tieferen Einblick in die Psychologie der Figuren eröffnet.

6 »Der Process«

Die filmische Transformation von KAFKAS PROCESS-Roman durch ORSON WELLES aus dem Jahr 1962 hat unterschiedliche Reaktionen hervorgerufen. Teilweise wurde ihm vorgeworfen, sich durch Umstellungen des Plots und Abweichungen bei der Figurencharakterisierung zu weit von KAFKAS Roman zu entfernen, andere sahen in seinem Film eine kongeniale Übersetzung der Atmosphäre des Romans in die filmische Form. Die unvermeidbaren Schwierigkeiten beim Versuch einer »werktreuen« Verfilmung wurden im Zusammenhang mit der MARQUISE VON O… im letzten Kapitel dargelegt. WELLES umschifft diese Probleme, indem er seinem Film unverkennbar eine persönliche Note verleiht, gleichzeitig aber an seinem großen Respekt vor der schriftliterarischen Vorlage keinen Zweifel lässt.

6.1 Erzählform des Romans von Franz Kafka und der Verfilmung von Orson Welles

Kafkas Erzählweise im Roman DER PROCESS ist ein Paradebeispiel für die *interne Fokalisierung*. Die Faszination und Irritation des Lesers durch den Roman begründet sich nicht zuletzt darin, dass die Wahrnehmung des Geschehens an die Figur des Josef K. gebunden ist. Statt zu erklären, wie der Protagonist in diese schwierige Situation gelangen konnte, konfrontiert der Erzähler den Leser unmittelbar mit dem Eindringen einer fremden Macht in das geordnete Leben des Josef K. Dies geschieht nicht aus dessen Ich-Perspektive heraus, sondern in der dritten Person, wodurch trotz aller Subjektivierung eine gewisse Distanz gewahrt bleibt. Es ist also nicht Josef K., der die Geschichte erzählt, sondern ein Dritter, der selbst nicht Teil der erzählten Welt und somit *heterodiegetisch* ist. Über den Erzähler selbst erfährt der Leser nichts.

Neben Beschreibungen und Kommentaren aus Josef K.'s Perspektive enthält der Roman zahlreiche Passagen, die von Dialogen dominiert und in szenischer Form erzählt werden. Allerdings findet auch in diesen Abschnitten kein vollkommener Wechsel vom narrativen in den dramatischen Modus statt, durch eingestreute Erzählerkommentare werden die Dialoge auf K. hin perspektiviert. Bei der Lektüre des Romans ist der Leser also vollkommen auf die Hauptfigur Josef K. und ihre subjektive Wahrnehmung der Dinge verwiesen.

Im Film tritt gleich zu Anfang eine Erzählstimme aus dem Off auf. Sie erzählt – unterlegt durch das ADAGIO IN G-MOLL von TOMASO ALBINONI –

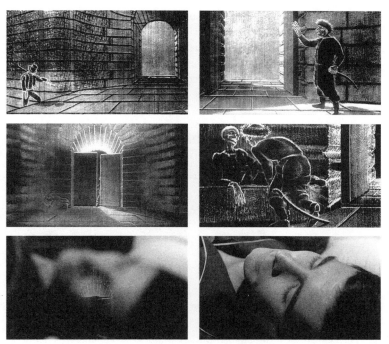

Abb. 102–107: Der Prolog »Vor dem Gesetz« mit Standbildern und Off-Stimme, Überblendung in die eigentliche Erzählung

die Parabel VOR DEM GESETZ, die im Roman Teil des Kapitels »Im Dom« ist (PK 197 f.). Auf der visuellen Ebene werden hierzu Bilder gezeigt, die einzelne Szenen aus der Parabel visuell umsetzen. Der Prolog endet mit folgendem Satz: **Das ist die Geschichte, die DER PROZESS erzählt. Die Logik dieser Geschichte ist die Logik eines Traums – eines Alptraums.**[99] Danach wird das letzte Bild der Parabel in das erste Bild der eigentlichen Erzählebene übergeblendet, man sieht den Kopf des schlafenden Josef K. in einer Großaufnahme (Abb. 106–107). Während des gesamten Films wird danach keine Off-Stimme mehr verwendet, erst wieder im Abspann:

> Dieser Film DER PROZESS basiert auf einem Roman von FRANZ KAFKA. Die Schauspieler, in der Reihe ihres Auftretens waren: [...]. Ich habe den Advokaten gespielt, das Drehbuch geschrieben und Regie geführt. Mein Name ist ORSON WELLES.[100]

Im Gegensatz zum Roman gibt es im Film also eine extradiegetische – und gleichzeitig nullfokalisierte – Erzählebene, die eine rahmende Funktion übernimmt. ORSON WELLES selbst gibt sich am Ende des Films im Nachhinein als Erzähler der Geschichte zu erkennen. Durch das Voranstellen der Parabel erhält diese eine zusätzliche Bedeutung; sie wird zur Folie für das Verständnis des gesamten Films. Die Rezeption wird darüber hinaus durch die Erklärung beeinflusst, die Geschichte folge der Logik eines (Alp-)Traums. Einige Interpreten schlussfolgerten daraus, dass die ganze Geschichte als Traum von Josef K. zu lesen sei. Man könnte jedoch auch den Prolog selbst als Traum interpretieren, da Josef K. später im Dom Hastler entgegnet: **Das habe ich alles schon gehört!** (PW 1:39:34).

Abb. 108–109: In den Schlusseinstellungen von *DER PROZESS* wird noch einmal auf die Parabel »Vor dem Gesetz« verwiesen.

Bei der Lektüre des Romans kann die Parabel zwar ebenfalls als Schlüssel zur Interpretation dienen[101], sie wird jedoch erst kurz vor dem Ende des Romans erzählt und ist in die intradiegetische Erzählung integriert. Auch im Film findet sich diese Szene im Dom, dort trägt allerdings nicht der Geistliche, sondern der Advokat Hastler – gespielt von ORSON WELLES – die Türhüter-Geschichte mit Hilfe einer Dia-Projektion vor: **Wir benutzen visuelle Hilfen. […] Und hier sind ihre persönlichen Irrtümer beschrieben, eine Abhandlung als Vorwort zum Gesetz.** (PW 1:39:11) Somit wird die Parabel im Film doppelt verortet, einmal als Erzählrahmen und einmal als Teil der Binnenerzählung. Die rahmende Funktion der Parabel wird nicht nur auf der auditiven Ebene mit der Stimme von WELLES, sondern auch durch die visuelle Ebene erzeugt: Die letzten beiden Einstellungen des Films zeigen noch einmal den Diaprojektor, mit dem Hastler die Bilder im Dom projiziert und das Bild, in dem der Türhüter das Tor endgültig verschließt (Abb. 108–109).

Die Kinofassung des Films *DER PROZESS* aus dem Jahr 1962 hatte eine Länge von 118 Minuten, die DVD- und Fernsehfassungen unterscheiden sich erheblich voneinander.[102] Bedauerlicherweise enthält die deutsche DVD-Ausgabe (PW) nur eine gekürzte Version des Films. Es fehlt zum einen der soeben erläuterte knapp dreiminütige Prolog. Zum anderen fallen einige Szenen weg, z. B. wie Josef K. auf dem Weg zu seiner ersten Anhörung einen Hof überquert, auf dem zahllose Menschen stehen, die an KZ-Häftlinge erinnern (Abb. 110–111). Die 108-minütige Fassung wurde vom deutschen Anbieter höchstwahrscheinlich gewählt, um eine FSK-Freigabe ab 12 Jahren zu erhalten. Die Kürzungen haben jedoch – wie bereits ausgeführt – entscheidende Konsequenzen für die Rezeption und Interpretation des gesamten Films.

Abb. 110–111: K. durchquert nach seiner Vorladung eine Gruppe von Häftlingen. Diese Szene wurde in der deutschen DVD-Ausgabe herausgeschnitten.

Auf der intradiegetischen Erzählebene übernimmt der Film weitgehend die interne Fokalisierung des Romans. Josef K.'s Wahrnehmungs- und Wissenshorizont bildet die einzige Grundlage für die Rekonstruktion der Ereignisse durch den Rezipienten: Es gibt keine Szene, in der Josef K. nicht anwesend ist. Trotzdem erhält der Filmrezipient keine direkte Innensicht in Josef K.'s Gedanken- und Gefühlswelt[103], diese muss aus seiner Mimik und Gestik und aus seinem Verhalten heraus erschlossen werden. Auch die Kamera geht in vielen Einstellungen in Distanz zum Protagonisten, es findet ein reger Wechsel zwischen subjektiver und objektiver Kameraperspektive statt.

6.2 Raumgestaltung bei Kafka und bei Welles

Die Grundstruktur des Romans DER PROCESS entsteht durch das Aufeinandertreffen zweier völlig gegensätzlicher Welten. Der geordneten kleinbürgerlichen Alltagswelt des Angestellten Josef K. steht der undurchsichtig-chaotische Moloch des Gerichts gegenüber. KAFKAS Roman ist **maßgeblich durch die visuelle Wahrnehmung seiner Hauptfigur bestimmt**[104], im Film ist die visuelle Ebene grundsätzlich ein zentraler Bezugspunkt. Deshalb bietet es sich an, für die Gegenüberstellung von KAFKAS Schrifttext und WELLES' Filmtext bei einer vergleichenden Analyse des erzählten Raums anzusetzen.

SANDRA POPPE[105] nennt zwei Kontrastpaare innerhalb der Raumgestaltung, die WELLES direkt aus dem Roman übernommen und filmisch umgesetzt hat: Josef K.'s Alltags- und Bürowelt steht der Gerichtswelt und die Wohnung Hulds/Hastlers steht dem Atelier Titorellis gegenüber. Der Lebensraum Josef K.'s wird im Schrifttext kaum beschrieben, der Leser erfährt keine Details über die Gegend, das Haus oder die Wohnung, in der K. wohnt. Sein Zimmer wird nur so weit beschrieben, wie es für die Handlung unbedingt notwendig ist, es bleibt **nüchtern, ohne eigene Atmosphäre und damit anonym.**[106] Dasselbe gilt für Josef K.'s Bürozimmer in der Bank, die Beschreibung beschränkt sich auch hier auf einzelne Elemente wie den Schreibtisch, das Telefon oder den Hinweis auf die Türen, die zu anderen Zimmern führen. Die Charakterisierung K.'s als **Mensch, dessen Privatleben vollkommen in seinem Berufsleben aufgeht**[107], wird also auch durch den erzählten Raum ausgedrückt.

Abb. 112–113: Josef K.'s und Fräulein Bürstners Zimmer als Gegensatzpaar

In der filmischen Interpretation von WELLES wird die Kargheit und ungemütliche Atmosphäre von Josef K.'s Zimmer vor allem im Kontrast zu Fräulein Bürstners Wohnraum dargestellt: Dort gibt es nur kahle weiße Wände und kaum Einrichtungsgegenstände, hier gibt es schmuckvolle dunkle Tapeten und Vorhänge. Im Vergleich zum Roman wird deutlich, wodurch sich die filmische Darstellungsweise unterscheidet: Der **Nichtbeschreibung**[108] des Raumes im Schrifttext entspricht die ungewöhnliche Leere des Raums im Filmtext. Diese wird durch bestimmte filmische Techniken noch unterstrichen, so ist fast die gesamte Eingangssequenz in Josef K.'s Zimmer aus der Untersicht aufgenommen, verbunden mit einer geringen Brennweite des Kameraobjektivs, also einer Weitwinkelaufnahme.

Abb. 114–115: Josef K. an seinem Arbeitsplatz im WELLES-Film

Die filmische Darstellung des Büros folgt derselben Inszenierungsstrategie: Josef K.'s Schreibtisch befindet sich auf einer offenen Plattform inmitten einer riesigen Fabrikhalle, in der gleichzeitig Hunderte von Schreibkräften auf ihren Schreibmaschinen tippen: **K. geht demnach nicht nur im Raum unter, sondern auch als Einzelner in der Masse.**[109] Die Anonymität und Identitätslosigkeit der Privatwohnung findet somit an seiner Arbeitsstelle ihre Entsprechung. POPPE schlussfolgert in diesem Zusammenhang:

> Die Raumdarstellungen in [Schrift-]Text und Film unterscheiden sich in ihrer Konkretisierung erheblich voneinander und erfüllen gleichzeitig ähnliche semantische Funktionen, nämlich K. als einen von sich selbst entfremdeten Menschen zu zeigen.[110]

An diesem Beispiel wird deutlich, dass im Transformationsprozess vom Schrift- zum Filmtext eine weniger textnahe Übersetzung unter Umständen dem »Geist« der Vorlage näher sein kann als eine sklavisch an »Werktreue« orientierte Adaption.[111]

Das Gericht bildet die Gegenwelt zu Josef K.'s Privat- und Arbeitsraum. Der Erzähler im Roman beschreibt dessen Umgebung in der Juliusstraße und die Räume innerhalb des Gerichtsgebäudes sehr detailliert (PK 37 ff.). Sie zeichnen sich besonders durch **ihre Ärmlichkeit, Enge und die schlechten Lichtverhältnisse**[112] aus und entsprechen in keiner Weise der gängigen Vorstellung eines Gerichtsgebäudes. Der Gerichtssaal, in dem die Anhörung K.'s stattfindet, ist relativ klein – **ein mittelgroßes, zweifenstriges Zimmer** (PK 40) – und bis unter die Decke mit Menschen gefüllt.

In WELLES' Film gibt es keine Außenansichten des Gerichtsgebäudes, die Innenräume sind ein verwirrendes Bild-Puzzle aus Treppen, Gängen, alten und neuen Fabrikhallen, verschiedenen Bürozimmern und einer Bahnhofshalle (Abb. 116–121).[113] Josef K. – und mit ihm der Filmrezipient – verliert völlig die räumliche Orientierung in dieser **ins Irreale kippenden Welt**[114], die ganz offensichtlich ihren eigenen Regeln und Gesetzen folgt. Diese Welt entsteht allein durch das filmische Mittel der Montage. Tatsächlich stammen die Aufnahmen aus unterschiedlichen Gebäuden, erst durch die Aneinanderreihung der Einstellungen, die als verbindendes Element den herumirrenden Josef K. zeigen, wird Kontinuität suggeriert. Diese wird durch die einstellungsübergreifende Musik und die Geräusche auf der auditiven Ebene unterstützt.

Innerhalb des Gerichtsgebäudes sind auch die Größenverhältnisse nicht konstant. So erscheint die Tür des Gerichtssaals, durch die Josef K. bei seiner ersten Anhörung eintritt (Abb. 122) beim Verlassen plötzlich überdimensional groß (Abb. 123). Die Übermacht des Gerichts wird hier als visuelle Metapher umgesetzt.

Abb. 116–121: Josef K. irrt orientierungslos im Gerichtsgebäude umher

Abb. 122–123: Josef K. betritt und verlässt den Gerichtssaal

Das zweite räumliche Kontrastpaar besteht aus der Wohnung des Advokaten und dem Atelier des Malers. In KAFKAS Roman fahren Josef K. und der Onkel abends gemeinsam zum Haus des Advokaten. Das Dienstmädchen Leni öffnet ihnen erst nach mehrmaligem Klopfen, die Wohnung selbst wird als sehr dunkel beschrieben, sie ist nur durch Kerzen und Mondlicht beleuchtet. Analog zu den Gerichtsräumen ist die Wohnung sehr unübersichtlich:

Noch als er sich gesetzt hatte, sah sich K. im Zimmer um, es war ein hohes großes Zimmer, die Kundschaft des Armenadvokaten mußte sich hier verloren vorkommen. (PK 96 f.)

Im Film von WELLES wird diese Rauminszenierung aufgegriffen und fortgeführt. Es tauchen neben den im Roman beschriebenen Elementen zusätzliche Details auf, z. B.: Als Josef K. nach Leni sucht, versteckt sich diese in einer großen verspiegelten Wand (Abb. 125). Ihren **körperlichen Fehler** (PK 100) zeigt sie K. im Aktenarchiv des Advokaten, das aus einem riesigen Berg von zusammengeschnürten Papieren besteht. Der Auftritt des Advokaten wird als Schattenspiel inszeniert (Abb. 126). Die Beleuchtung der gesamten Sequenz ist im *Chiaroscuro-Stil* gehalten, einem in der Malerei der Spätrenaissance und im Barock entwickelten Gestaltungsmittel, das Hell-Dunkel-Kontraste besonders deutlich hervorhebt. Filmhistorisch wurde diese Beleuchtungstechnik vor allem im expressionistischen Stummfilm und im Film Noir eingesetzt. Der *PROZESS*-Film verweist also nicht nur auf seine schriftliterarische Vorlage, sondern auch auf filmhistorische Zusammenhänge, ist also mehrfach intermedial vernetzt.

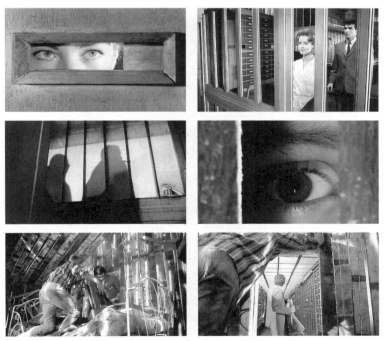

Abb. 124–129: Die Wohnung des Advokaten und das Atelier des Malers

Das Atelier des Malers wird sowohl im Roman wie im Film als genauer Gegensatz zur Wohnung des Advokaten dargestellt: Während diese dunkel, weitläufig, verschlossen und im Parterre gelegen ist, befindet sich Titorellis Atelier auf dem Dach und ist hell und eng.[115] In der filmischen Umsetzung der Maler-Sequenz fällt auf, dass hier im Gegensatz zu vorhergehenden Sequenzen eine relativ hohe Schnittfrequenz festzustellen ist, ergänzt durch einen häufigen Wechsel der Einstellungsgrößen und Kameraperspektiven.[116] Die filmische Darstellungsweise spiegelt insofern die wachsende Irritation und Verunsicherung des Protagonisten wider.

WELLES greift in diesen beiden Szenen auch das im Roman angelegte Augenmotiv auf: In der Wohnung des Advokaten ist es Leni (Abb. 124), die Josef K. beobachtet und die im Gegenzug seine Aufmerksamkeit erregt. Im Atelier des Malers Titorelli sind es die Mädchen (Abb. 127), die ihn zuerst verfolgen und dann durch die Ritzen zwischen den Holzbalken unablässig beobachten. Das Augenmotiv ist neben dem Diaprojektor und den visuellen Metaphern ein weiteres Element, das den interpretatorischen Zugang von WELLES zu KAFKAS *PROCESS* aufzeigt: Er inszeniert ihn als **Schau-Prozeß**.[117]

Insgesamt scheinen sich die räumlichen Grenzen der erzählten Welt des *PROZESS*-Films im Verlauf der Geschichte immer mehr aufzulösen, ein Ort geht übergangslos in den nächsten über. Als Josef K. das Atelier des Malers durch die Hintertür verlässt (Abb. 129), stellt er verwundert fest: **Das sind ja die Gerichtsbüros!** (PW 1:35:49) Die fallende Handlung – hin zur Katastrophe – findet also nicht nur in einer erhöhten Schnittfrequenz, sondern auch in der Verdichtung des Raumes ihren Ausdruck.

6.3 Postmoderne Kafkaeske – Steven Soderberghs »Kafka«

Der Film *KAFKA* (1992) von STEVEN SODERBERGH ist weder eine Verfilmung eines KAFKA-Textes noch eine filmische Biographie des Schriftstellers. Er ist vielmehr eine postmoderne Bricolage und Pastiche aus zahlreichen Versatzstücken aus KAFKAS Werken und seinem Leben.

Die Handlung des Films ist in Prag im Jahr 1919 angesiedelt. Der Protagonist namens Kafka, Angestellter bei einer Versicherungsgesellschaft und nebenberuflicher Schriftsteller, wird plötzlich Teil einer Kriminal- und Verschwörungsgeschichte, die durch das Verschwinden seines Kollegen Eduard Raban in Gang gebracht wird. Dieser Name geht auf einen schriftliterarischen Ursprung zurück, er verweist auf KAFKAS Erzählung *HOCHZEITSVORBEREITUNGEN AUF DEM LANDE*. Dasselbe gilt für fast alle Figuren des Films[118]: der Büroaufseher Burgel und Kafkas Gehilfen erinnern an *DAS SCHLOSS*, die Namen Inspektor Grubach und Gabriela Rossmann verweisen auf den *PROCESS* und den *VERSCHOLLENEN*. Der Protagonist erinnert zum einen stark an Josef K. aus dem *PROCESS*, er verweist zum anderen vielfach auf den historischen FRANZ

KAFKA, beispielsweise durch die Aussage, er erfinde gerade eine Geschichte über einen Mann, der aufwacht und sich in ein ungeheures Insekt verwandelt hat (KS 0:13:29) oder durch die Briefe, die er an seinen Vater schreibt.

Abb. 130 –131: Orientierung am expressionistischen Spiel mit Licht und Schatten

Neben diesem Geflecht aus Verweisen auf KAFKAS Werk und Leben bildet die filmische Selbstreflexivität[119] des Films von SODERBERGH einen zentralen Ansatzpunkt zur Interpretation. Die Verbindungen zum filmischen Expressionismus sind vielfältig: Zum einen durch die Figur des Dr. Murnau, die sich auf den Regisseur FRIEDRICH WILHELM MURNAU bezieht. In dessen Film NOSFERATU aus dem Jahr 1922 taucht Graf Orlac auf, der Namensgeber der mysteriösen »Orlac«-Akte, auf die Kafka während seinen Nachforschungen stößt. Außerdem existiert ein Film des CALIGARI-Regisseurs ROBERT WIENE mit dem Titel ORLACS HÄNDE (A 1924), in dem einem Pianisten nach einem Zugunglück die Hände eines Mörders angenäht werden. Die Kreatur, die zu Beginn des SODERBERGH-Films Eduard Raban ermordet und später Kafka verfolgt, erinnert nicht nur an Frankensteins Monster sondern auch an den Prager Golem – 1920 von PAUL WEGENER als Stummfilm adaptiert. Neben solchen inhaltlichen Parallelen ist es vor allem der visuelle Stil, der am expressionistischen Film angelehnt ist. Die Lichtführung als Spiel mit den »langen Schatten« und die scharf abgegrenzten Hell-Dunkel-Kontraste verweisen zusammen mit dem atmosphärischen Setting im Prag des frühen 20. Jahrhunderts auf die Stummfilme von FRITZ LANG (Abb. 130 –131).

Laut SODERBERGH basieren KAFKAS Werke mehr auf Ideen als auf Ereignissen, was eine Adaption besonders schwierig macht. Durch das intermediale Spiel mit fiktionalen und faktualen Verweisen umgeht er dieses Problem, sein primäres Ziel besteht darin, eine adäquate filmische Umsetzung des »Kafkaesken« in Bild und Ton zu finden. OLIVER JAHRAUS bewertet SODERBERGHS KAFKA als eines der intelligentesten und reflektiertesten Beispiele eines filmischen Umgangs mit KAFKA und bezeichnet ihn als filmischen Kommentar zu den Möglichkeiten und mehr noch zur Unmöglichkeit, KAFKA zu verfilmen.[120] Insofern bietet der Film eine Vielzahl von Ansatzpunkten, um grundsätzlich über Fragen der Verfilmbarkeit von schriftliterarischen Texten zu reflektieren.

7 »Das Parfum«

Patrick Süskinds Roman *Das Parfum* erschien 1985 und wurde innerhalb kürzester Zeit zum Bestseller. Er wurde in 46 Sprachen übersetzt und verkaufte sich weltweit über 15 Millionen Mal. Es verwundert deshalb kaum, dass schon sehr bald nach der Veröffentlichung des Buches mehrere Filmstudios großes Interesse an den Filmrechten signalisierten. Obwohl die Namen vieler bekannter Regisseure – u.a. Martin Scorsese, Milos Forman, Ridley Scott und Steven Spielberg – im Gespräch waren, reagierte Süskind sehr ablehnend. Angeblich wäre Stanley Kubrick der einzige gewesen, dem er eine Adaption seines Romans zugetraut hätte, doch dieser hielt *Das Parfum* für unverfilmbar.

Der deutsche Produzent Bernd Eichinger bemühte sich trotz wiederholter Absagen seines Freundes Süskind hartnäckig Jahre lang um die Rechte und bekam schließlich 2000 den Zuschlag. Das zähe Ringen um die Filmrechte für *Das Parfum* wurde selbst zum Filmstoff und war 1997 Grundlage für Helmut Dietls Film *Rossini – oder die mörderische Frage, wer mit wem schlief*.[121]

Abb. 132–133: Der Schriftsteller Jakob Windisch (Joachim Król) im Gespräch mit dem Regisseur Uhu Zigeuner (Götz George) und dem Produzenten Oskar Reiter (Heiner Lauterbach) … in *Rossini*

Die Vorgeschichte des Films *Das Parfum* zeigt, wie wichtig ökonomische Faktoren im Hinblick auf Literaturverfilmungen sind. Kommerziell erfolgreiche Bücher führen in der Regel zu kommerziell erfolgreichen Filmen. Entscheidend für die Wahl des Filmstoffes ist also oftmals nicht in erster Linie die Adaptierbarkeit der schriftliterarischen Vorlage, sondern ihre Bekanntheit und Beliebtheit.

Die Verfilmung eines der erfolgreichsten deutschsprachigen Bücher stand dementsprechend unter einem enormen Erfolgsdruck. Der Produzent Bernd Eichinger und sein Regisseur Tom Tykwer waren sich dieser gewaltigen, erschreckenden Hypothek[122] natürlich vollkommen bewusst und haben umfangreiches Begleitmaterial zum Film veröffentlicht, um dessen Entstehungsprozess transparent zu machen.[123] Die größte Herausforderung – so TYKWER – bestand in der Figurenzeichnung des Protagonisten im Film:

[...] der Roman beschreibt Grenouille als äußerlich entstellt. Zugleich schafft er es – das ist ja das Phantastische daran –, dass er zur Identifikationsfigur wird. Wie kriegt man so etwas im Film hin?[124]

Im Roman begleitet der heterodiegetische Erzähler den Rezipienten durch die Geschichte, im Film soll Grenouille diese Rolle übernehmen. Deshalb war es notwendig, ihn nicht zu auffällig und abstoßend darzustellen, sondern mehr als **Nobody**, der gleichzeitig **Gewöhnlichkeit** und **darin auch so eine Art Unschuld** ausstrahlt, sodass man mit ihm mitgehen möchte. Gleichzeitig muss man ihm – so TYKWER – **all diese Untaten und Abgründe zutrauen**.[125] Hierzu ist neben einem Darsteller, der dieser Komplexität gerecht werden kann, vor allem eine adäquate Umsetzung von Grenouilles Identitätsfindung notwendig. Zentral ist somit die Frage, wie der Film es schafft, die Geruchserlebnisse des Protagonisten audiovisuell zu inszenieren.

Der Anspruch der Filmemacher an ihre Adaption ist damit deutlich: Es geht nicht um eine reine Bebilderung der Romanhandlung bzw. Illustration nach KREUZER, sondern um eine **innovative Fortschreibung des Ausgangstextes im kinematischen Medium**.[126]

7.1 Erzählform des Romans von Patrick Süskind und der Verfilmung von Tom Tykwer

Der Erzähler des Romans DAS PARFUM ist kein Teil der von ihm erzählten Welt und somit *heterodiegetisch*. Die so entstehende Distanziertheit ist kombiniert mit einer *Nullfokalisierung*, der Erzähler besitzt also die vollständige Übersicht über die Geschehnisse und hat Einblick in die Gedanken und Gefühle der einzelnen Figuren. Diese Erzählweise löste eine große Verwunderung bei den Literaturkritikern aus: SÜSKIND scheint eine altmodische, fast anachronistische Form des Erzählens zu praktizieren, die sämtliche Errungenschaften der Erzählkunst des 20. Jahrhunderts ignoriert. Auf den zweiten Blick wird jedoch deutlich, **dass er durch eine Maske spricht; er rekonstruiert erzählte Welten**.[127]

Dies geschieht durch *Intertextualität*, also Bezugnahmen auf andere literarische Texte in Form von Zitaten, Anspielungen, Parodien usw. Die Liste der Textreferenzen ist lang und führt von der Bibel, EURIPIDES, HARTMANN VON AUE und den GEBRÜDERN GRIMM über LESSING, GOETHE und KLEIST zu E.T.A. HOFFMANN, HAUFF und EICHENDORFF sowie ALFRED DÖBLIN, THOMAS MANN und GÜNTER GRASS.[128] Diese Erzählform ist wie SÜSKINDS gesamter Pseudorealismus eine historisierende Attitüde, die sich mit dem geneigten und geübten Leser augenzwinkernd verständigt.[129] Im Blick auf die Verfilmung stellt sich die Frage, wie sich der Film zu dieser Erzählhaltung verhält und inwiefern eine schriftliterarische *Selbstreferenzialität* überhaupt in das filmische Medium übersetzt werden kann.

Die Verfilmung beginnt mit einer sehr dunklen Großaufnahme von Grenouilles Kopf, dessen Umriss kaum zu sehen ist. Dann erhellt ein kleiner Lichtpunkt langsam seine Nase, ohne dass das Gesicht insgesamt zu erkennen wäre. Mit diesem ungewöhnlichen *Establishing Shot* setzt der Film sein zentrales Thema ins Bild: das Riechen. Das Ende der Eröffnungssequenz bildet eine Kamerafahrt (PT 0:03:22 – 0:03:48), die diese Großaufnahme wieder aufnimmt und dann immer näher an Grenouille heranfährt, um schließlich in seinen Nasenlöchern zu verschwinden (Abb. 134–135). Diese **leinwandgroße Nase** kann man als *mise-en-abyme*, als **Bild, das den Film als Ganzes spiegelt**[130], interpretieren.

 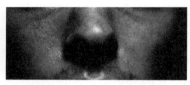

Abb. 134–135: Grenouilles Nase in der Eröffnungssequenz der *PARFUM*-Verfilmung

Der – scheinbare – Anachronismus des Erzählers im Roman findet im Film in der Erzählerstimme aus dem Off seine Entsprechung.[131] Ein *Voice Over* wird oftmals als »unfilmisches« Mittel empfunden, weil der Eindruck entsteht, dass die Filmemacher nicht fähig waren, ihre Geschichte mit reinen Bild-Ton-Kombinationen ohne Verwendung von Sprache zu erzählen. Der *PARFUM*-Verfilmung kann man diesen Vorwurf sicherlich nicht machen. Das zeigt schon die beschriebene Eingangssequenz, die den Rezipienten ohne sprachliche Unterstützung an das zentrale Thema heranführt. Die – im Übrigen sehr dosierte – Verwendung der Erzählerstimme kann vielmehr als Hommage an das Erzählen des Romans verstanden werden und somit als *intermedialer Verweis* auf die schriftliterarische Vorlage.

Interessant ist das Verhältnis von *Story* und *Plot* im Roman einerseits und im Film andererseits. Während die schriftliche Erzählung einsträngig und linear-chronologisch strukturiert ist und *ab ovo* erzählt wird, haben sich die Filmemacher für einen Erzählbeginn *in ultimas res* entschieden. Die Eröffnungssequenz zeigt, wie Grenouille nachts aus dem Kerker gezerrt, dem wütenden Volk auf dem Richtplatz vorgeführt und wie das Todesurteil über ihn verkündet wird. Gleichzeitig mit der Kamerafahrt hin zu Grenouilles Nase setzt die Erzählerstimme ein:

> Im 18. Jahrhundert lebte in Frankreich ein Mann, der zu den genialsten und zugleich berüchtigsten Gestalten jener Epoche gehörte. (PT 0:03:22)

Die Einführung des Erzählers im Film ist eine gekürzte Fassung der einleitenden Passage des Romans und geht nach einer Einblendung des Haupttitels DAS PARFUM – DIE GESCHICHTE EINES MÖRDERS über in die Szene am Fischmarkt.

In der Regel funktioniert ein Erzählen *in ultimas res* nach folgendem Schema: Der Plot beginnt mit dem Ende der erzählten Geschichte und liefert alle Geschehnisse bis zu diesem Zeitpunkt gewissermaßen als *Analepse* nach, um schließlich wieder am Ausgangszeitpunkt anzukommen. Je nach Erzählform könnte ein solcher Erzählbeginn auch prinzipiell als *Prolepse* gesehen werden, also eine Vorausdeutung auf das Ende der Geschichte.

Die Filmemacher spielen mit dieser Erzählkonvention, weil sich der vermeintliche Erzählschluss am Ende des Films letztlich als unwahr herausstellt (PT 1:53:13 ff.): Grenouille sitzt tatsächlich im dunklen Kerker und soll zum Richtplatz geführt werden. Doch schon ein Tropfen seines Parfums genügt, um die Schergen zu betören. Er wird nicht in Ketten hinaus geschleift, sondern kleidet sich in blauen Samt und lässt sich in einer Kutsche zur Hinrichtung fahren. Draußen scheint die Sonne und der soeben noch äußerst brutal agierende Henker kniet plötzlich vor ihm nieder und beteuert, dass dieser Mann unschuldig sei.

Der Erzählbeginn des Films bildet den genauen Gegenentwurf zum tatsächlichen Schluss der Geschichte am Filmende. Am Anfang wird erzählt, wie es hätte sein müssen: Ein Serienmörder erhält seine gerechte Strafe. Am Ende wird erzählt, wie Grenouille es schafft, durch seinen Geruchs-Genius die Massen zu täuschen und zu betören. Der Erzähler am Beginn des Films ist also ein *unzuverlässiger Erzähler*. Für den Rezipienten bedeutet der Erzählschluss eine Irritation. Er erwartet, genau dort wieder anzukommen, wo die Erzählung begonnen hat. Der Film spielt somit nicht nur mit den Erzählkonventionen, sondern auch mit dem Zuschauer.

Neben dieser Form von Selbstbezüglichkeit finden sich in der Verfilmung zahlreiche weitere Verweise und Bezugnahmen. Auffallend ist beispielsweise die fast durchgängige Dunkelheit des Films, die **das natürliche Dunkel des 18. Jahrhunderts evozieren**[132] will. Sie entsteht mit Hilfe von speziellen filmischen Techniken in Bezug auf Beleuchtung, Aufnahmeverfahren usw.[133], aber auch durch intermediale Verweise auf die Bildende Kunst: HOESTEREY nennt u. a. die niederländische Malerei des 17. Jahrhunderts mit ihren gegen dunklen Grund gesetzten Figuren (Abb. 136), die Tradition des italienischen Chiaroscuro (Helldunkel) und den Kunstgriff des Repoussoir aus dem Barock, bei dem im Vordergrund des Bildes ein Objekt platziert wird, um den Eindruck von Tiefe zu verstärken (Abb. 137).[134]

Abb. 136–137: FRANK GRIEBES Bildgestaltung im *PARFUM* nimmt Anleihen bei der Malerei des Barock

Die Selbstbezüglichkeit des Films ist also teilweise eine literarische, in erster Linie aber eine visuelle, auditive und audiovisuelle.

7.2 Geruchsinszenierungen im Roman und ihre filmischen Umsetzungen

Für eine Untersuchung der filmischen Umsetzung der Gerüche und Geruchsinszenierungen gibt es eine ganze Reihe von geeigneten Sequenzen, z. B.: die Geburt Grenouilles auf dem Fischmarkt (PT 0:03:59–0:06:35), die Entdeckung seines Geruchsinns in der Kindheit (PT 0:08:45–0:11:39), Baldini testet Grenouilles erste Parfumkreation (PT 0:42:06–0:42:55), Grenouille folgt Lauras Duftspur (PT 1:39:39–1:40:22).

Ein Initiationserlebnis im Rahmen der Entwicklung der Hauptfigur und somit eine Schlüsselszene des Films bildet zweifellos Grenouilles erster Besuch der Pariser Innenstadt (PT 0:13:00–0:15:17). Er darf den Greber Grimal bei der Auslieferung von Ware begleiten. Die Erzählerstimme kommentiert dieses einschneidende Erlebnis folgendermaßen:

> Nach und nach wurde ihm bewußt, was jenseits der Gerberei auf ihn wartete ... das größte Geruchsrevier der Welt. [...] Jean-Baptiste Grenouille hatte es geschafft. Er lebte ... und endlich war er in seinem Element. (PB 38)

Auf der Bildebene wird Grenouilles Reaktion auf die Ankündigung Grimals (Abb. 138) direkt verbunden mit einer *subjektiven Kameraeinstellung*, die – wackelnd und mit gezielten Unschärfen – zeigt, wie er in die für ihn vollkommen neue Welt eintaucht (Abb. 139). Erst danach gibt eine langsame Kamerafahrt aus der Halbnahen in die Totale den Blick frei auf das Gewimmel von Menschen in der engen Gasse (Abb. 140). Dann wird Grenouille gezeigt, wie er die Augen schließt und sich ganz auf das Riechen konzentriert (Abb. 141). Ein Mann, der sich mit einem Tuch die Nase zuhält, signalisiert dem Zuschauer die Intensität der Gerüche in dieser Straße (Abb. 142).

In einer Kombination aus einer bewegten Kamera, die sich zwischen den Menschen hindurch schlängelt und kurzen Montagesequenzen werden die Gerüche visualisiert, z. B. eine halbnahe Einstellung auf einen Tisch, an dem drei Männer Austern essen – eine Großaufnahme des Tellers mit den Austern – eine Großaufnahme einer Hand, die eine Auster an den Mund führt (Abb. 143–145). Später folgen assoziativ aufeinander geschnittene

Abb. 138–149: Grenouille im Duftrausch beim ersten Besuch der Pariser Innenstadt

Bilder (Groß oder Detail): ein Bund mit frischen Kräutern, getrocknete Champignons, eine Schüssel mit trockenen Linsen, Kaffeebohnen, gelbes und rotes Gewürzpulver, ein Korb mit Brötchen, eine Schale mit Schnecken (Abb. 146–148). Die Darstellung Grenouilles beschränkt sich schließlich allein auf eine Detaileinstellung seiner Nase (Abb. 149).

Die Geruchserlebnisse selbst werden ganz ohne sprachliche Darstellungsmittel inszeniert, also ausschließlich in der Kombination aus Bildfolgen und Musik. Die eingestreuten Kommentare der Erzählstimme sind auf einer allgemeineren Ebene angesiedelt, z. B.:

> Zwischen dem, was landläufig als guter oder schlechter Geruch galt, unterschied er nicht. Zumindest noch nicht. (PB 39)

Im Roman nimmt die geruchsmäßige Erkundung der Stadt vergleichsweise einen wesentlich größeren Zeitraum ein:

> Als er zwölf Jahre alt war, gab ihm Grimal den halben Sonntag frei und mit dreizehn durfte er sogar wochentags am Abend nach der Arbeit eine Stunde lang weggehen und tun, was er wollte. (PS 43)

Das daran anschließende siebte Kapitel erzählt dann *zeitraffend* und *iterativ* Grenouilles Erfahrungen im Alter von 13 bis 15 Jahren, also über ca. drei Jahre hinweg. Die schriftliterarische Erzählung beschreibt somit die Erkundung der Gerüche in der Stadt nicht als einmaliges Initiationserlebnis, sondern als einen langsamen Entwicklungsprozess. An diesem Beispiel wird deutlich, dass eine filmische Erzählung aufgrund der medialen Konvention einer Spielzeit von ca. 90 bis 120 Minuten für einen Spielfilm gezwungen ist, Geschehnisse zusammenzufassen und zu bündeln. Die Verdichtung des aus mehreren Ereignissen bestehenden Geschehens im Roman zu einem einzigen Ereignis ist aus filmdramaturgischer Sicht notwendig, um dem Zuschauer die Entwicklung der Figur plausibel zu machen. Die *interne Fokalisierung* der Sequenz – das Geschehen wird subjektiv aus Grenouilles Perspektive gezeigt – verstärkt darüber hinaus das Identifikationsangebot für den Rezipienten.

7.3 Die Verfilmung im Spiegel der Filmkritik

Dass Literaturverfilmungen einen schweren Stand haben, lässt sich nicht nur in Bezug auf Literaturwissenschaft und Deutschunterricht feststellen, sondern insbesondere auch beim Blick in die Feuilletons. DAS PARFUM ist in dieser Hinsicht besonders interessant: Eine Besprechung der Verfilmung durfte 2006 in keiner der größeren und mittleren Tageszeitungen in Deutschland fehlen, das Internet dokumentiert darüber hinaus zahllose weitere Rezensionen von professionellen und Laien-Filmkritikern aus der ganzen Welt.[135]

Das Gesamtbild ist nicht nur im deutschsprachigen Raum ungewöhnlich heterogen – vom totalen Verriss bis hin zur Lobeshymne. Das spiegelt sich auch im so genannten »Tomatometer« wider, einem Messinstrument der Webseite ROTTENTOMATOES.COM zur Darstellung des Verhältnisses von positiven und negativen englischsprachigen Rezensionen (Abb. 150).

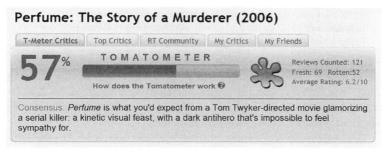

Abb. 150: Die gespaltene Filmkritik im Spiegel des »Tomatometers«:
57% Frischegrad für DAS PARFUM

Mehrfach vorgeworfen wurde dem Film beispielsweise, dass er an seiner größten Herausforderung, nämlich der filmischen Umsetzung des Riechens und der Gerüche, gescheitert sei. JAN SCHULZ-OJALA schreibt im TAGESSPIEGEL:

> Natürlich riechen die Buchstaben nicht, aus denen Sätze, Kapitel, Bücher zusammengesetzt sind. Aber gerade weil sie pure Zeichen sind, beschwören sie in der Fantasie derer, die sie entziffern, ein Universum herauf, in dem sich alle fünf Sinne gleichermaßen entfalten können. Das ist das Geheimnis von Literatur – und ihr größter Vorzug gegenüber allen anderen Künsten. [...] Aber was tut sich auf der Leinwand, kaum dass eine Nase schnüffelnd aus dem Dunkel tritt, kalt von oben ausgeleuchtet? Die Bilder dröhnen, die Töne tun meist lautestmalerisch das ihre, und natürlich: kein Geruch, nirgends. Schlimmer noch: nicht einmal die Vorstellung davon.[136]

Diese Argumentation konstruiert einmal mehr eine binäre Opposition von schriftlicher Literatur und Film, die eindeutig den Roman als Ausgangsmedium favorisiert.[137] Buchstaben sind nach Ansicht des Rezensenten **pure Zeichen**, der Film biete hingegen nur einen **ehrgeizigen Bilderbombenangriff** und eine **exquisite Trommelfellattacke**.[138] Hier werden also zwei verschiedene Zeichensysteme direkt miteinander verglichen, anstatt den Medienwechsel und den damit verbundenen Übersetzungsprozess in den Blick zu nehmen. Die Imagination von Gerüchen wird im Roman mit verbalsprachlichen Codes angeregt, im Film eben mit Bild-Ton-Kombinationen. In beiden Fällen entsteht der Geruch im Kopf des Rezipienten.

MICHAEL ALTHEN bringt in seiner Filmkritik für den Vorwurf, der Film rücke dauernd die Nase des Helden ins Bild, kein Verständnis auf:

> Das ist in etwa so, als wolle man einem Porno vorwerfen, er zeige dauernd Geschlechtsteile. Darum geht es doch, und die stets behende und lyrische Kamera von Frank Griebe fährt natürlich immer wieder darauf zu, läßt sich geradezu aufsaugen, um sich dann davontragen zu lassen wie die Düfte im Wind. Und natürlich ist es eine Augenweide zu sehen, wie die Gerüche in leuchtenden Farben ins Bild gesetzt werden, wie der Lavendel auf den Feldern blüht und die Mirabellen golden leuchten.[139]

Die ästhetische Erfahrung bei der Rezeption eines Filmes kann nicht derjenigen bei der Lektüre eines Romans entsprechen. Hinzu kommt, dass der Film – wie bereits ausgeführt – nicht einfach die Erzählhaltung des Romans übernehmen kann, ohne sich zu stark auf eine Erzählerstimme und somit ein nicht genuines filmisches Mittel zu stützen.

Die Verfilmung des *PARFUM* eröffnet dem Rezipienten das Angebot, sich mit dem Protagonisten – zumindest teilweise – zu identifizieren. Um Grenouille und seine Art und Weise der Weltwahrnehmung verstehen zu können, sind die »Geruchs-Sequenzen« unverzichtbar:

> Man ist jedenfalls im Nu sensibilisiert für die Perspektive eines Wesens, das die Welt immer nur durch die Nase wahrnimmt und blind ist für jede andere Form von Schönheit.[140]

Bei differenzierter Betrachtung ist TYKWERS Verfilmung also weit mehr als ein bloßes **Nasentheater**[141]. Ein Vergleich von verschiedenen Filmkritiken schult den Blick für die Argumentationsweisen, die für oder gegen Verfilmungen verwendet werden. Hierbei offenbart sich auch der Mangel an Medienreflexivität in der Auseinandersetzung mit Filmen, die sich auf schriftliterarische Vorlagen beziehen.

Unterrichtshilfen

1 Eckpunkte einer Didaktik der Literaturverfilmung

Literaturverfilmungen stehen in medienspezifischer Hinsicht zwischen Buch und Film, in methodischer Hinsicht zwischen der Analyse schriftliterarischer Texte und der Filmanalyse. Den Deutschunterricht dominierte lange Zeit die Grundhaltung, dass es sich bei der Verfilmung um ein *Sekundärprodukt* handele. Außerdem ist der Irrglaube, man müsse **das »Lesen« von AV-Texten im Unterschied zum Bücherlesen nicht erlernen**[142], immer noch weit verbreitet. Eine zeitgemäße – das heißt *medienreflexive* – Didaktik der Literaturverfilmung überwindet diese gedanklichen Kurzschlüsse, indem sie die medienspezifischen Implikationen mitberücksichtigt. Im Mittelpunkt steht somit nicht mehr länger die Frage nach der Werktreue, sondern die Medienreflexion.

Eckpunkt 1: Der Film nach der (Schrift-)Literatur ist Film.[143]

Die Analyse einer Literaturverfilmung ist in erster Linie eine Filmanalyse. Sie verlangt nach spezifischen Analysekriterien, die über die Kategorien zur Analyse schriftliterarischer Texte hinausgehen. Als Ansatzpunkte können durchaus die vielen Parallelen zwischen schriftsprachlichen und filmischen Erzähltexten dienen: Es tauchen Figuren auf, die in bestimmten Konstellationen zueinander stehen, es gibt festgelegte Schauplätze, eine Zeitstruktur mit zeitdeckender, zeitraffender und manchmal auch zeitdehnender Erzählung und die Handlung lässt sich als Abfolge von Ereignissen nachvollziehen.

Bei der Frage nach der Erzählinstanz beginnen jedoch bereits die Schwierigkeiten: Durch die Unmittelbarkeit des Films – das Dargestellte ist immer als Bild und Ton präsent – greift eine direkte Übertragung der Erzählsituationen nach Franz K. Stanzel[144] auf die des Films zu kurz. Der Film vermittelt seine Informationen aufgrund seiner Audiovisualität immer in Bild-Ton-Kombinationen, während der Roman rein verbal erzählt. Deshalb geht auch im Deutschunterricht kein Weg an der Analyse der filmspezifischen Darstellungsformen, also der visuellen und auditiven Ebene des Films, vorbei. Das Hauptziel im Umgang mit Literaturverfilmungen ist die grundsätzliche Reflexion der unterschiedlichen schriftliterarischen und filmischen Codes, also eine Auseinandersetzung mit der Frage: Wie erzählen Schrifttexte und wie erzählen Filmtexte?

Eckpunkt 2: Literaturverfilmungen sind Produkte eines Medienwechsels

Oftmals erwartet der Rezipient von einer Literaturverfilmung, dort seine persönliche Lektüreerfahrung wiederzufinden. Eine Enttäuschung dieser Rezeptionserwartung ist vorprogrammiert und mit ihr die **verfrühte Reaktion, das Adaptionsergebnis negativ zu bewerten.**[145] Laut Ulrike Schwab bestünde eine günstigere Rezeptionshaltung darin, sich des Medienwechsels (relativ) bewusst zu sein, die Aneignung der Filmadaption als eine Neu-Begegnung mit einem Erzählstoff aufzufassen und die Filmadaption als *eine* mögliche Version des Erzählstoffes zu prüfen und in diesem Sinne anzunehmen.[146] Damit ist ein weiteres zentrales Ziel der Auseinandersetzung mit Literaturverfilmungen im Deutschunterricht benannt.

Zur Überwindung der an Werturteilen ausgerichteten »Abwertungsdidaktik« gilt es, den intermedialen Prozess des Medienwechsels beim Umgang mit Literaturverfilmungen in den Vordergrund zu stellen. Da es sich hierbei weniger um einen Übertragungs-, sondern vielmehr um einen Übersetzungsprozess handelt, kann sich eine Gegenüberstellung Buch und Film nicht an der Kategorie der »Werktreue« orientieren, sondern muss die medienspezifischen Ästhetiken von Schrift- und Filmtexten entsprechend berücksichtigen.

Buch und Film sollten im Deutschunterricht nicht in einer »Medienkonkurrenz« stehen, als zwei unterschiedliche Erzählmedien bieten sie vielmehr die Chance, Funktions- und Wirkungsweise des Erzählens in dem jeweils anderen Medium zu erhellen.[147]

Eckpunkt 3: Der Film ist eine kollektive künstlerische Leistung

Die Auseinandersetzung mit epischen, lyrischen und dramatischen Texten im Deutschunterricht orientiert sich oftmals an den jeweiligen Autoren und ihren Biographien. Filmproduktionen entstehen im Gegensatz zur schriftlichen Literatur nur äußerst selten als Werk eines Einzelnen, in den meisten Fällen sind sie das Ergebnis der Zusammenarbeit eines Teams. Der Regisseur übernimmt hier zwar eine leitende Funktion, er ist jedoch in hohem Maße von vielen weiteren Akteuren vor und hinter der Kamera abhängig: Drehbuch, Kamera, Produktionsdesign, Beleuchtung, Schauspieler, Filmmusik, Sound Design u. v. m. Am Produzenten, der für die Finanzierung des Filmprojekts sorgt, geht kein Weg vorbei und auch die Leistung des Cutters im Schneideraum darf nicht unterschätzt werden. Auch im so genannten »Autorenfilm« kommen meistens nur das Buch und die Regie aus einer Hand.

Das für den Film obligatorische »Teamwork« hat seine Anerkennung als eigenständige Kunstform erschwert, weil es der traditionellen Vorstellung von Kunst als Schöpfung eines einzelnen Künstlers widerspricht. Hinzu kommt die Internationalität des Films. An vielen Filmen sind Produzenten und Akteure aus mehreren Ländern beteiligt, die fertigen Produkte werden wiederum meistens einem internationalen Publikum präsentiert. Nationale Filmkulturen gibt es zwar, sie stehen aber in unauflösbarer Verflechtung mit der internationalen filmkulturellen Entwicklung. Die Auseinandersetzung mit Filmgeschichte und Filmästhetik im Deutschunterricht kann sich deshalb sinnvollerweise nicht auf Filme aus Deutschland beschränken, außerdem muss sie die kollektive künstlerische Leistung bei der Herstellung eines Films berücksichtigen.

Eckpunkt 4: Der ganze Film ist im Unterricht nicht analysierbar.
Es ist ein pädagogischer Allgemeinplatz, dass die Didaktisierung eines Lerngegenstandes immer eine Reduktion erfordert. Ein zentraler Vorbehalt gegen die Filmarbeit im Deutschunterricht ist jedoch die fehlende Unterrichtszeit angesichts der zu bearbeitenden Stofffülle: Die Sichtung eines Films nimmt 90 oder sogar 120 Minuten in Anspruch, da bleibt viel zu wenig Zeit für die Auswertung.

Bei schriftliterarischen Texten gehört die Arbeit am Textauszug zum Alltag: In Lese- und Sprachbüchern oder auf Arbeitsblättern finden sich selten komplette Erzählungen oder Romane. Bei der Auseinandersetzung mit Literaturverfilmungen kann analog verfahren werden. Einen Film im Deutschunterricht zu behandeln, muss – ja kann – nicht zwingend bedeuten, den gesamten Film zu analysieren. Oftmals ist eine gezielte Auseinandersetzung mit wenigen exemplarischen Sequenzen fruchtbarer als ein globales Filmgespräch, das in einem sehr allgemeinen Rahmen – und unter Umständen auf der Ebene der Geschmacksurteile – verbleibt.

2 Didaktisches Modell zum Umgang mit Literaturverfilmungen

Folgt man den beschriebenen Eckpunkten, dann ergeben sich für die Auseinandersetzung mit Literaturverfilmungen im Deutschunterricht drei zentrale und eng aufeinander bezogene Handlungsfelder (Abb. 151).[148]

– Durch *Analyse* des schriftliterarischen Textes und des Films werden die Inhalts- und die Darstellungsebene, also die Geschichte und der Erzähldiskurs mit Hilfe von medienadäquaten Analysekategorien erschlossen.
– Die Frage nach den Transformationsprozessen im Medienwechsel vom Buch zum Film bildet die Ebene der *Reflexion*.
– Ein Transfer der reflexiven und analytischen Erkenntnisse in die Praxis geschieht durch den handelnden und *produktiven Umgang* mit dem schriftliterarischen Text und dem Film, z. B. durch Schreibaufgaben oder aktive Medienarbeit mit dem Film.

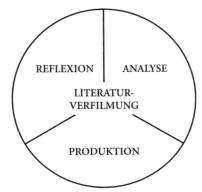

Abb. 151: Didaktisches Modell zum Umgang mit Literaturverfilmungen

Der Unterrichtsgegenstand »Literaturverfilmung« kann mit einer Vielzahl von *Verfahren* bearbeitet werden (Tab. 3).[149] Diese können nicht nur den – traditionellen – Weg vom Buch zum Film beschreiben, sondern sich auch vom Film ausgehend zum Buch hin bewegen oder mehrere Verfilmungen gegenüberstellen.

Rezeptionsorientierte Verfahren	Produktionsorientierte Verfahren
Schrifttext-Filmtext-Vergleich auf der Makroebene – Plot des schriftlichen Erzähltexts dem Plot des Films gegenüberstellen – Adaptionskonzept herausarbeiten (Auslassungen, Aktualisierungen usw.)	Überlegungen zur Verfilmung eines schriftliterarischen Textes bzw. eines Textabschnitts – Stichwortsammlung – Exposé schreiben – Storyboard zeichnen
Schrifttext-Filmtext-Vergleich auf der Mikroebene – detaillierter Vergleich eines Textabschnitts mit der entsprechenden Filmsequenz	Schreibaufgaben – »Verbuchung« (schriftlichen Erzähltext zu einem Filmausschnitt schreiben) – Rollenportrait einer Figur – Tagebucheintrag einer Figur – Brief an eine Figur – Filmrezension
Vergleich mehrerer Adaptionen einer schriftliterarischen Vorlage – Adaptionskonzepte vergleichen – verschiedene Interpretationen des Schrifttextes durch die Verfilmungen herausarbeiten	Bild-Schrifttext-Aufgaben – Film-Standbilder zu Textzeilen zuordnen, Bildfolgen erstellen (unter Berücksichtigung von Einstellungsgrößen, Kameraperspektiven)
Motiv-Analyse – Analyse der Umsetzung eines Motivs im Roman und im Film	Bild-Ton-Experimente – Bildebene selbst vertonen (mit Dialogen, Musik, Geräuschen) – Tonebene selbst bebildern (mit eigenen Fotos oder Videoaufnahmen) – Montage-Experimente auf Bild- und Tonebene mit fertigen »Puzzleteilen«
Diskussion von Texten zu Filmen – Filmrezensionen – Produktionsnotizen (in Begleitbüchern, Presseheften, DVD-Bonusmaterial) – Interviews (mit Filmemacher, Darstellern, Autor der literarischen Vorlage)	Literaturverfilmung produzieren – Exposé, Storyboard, Drehbuch im Team verfassen und filmisch umsetzen – Vorlage: sehr kurzer schriftlicher Erzähltext

Tab. 3: Einige Verfahren im Umgang mit Literaturverfilmungen

Das breite Spektrum an möglichen Verfahren versucht der Komplexität des Gegenstandes gerecht zu werden. Das traditionelle Filmgespräch ist damit nicht ad acta gelegt, es bildet vielmehr den Ausgangspunkt für einige der rezeptionsorientierten Verfahren, allerdings in einer wesentlich spezifischeren Ausrichtung und weniger als Forum für den Austausch von Geschmacksurteilen (»Wie hat euch der Film gefallen?«).

Die Anforderungen der KULTUSMINISTERKONFERENZ für die Abiturprüfung verweisen explizit auf die Kompetenzen, die in dem hier skizzierten Rahmen des Umgangs mit Literaturverfilmungen erworben und gefördert werden sollen:

> Die Erschließung medial vermittelter Texte erfordert die Fähigkeit, Text-Bild- bzw. Text-Bild-Ton-Beziehungen sachgerecht zu untersuchen, die Bedingungen ihrer Vermittlung einzubeziehen, Umgestaltungen von sprachlichen in mediale Texte (und umgekehrt) zu untersuchen und zu werten sowie ihre Wirkungsmöglichkeiten einzuschätzen.[150]

Diese Kompetenzen können nicht erst kurzfristig in der Ober- bzw. Kursstufe erworben werden, sie sollten systematisch von der Primarstufe über die Sekundarstufe I bis zum Abitur in entsprechenden Niveaustufen aufgebaut und gefördert werden.[151]

3 Unterrichtssequenzen

In der Regel bilden Literaturverfilmungen nicht das Thema einer eigenständigen Unterrichtseinheit im Deutschunterricht, sie werden meistens im Rahmen der Einheit zum jeweiligen schriftliterarischen Text eingesetzt. Deshalb wird im Folgenden für jeden Schrifttext und seine filmischen Adaptionen eine eigene, kurze Unterrichtssequenz (U4 bis U7, jeweils 5 bis 8 Unterrichtsstunden) vorgestellt, die in die Auseinandersetzung mit dem schriftliterarischen Text integriert bzw. an sie angeschlossen werden kann. Die Unterrichtssequenzen sind so konzipiert, dass sie nicht die Sichtung des gesamten Films voraussetzen, sondern an einzelne Filmausschnitte anknüpfen, die im Rahmen der Unterrichtsstunden vorgeführt werden können.

In neueren Lehr- und Rahmenplänen für den Deutschunterricht ist teilweise auch eine eigenständige Unterrichtseinheit zum Thema Medien bzw. Intermedialität vorgesehen. Hier können die einführenden Unterrichtssequenzen (U1 bis U3), die sich mit grundsätzlichen Fragen der Filmanalyse und der Adaptionsproblematik beschäftigen, mit ein oder zwei Unterrichtssequenzen zu einzelnen Texten und ihren Verfilmungen (U4 bis U7) kombiniert werden.

Übersicht über die Unterrichtssequenzen

U1 5 Std.	Niveau: ab Kl. 10 Additum für GK/LK	**Thema: Grundbegriffe der Filmanalyse am Beispiel von** DER TALENTIERTE MR. RIPLEY Ziel: Die Schüler/innen lernen Grundbegriffe der Filmanalyse (visuelle und auditive Ebene) kennen und setzen sich mit der semiotischen Komplexität von filmischen Bild-Ton-Kombinationen auseinander. In der Gegenüberstellung des Romans und der Verfilmung erkunden sie die Mittel zur Figurencharakterisierung in beiden Medien.
U2 6 Std.	Niveau: ab Kl. 10 Additum für GK/LK	**Thema: Problematik der Verfilmung von Schrifttexten am Beispiel von** ROMEO UND JULIA Ziel: Die Schüler/innen setzen sich mit den Schwierigkeiten, die sich beim Medienwechsel von der Schriftliteratur zum Film ergeben, auseinander. Am Beispiel von zwei ROMEO UND JULIA-Verfilmungen werden verschiedene Adaptionskonzepte diskutiert. Die Schüler/innen lernen KREUZERS Typologie von Adaptionsarten kennen und setzen sich kritisch mit ihr auseinander.
U3 5 Std.	Niveau: ab Kl. 10	**Thema: Schriftliterarisches und filmisches Erzählen am Beispiel von** SMOKE Ziel: Die Schüler/innen reflektieren über die Parallelen und Unterschiede von mündlichen, schriftliterarischen und filmischen Formen des Erzählens.
U4 8 Std.	Niveau: ab Kl. 10	**Thema:** DIE LEIDEN DES JUNGEN WERTHER – GOETHES **Roman und** GÜNTHERS **Verfilmung** Ziel: Die Schüler/innen erkennen die Unterschiede zwischen dem Aufbau einer erzählten Welt im Roman und im Film. Sie setzen sich mit dem Kreuzigungsmotiv und seinem Stellenwert in den beiden Werther-Fassungen auseinander. Ausgehend von eigenen Überlegungen zur Adaption der Selbstmordszene reflektieren sie die Schwierigkeiten der Übersetzung des Ich-Erzählers in die filmische Form.
U5 7 Std.	Niveau: ab Kl. 11 Additum für GK/LK	**Thema:** KLEIST **als Drehbuchautor?** DIE MARQUISE VON O... **in Adaptionen von** ERIC ROHMER **und** CHRISTOPH STARK Ziel: Die Schüler/innen lernen die Textsorte Drehbuch kennen und untersuchen die Drehbuchartigkeit von KLEISTS Novelle. Sie beurteilen daraufhin die Verfilmung ROHMERS vor dem Hintergrund seines eigenen Anspruchs und setzen sich mit der aktualisierenden Adaption JULIETTA auseinander. Die Schüler/innen analysieren die Ausgestaltung der Vergewaltigungsszene bei KLEIST und ROHMER, einschließlich des intermedialen Verweises auf das FÜSSLI-Gemälde.

U6 6 Std.	Niveau: ab Kl. 11	**Thema: DER PROCESS – das Kafkaeske im Roman und im Film** Ziel: Die Schüler/innen interpretieren die Türhüterlegende im Roman und in der WELLES-Verfilmung. Im Vergleich des Abschnitts »Die Kanzleien« arbeiten sie die unterschiedlichen Formen der Raumgestaltung in Schriftliteratur und Film heraus. Am Beispiel der Filme von WELLES und SODERBERGH untersuchen sie verschiedene filmische Darstellungsweisen des Kafkaesken.
U7 5 Std.	Niveau: ab Kl. 11	**Thema: DAS PARFUM – eine umstrittene Literaturverfilmung** Ziel: Die Schüler/innen setzten sich mit dem Phänomen des unzuverlässigen Erzählens auseinander. Sie untersuchen und vergleichen die Darstellung der Geruchsinszenierungen im Roman und im Film. Im Vergleich mehrerer Filmrezensionen arbeiten sie die Merkmale dieser Textsorte heraus und reflektieren ihre Probleme.

Verwendete Abkürzungen:

EA	= Einzelarbeit		PA	= Partnerarbeit
FO	= OHP-Folie		PRO	= produktionsorientierte Themen- oder Aufgabenstellung
GA	= Gruppenarbeit			
GK	= Grundkurs		Ref	= Referat
HA	= Hausaufgabe		SV	= Schülervortrag
KRef	= Kurzreferat		TA	= Tafelanschrieb, Tafelbild
LK	= Leistungskurs		UG	= Unterrichtsgespräch
LV	= Lehrervortrag			

U1: Grundbegriffe der Filmanalyse am Beispiel von »Der talentierte Mr. Ripley«

Stunden	Thema	Verlauf/Unterrichtsphasen
1./2.	Einführung in die Filmanalyse I: Schwerpunkt Bildebene	(1) Einstieg: Ausschnitt (2–3 Min.) aus einer aktuellen Folge einer Daily Soap (z. B. MARIENHOF, VERBOTENE LIEBE) (2) Hinführung zum Thema Filmanalyse (3) Erarbeitung: Filmanfang von DER TALENTIERTE MR. RIPLEY (4) Auswertung (5) Erarbeitung: Zweite Präsentation des Filmanfangs (RM) mit Beobachtungsaufgabe (6) Auswertung (7) Übung und Vertiefung
3.	Einführung in die Filmanalyse II: Schwerpunkt Tonebene	(1) Einstieg: Wiederholung der Einstellungsgrößen (Fachbegriffe und Funktionen) (2) Auswertung der HA (3) Erarbeitung: Dritte Präsentation des Filmanfangs von DER TALENTIERTE MR. RIPLEY (4) Auswertung, Ergebnissicherung und abschließende Diskussion

Methodische Realisierung	Hausaufgabe
(zu 1): Vorführung der Filmsequenz als »stummer« Impuls, ohne vorherige Einführung	Arbeitsblatt aus (7) fertig stellen
(zu 2): UG: Sie haben einen kurzen Ausschnitt aus einer Daily Soap gesehen. a) Um was geht es hier? b) Mit welchen Mitteln erzählt die Daily Soap diese Geschichte? (in erster Linie Dialoge, kombiniert mit Nah-/Großaufnahmen der sprechenden Figuren; Ausstattung der Räume gibt Auskunft über soziales Milieu usw.) (zu 3) PA: Vorführung der Filmsequenz (RM 0:00:00–0:07:37), Frage: Mit welchen Mitteln erzählt ein Spielfilm seine Geschichte? (zu 4): UG: Sammeln der Ergebnisse aus der PA, Sicherung (TA): Darstellung von Figuren, Gegenstände, Schauplätze, Handlungen in Bild und Ton (zu 5): GA: Vorführung der Bildebene der Filmsequenz (Ton ausschalten), Frage: Mit welchen Begriffen kann man das Filmbild genauer beschreiben? (zu 6): UG: Sammeln der Begriffe (TA), evtl. unterstützt durch verzögerte Vorführung der Filmsequenz mit Standbildfunktion (z. B. groß/klein, nach/fern, von unten/von oben, Kamera bewegt sich/steht still), Einführung der Fachbegriffe Einstellungsgröße, Kameraperspektive, Kamerafahrt (zu 7): Arbeitsblatt zu Einstellungsgrößen und Kameraperspektiven mit Einzelbildern aus dem Film, den entsprechenden Fachbegriffen (Panorama/Weit, Totale, Halbtotale, Halbnah, Nah, Groß, Detail und Aufsicht/Vogelperspektive, Normalsicht, Untersicht/ Froschperspektive) und kurzen Texten zur jeweiligen Funktion dieser filmischen Mittel (vgl. Kap. 3.2.1). Aufgabe: Zuordnung des Begriffs zum Bild und zur Funktionsbeschreibung	
(zu 1): UG: Präsentation von einzelnen Standbildern aus der Daily-Soap-Szene der letzen Stunde mit Hilfe von PowerPoint; Frage: Welche Einstellungsgrößen werden hier verwendet? (zu 2): Lösungen zum Arbeitsblatt (zu 3): Vorführung der Tonebene der Filmsequenz (Bild ausblenden), Frage: Mit welchen Begriffen kann man den Filmton genauer beschreiben? Achten Sie besonders auf die Musik und ihre Wirkungen. (zu 4): UG: Sammeln der Begriffe (TA): menschliche Stimmen/ Dialoge, Geräusche, versch. Arten von Musik; selektive Präsentation des Filmausschnitts (erste Lüge Ripleys/Princeton-Jackett, Jazzplatten in der Kellerwohnung, Streichquartett im Konzerthaus, Einsatz der Bach-Arie zusammen mit Dickies Foto)	(nur für GK/LK) Lesen Sie Kapitel 1–5 des Romans DER TALENTIERTE MR. RIPLEY (RH S. 5–39) von PATRICIA HIGHSMITH.

Stunden	Thema	Verlauf/Unterrichtsphasen
Additum GK/LK 4./5.	Figurencharakterisierung in Roman und Film: DER TALENTIERTE MR. RIPLEY	(1) Einstieg: PATRICIA HIGHSMITH, die Erfinderin von Tom Ripley (2) Erarbeitung: Tom Ripley im Roman (3) Auswertung (4) Erarbeitung: Tom Ripley im Film (5) Auswertung, Ergebnissicherung und abschließende Diskussion

U2: Problematik der Verfilmung von Schrifttexten am Beispiel von »Romeo und Julia«

Stunden	Thema	Verlauf/Unterrichtsphasen
1.	»Literaturverfilmung« – ein umstrittener Begriff	(1) Einstieg: Das Präfix »ver-« (2) Erarbeitung: Reflexion des Begriffs »Literaturverfilmung« durch Konfrontation mit verschiedenen Perspektiven (3) Auswertung und Diskussion
2./3.	Romeo und Julia in der Verfilmung von FRANCO ZEFFIRELLI (1968)	(1) Einstieg: ROMEO UND JULIA als einer der meist adaptierten literarischen Texte aller Zeiten (2) Vorstellung der Tragödie ROMEO UND JULIA von WILLIAM SHAKESPEARE (3) Erarbeitung: Die erste Begegnung der beiden Liebenden (4) Erarbeitung: Analyse der filmischen Umsetzung der Szene bei ZEFFIRELLI

Methodische Realisierung	Hausaufgabe

(zu 1): FO: Foto von PATRICIA HIGHSMITH, kurze Übersicht über die fünf Ripley-Romane, evtl. mit Zitaten
(zu 2): PA: Was erfahren wir im Roman über die Hauptfigur Tom Ripley? Auf welche Art und Weise werden diese Dinge vermittelt? (Textstellen als Beleg)
(zu 3): UG: Sammeln der Ergebnisse, Besprechung einiger Textstellen (Er-Erzähler mit Innensicht, erlebte Rede)
(zu 4): GA: Mit welchen Mitteln wird Tom Ripley in der Verfilmung von ANTHONY MINGHELLA charakterisiert?
(zu 5): UG: Sammeln der Ergebnisse (Charakterisierung über Aussehen, Handlungen, Verhaltensweisen, vgl. Kap. 3.2)

Methodische Realisierung	Hausaufgabe

(zu 1): EA: Schreiben Sie die ersten zehn Wörter mit der Vorsilbe »ver-« auf, die Ihnen einfallen. UG: Sammeln einiger Wörter, FO: Auszug aus DUDEN – DEUTSCHES UNIVERSALWÖRTERBUCH (Mat. 1), Ergebnis: Bedeutungsverschlechterung durch das Präfix »ver-«
(zu 2): EA: für Kl. 10/11: Mat. 2 und 3; für GK/LK: Mat. 4 und 5; Fragen: a) Worin unterscheidet sich das Verständnis von »Literaturverfilmung« in den Texten?
b) Findet in den Texten eine Bewertung der Medien Buch/Literatur und Film statt?
(3) UG: Sammlung (TA) und Diskussion der Ergebnisse aus der EA; Aspekte: Vorurteile gegenüber der Literaturverfilmung (WILPERT), Verfilmen als kreativer Prozess (FASSBINDER), Verfilmung als unabhängiges Kunstwerk (LILLGE)

(zu 1): Song ROMEO UND JULIET (DIRE STRAITS) von CD einspielen, dazu FO: Beispiele für Adaptionen des Stoffes (z. B. Novelle von KELLER, ROMEO UND JULIA AUF DEM DORFE; Musical von BERNSTEIN, WEST SIDE STORY; Ballett von PROKOFJEW; Symphonie von BERLIOZ; Popsong der DIRE STRAITS; Filme von ZEFFIRELLI und LUHRMANN usw.)[152]
(zu 2): UG: Wer kennt die Geschichte von Romeo und Julia? SV/LV: Nacherzählung der Dramenhandlung
(zu 3): Kontext der Dramenhandlung (LV); szenisches Lesen der Szene (1. Aufzug, 5. Szene) in verteilten Rollen; UG: Wie wird Romeo im Text dargestellt?
(zu 4): PA: zweimalige Vorführung der Sequenz im ZEFFIRELLI-Film (ab JZ 0:21:54 – 0:25:55); Wie wird die Szene aus dem Drama filmisch umgesetzt? (Ein Partner achtet besonders auf das Bild, der andere besonders auf den Ton.)

Stunden	Thema	Verlauf/Unterrichtsphasen
		(5) Auswertung
		(6) Zusammenfassung
		(7) Abschluss und Weiterführung: *Romeo und Julia* von Baz Luhrmann
4./5.	Romeo und Julia in der Verfilmung von Baz Luhrmann (1996)	(1) Einstieg: Weitere Einblicke in Luhrmanns Verfilmung (2) Erarbeitung: Filmanalyse der Sequenz in Bezug auf die Bild- und Tonebene (3) Weiterführung: Vergleich mit Shakespeare und Zeffirelli (4) Auswertung der GA (5) Abschluss und Zusammenfassung
Additum GK/LK 6.	Adaptionsarten nach Kreuzer	(1) Einstieg: Einbringen der HA (2) Erarbeitung: Zuordnung der Verfilmungen zu Adaptionstypen (3) Auswertung der PA

Methodische Realisierung	Hausaufgabe

(zu 5): UG: Sammlung der Ergebnisse, unterstützt durch eine erneute Vorführung des Filmausschnitts (mit Pausen/Standbildern); Bildebene: Einstellungsgrößen, Blickwechsel; Tonebene: Figurenrede sehr nah am SHAKESPEARE-Text, lange Passage ohne Sprache, nur Musik (Tänze); vgl. Kap. 1.6 (zu 6): LV: ZEFFIRELLIS Version als relativ textnahe Umsetzung der Vorlage; Spiel mit Nähe und Distanz durch Einstellungsgrößen (zu 7): Vorführung der ersten Begegnung von Romeo und Julia im LUHRMANN-Film (JL 0:23:09–0:29:12); S machen sich Notizen (Bild-/Tonebene, Unterschiede zu ZEFFIRELLI)	
(zu 1): Vorführung des Trailers zum LUHRMANN-Film als »stummer« Impuls, ohne vorherige Einführung (zu 2): zweimalige Vorführung der Sequenz aus der letzten Stunde (JL 0:23:09–0:29:12), erste Vorführung ohne Ton und mit kurzen Pausen (Standbild), zweite Vorführung mit Ton; S ergänzen und erweitern ihre Notizen (Bild-/Tonebene) (zu 3): arbeitsteilige GA: a) Vergleich filmische Umsetzung von LUHRMANN mit Dramentext von SHAKESPEARE. b) Vergleich filmische Umsetzungen von ZEFFIRELLI und LUHRMANN. (zu 4): UG: Vorstellung der Ergebnisse, unterstützt durch Screenshots aus den Filmen (PowerPoint); Aspekte: beide Filme: sprachliche Orientierung an Shakespeare, Fokus auf Inszenierung des Blickwechsels; Unterschiede in Einstellungslänge (Schnittfrequenz), Tonmontage, Kostüme/Dekor (zu 5): LV: ZEFFIRELLI als konventionell erzählte filmische Umsetzung, LUHRMANN als verspielt-postmoderne Variante; beide nutzen die ästhetischen Mittel des Films voll aus	(nur für GK/LK) Arbeiten Sie den Text »Arten der Literaturadaption« von HELMUT KREUZER (Mat. 6) durch. a) Was zeichnet die vier unterschiedlichen Adaptionstypen aus? b) Wie steht KREUZER zur Forderung nach »Werktreue« bei der Literaturverfilmung?
(zu 1): SV: vier S stellen die vier Adaptionstypen nach KREUZER vor (zu 2): PA: Ordnen Sie den ZEFFIRELLI- und den LUHRMANN-Film einem Adaptionstyp zu. (zu 3): UG: ZEFFIRELLI zwar sehr textnah (insofern eigentlich »Illustration«), aber trotzdem filmästhetisch interessant; LUHRMANN sehr verspielt, aber trotzdem noch nah am Dramentext (interpretierende Transformation); Thematisierung der Grenzen solcher Typologisierungen	

U3: Schriftliterarisches und filmisches Erzählen am Beispiel von »Smoke«

Stunden	Thema	Verlauf/Unterrichtsphasen
1.	Die schriftliterarische Version der Weihnachtsgeschichte	(1) Einstieg: Wer ist PAUL AUSTER? (2) Erarbeitung: Struktur des Textes (Rahmen-/Binnenerzählung), Figurencharakterisierung (3) Auswertung und Ergebnissicherung
2./3.	Zwei Versionen der Weihnachtsgeschichte im Film SMOKE	(1) Einstieg: Paul erzählt die Geschichte über das Gewicht des Rauchs (2) Auswertung der HA: Möglichkeiten der filmischen Umsetzung von Auggies Erzählung (3) Präsentation: Handlung des Films SMOKE (4) Filmsichtung: beide Versionen der Weihnachtsgeschichte in SMOKE (5) Erarbeitung: Lesarten der Filmsequenz, Unterschiede der beiden Versionen (6) Auswertung und Ergebnissicherung

Methodische Realisierung	Hausaufgabe
(zu 1): FO: Foto von PAUL AUSTER, kurze Informationen über seine Person und sein Werk (zu 2): PA: a) Wie ist der Text aufgebaut? b) Beschreiben Sie das Verhältnis von Paul und Auggie. (zu 3): UG: Ergebnissicherung in Stichworten (TA)	HA vor 1. Std.: Lektüre von *AUGGIE WRENS* *WEIHNACHTS-* *GESCHICHTE* (Mat. 7)
	HA *nach* 1./2. Std.: Wie könnte man die Binnenerzählung (von Auggie) filmisch umsetzen? (Stichworte oder Entwurf eines Storyboards)
(zu 1): Vorführung des Filmausschnitts (SW 0:02:04–0:04:20) als »stummer« Impuls, ohne vorherige Einführung (zu 2): Sammlung im UG, Diskussion (zu 3): KRef, unterstützt durch kurze Filmausschnitte oder Trailer, wichtig: Berücksichtigung des Handlungsstrangs mit Auggies Fotos (SW 0:10:15–0:17:20) (zu 4): Vorführung der Filmsequenz (DVD-Kap. 20, SW 1:26:13–1:44:22, ca. 18 Min.) am besten in Kino-Atmosphäre (mit Beamer-Projektion im abgedunkelten Raum) (zu 5): GA (Filmgespräch): a) Austausch über die »Lesarten« der Filmsequenz b) Wie unterscheiden sich die beiden Versionen der Weihnachtsgeschichte (inhaltlich und in der Machart)? c) Weshalb wird die gleiche Geschichte im Film zweimal unmittelbar nacheinander erzählt? (zu 6): UG: tabellarische Gegenüberstellung der Unterschiede der beiden Versionen (TA), vgl. Kap. 2.3	Lesen Sie den Drehbuchauszug (Mat. 8) und vergleichen Sie ihn mit der tatsächlichen filmischen Realisierung.

Stunden	Thema	Verlauf/Unterrichtsphasen
4./5.	Schriftliterarisches und filmisches Erzählen im Vergleich	(1) Auswertung der HA: Vergleich Drehbuch und Film (2) fakultativ: Exkurs zur Praxis der Postproduktion im Film (3) Erarbeitung: Imaginationsbildung bei der Lektüre des schriftliterarischen Textes, Filmwahrnehmung (4) Auswertung, Ergebnissicherung und abschließende Diskussion

Methodische Realisierung — Hausaufgabe

	V1 (Restaurant)	V2 (Abspann)
Länge	ca. 13 Min.	ca. 5 Min.
Erzählform	ausschließlich mündlich	in (stummen) Bildern, ergänzt durch Song
Bild	realistische Darstellung, Besonderheit: lange Kamerafahrt	schwarz-weiß, dadurch künstlerischer Charakter, Parallele zu Auggies Fotografien
Ton	Sprache (Dialog zw. Paul und Auggie, Auggies Monolog), wenig Geräusche	ausschließlich Song von TOM WAITS, keine Geräusche
…	…	…

Visuelle Unterstützung durch Screenshots aus der DVD, die mit PowerPoint oder auf FO präsentiert werden.

(zu 1): UG: Worin unterscheidet sich das Drehbuch von der endgültigen filmischen Fassung? Weshalb?
Ursprünglich war geplant: V1 und V2 als Parallelmontage, vgl. Zitat von AUSTER in Kap. 2.3.3
(zu 2): LV: Die endgültige Struktur vieler Filme (und somit der Plot) entsteht erst im Schneideraum.
(zu 3): PA: a) Was hat sich genau beim Lesen des ursprünglichen literarischen Textes von PAUL AUSTER »in Ihrem Kopf« abgespielt? Welche Bilder sind dort entstanden?
b) Vergleichen Sie dies mit Ihrer Wahrnehmung der beiden Versionen der Geschichte im Film.
c) Wie sieht es im Vergleich hierzu mit dem Drehbuchtext aus?
(zu 4): UG: Sammlung und Diskussion der Ergebnisse aus der PA; gemeinsame Reflexion der literarischen und filmischen Darstellungsmittel sowie Fragen der Imaginationsbildung; Drehbuchtext als – vorläufige –»Zwischenstufe« zwischen Erzähltext und Film

Überlegen Sie in Bezug auf Literaturverfilmungen, welches Werk Sie sowohl als Buch gelesen und auch als Film gesehen haben. Wie unterscheidet sich dort das schriftliterarische und das filmische Erzählen?

U4: »Die Leiden des jungen Werther« – Goethes Roman und Günthers Verfilmung

Stunden	Thema	Verlauf/Unterrichtsphasen
1./2.	Erzählformen des Romans und des Films	(1) Einstieg: Vorspann-Sequenz des Werther-Films (2) Hinführung (3) Erarbeitung: Analyse des gesamten Filmanfangs (4) Auswertung (5) Erarbeitung: Vergleich mit dem Romananfang (6) Auswertung, Ergebnissicherung und abschließende Diskussion
3./4.	Das Kreuzigungsmotiv	(1) Einstieg: Das Kreuz in verschiedenen Erscheinungsformen (2) Hinführung: Symbolik des Kreuzes (3) Erarbeitung: Motiv des Kreuzes und Opferthematik im Roman (4) Auswertung und Diskussion (5) Erarbeitung: Kreuzigungsmotiv im Film (6) Auswertung und abschließende Diskussion

Methodische Realisierung	Hausaufgabe
(zu 1): Filmausschnitt (WGü 0:02:50–0:06:42) zeigen (zu 2): UG: Was erfahren wir über Werther in dieser kurzen Filmsequenz? (zu 3): Vorführung der Anfangssequenz (WGü 0:00:00–0:09:41); PA: Wie führt der Film in die Geschichte über die *LEIDEN DES JUNGEN WERTHERS* ein? (zu 4): UG: Sammeln der Ergebnisse aus der PA (zwei Erzählebenen: Rahmenhandlung in s/w, Binnenhandlung in Farbe, Charakterisierung der Hauptfigur durch Aussehen, Aussagen und Verhalten usw.), evtl. selektives Einspielen von Filmausschnitten (zu 5): EA: a) Wie steigt der Roman in die Geschichte ein?; b) Aus welcher Perspektive wird erzählt?; c) Was erfahren wir über die Hauptfigur? (zu 6): UG: Sammeln der Ergebnisse (TA) und Vergleich von Film und Roman (distanzierter Herausgeber und subjektiver Ich-Erzähler im Roman, Charakterisierung der Hauptfigur durch Gefühlsäußerungen in den Briefen usw., vgl. Kap. 4.1)	HA *vor* 1. Std.: Vorablektüre des Romananfangs (bis einschl. Brief vom 15. Mai, WGoe 3–10) HA *nach* 1./2. Std.: Recherchieren Sie: Welche symbolische Bedeutung hat das Kreuz?
(zu 1): FO: unterschiedliche Kreuzformen und Kreuzigungsdarstellungen (zu 2): Besprechung der HA, evtl. ergänzt durch KRef zum Thema »Kreuz als Symbol« (z. B. nach *KNAURS LEXIKON DER SYMBOLE*) (zu 3): arbeitsteilige GA: a) Brief vom 15. Nov. (WGoe 105 f.); b) Brief vom 21. Dez. (WGoe 128 f.); c) Recherche nach dem Begriff »Kreuz« (in einer digitalen Version des Romans, z. B. unter http://www.digbib.org); Frage: In welchen Zusammenhängen taucht die Opferthematik und das Kreuzigungsmotiv im Roman auf? (zu 4): UG: Sammeln der Ergebnisse (u. a.: Gleichsetzung von Werthers Leiden mit der Passion Christi; sein Selbstmord wird zum Opfertod; Häufung der Bibelzitate gegen Ende des Romans) (zu 5): Vorführung der Filmsequenz mit dem hölzernen Kruzifix, einige Sekunden vor dem ersten Bild einsetzen (WGü ca. 0:06:00–0:07:54) und der Sequenz mit dem Gespräch zwischen Werther und Albert (WGü 0.39:59–0:44:36); PA: a) Welcher Zusammenhang wird in diesen Sequenzen zwischen der Figur des Werther und dem Symbol des Kreuzes hergestellt?; b) Suchen Sie die passenden Textabschnitte zu den Filmsequenzen in Goethes Roman heraus. (zu 6): UG: Sammeln der Ergebnisse (Kreuzsymbolik teilweise nur auf der visuellen Ebene, z. B. Fensterkreuz; zu Beginn läuft Werther dem Kreuz nach, später inszeniert er sich selbst als der Gekreuzigte; keine direkten Bezüge im Roman)	Überlegen Sie, wie man den Selbstmord Werthers filmisch umsetzen könnte.

Stunden	Thema	Verlauf/Unterrichtsphasen
5./6.	Werthers Selbstmord I	(1) Einstieg: Besprechung der HA
		(2) Hinführung: Was ist ein Drehbuch?
		(3) Erarbeitung: Drehbuch schreiben
		(4) Ergebnispräsentation
7./8.	Werthers Selbstmord II	(1) Einstieg: Werther im Schülerfilm
		(2) Hinführung: Diskussion von Adaptionskonzepten
		(3) Erarbeitung: Umsetzung der Szene im Film von EGON GÜNTHER
		(4) Auswertung, Ergebnissicherung und abschließende Diskussion

Methodische Realisierung	Hausaufgabe
(zu 1): UG/SV: verschiedene Ideen zur filmischen Umsetzung der Selbstmordszene vorstellen und die Adaptionsproblematik diskutieren (im Roman keine direkte Beschreibung) (zu 2): LV: Elemente eines Drehbuchs (Ort, Zeit, Figuren, Handlung, Dialoge, Einstellungsgrößen)[153] (zu 3): PA/PRO: Adaptieren Sie die Selbstmordszene (WGoe 150 ff.) für einen Spielfilm. Verfassen Sie hierzu nach dem vorgegebenen Muster ein eigenes Drehbuch mit dem Titel »Werthers Selbstmord« (handschriftlich oder am Computer, z. B. mit Hilfe der Software *celtx*). (zu 4): SV: Vorlesen mehrerer Drehbuchfassungen mit verteilten Rollen	Fertigstellung und Überarbeitung der Drehbuchfassungen mit Hilfe der Software *celtx*

(zu 1): Selbstmordszene in der Filmfassung von JÜRN-JAKOB GERICKE[154] oder der prämierte Film *DIE LEIDEN DES ACTION WERTHER* von BERNT und BIRGIT POPP[155]
(zu 2): UG: Diskussion der Vor- und Nachteile der Drehbuchfassungen aus der letzten Stunde (Schwerpunkt: Übersetzung der schriftliterarischen in eine filmische Ästhetik)
(zu 3): Vorführung der Sequenz im Kontext der Filmhandlung (WGü 1:34:34 – 1:38:57); zweite und dritte Vorführung der Kernsequenz (WGü 1:36:55 – 1:37:46, vgl. Kap. 4.2), hierzu PA:
a) Erstellen Sie ein Einstellungsprotokoll dieser Sequenz (Tabelle als Arbeitsblatt, evtl. Standbilder als Kopie zum Ausschneiden und Aufkleben).

Zeit	Bildebene	Tonebene
01:36:55 (vorgegeben)	(Stichworte zum Bildinhalt und zur Bildgestaltung, z. B. Einstellungsgröße)	(Stichworte zu Sprache, Geräuschen und Musik)
01:37:02	...	...

b) Vergleichen Sie die Umsetzung von EGON GÜNTHER mit den Vorschlägen aus der Klasse.
(zu 4): UG: Besprechung und Korrektur der Einstellungsprotokolle (FO), gemeinsame Analyse der Kernsequenz mit verzögerter Vorführung (Sprache spielt hier – vermutlich im Gegensatz zu den eigenen Drehbuchfassungen – eine untergeordnete Rolle, Geräusche sehr wichtig, Bildfolge als konstruktivistische Montage, Bezug zum Kreuzigungsmotiv), Thematisierung der Frage nach der Rezeptionsleistung und der Wirkung in Bezug auf eine konstruktivistische Montage

U5: Kleist als Drehbuchautor? »Die Marquise von O ...« in Adaptionen von Eric Rohmer und Christoph Stark

Stunden	Thema	Verlauf/Unterrichtsphasen
1.	KLEISTS Novelle als Drehbuch?	(1) Einstieg: Der Regisseur und Drehbuchautor BILLY WILDER über den Stellenwert des Drehbuchs
		(2) Erarbeitung: Was ist ein Drehbuch?
		(3) Diskussion: Inwiefern ist KLEISTS *MARQUISE VON O...* bereits ein Drehbuch?
2./3.	Adaptionskonzept der Verfilmung ROHMERS	(1) Einstieg: Vorstellung von ERIC ROHMER
		(2) Erarbeitung: KLEIST-Novelle und ROHMER-Verfilmung im Vergleich
		(3) Ergebnispräsentation und Diskussion
4./5.	Adaptionskonzept des Films *JULIETTA*	(1) Einstieg: Besprechung der HA
		(2) Filmsichtung: Erster Teil von *JULIETTA*
		(3) Erarbeitung: Vergleich der Figurenzeichnung bei ROHMER und STARK
		(4) Auswertung der Gruppenarbeit
		(5) Abschlussdiskussion

Methodische Realisierung	Hausaufgabe
(zu 1): FO: zwei Zitate und ein Foto von BILLY WILDER als stummer Impuls: »Für einen guten Film benötigt man drei Dinge: 1. Ein gutes Drehbuch. 2. Ein gutes Drehbuch. 3. Ein gutes Drehbuch.«/»Aus einem guten Drehbuch lässt sich zwar ein schlechter Film machen, aber aus einem schlechten Drehbuch ist noch kein guter Film entstanden.«(BILLY WILDER) (zu 2): PA: Fragen zum SCHÜTTE-Text beantworten: a) Wie unterscheiden sich Idee, Exposé, Treatment und Drehbuch?; b) Welche Elemente enthält ein Drehbuch? (zu 3): UG: drehbuchartige Aspekte: Angaben zu Zeit und Ort, detaillierte Wiedergabe der Dialoge durch den Erzähler, Beschreibung der Mimik und Gestik der Figuren, szenische Erzählweise; fehlende Aspekte: Nähe/Distanz der Kamera (Einstellungsgrößen), Erzählperspektive	HA vor 1. Std.: Vorablektüre des Textes zur Drehbuchentwicklung von SCHÜTTE (Mat. 11) HA nach 1. Std.: Lesen Sie die Anmerkungen des Regisseurs ERIC ROHMER zu seiner MARQUISE-Verfilmung (Mat. 12).
(zu 1): kurzer Filmausschnitt aus einem ROHMER-Film der 1980er/1990er Jahre; LV: einige wichtige biographische Informationen (z. B. aus http://www.arte.tv/de/film/Rohmer--Eric/1679708.html) (zu 2): arbeitsteilige GA: Ermitteln von Veränderungen a) im Handlungsverlauf; b) in der Figurenzeichnung der Marquise und des Grafen; c) in der Erzählform (Erzählebenen, Erzählinstanz usw.). Sicherung der Ergebnisse auf einer FO pro Gruppe (zu 3): SV: kurze Präsentation der Ergebnis-FO durch jeweils einen Gruppensprecher, anschl. jeweils UG: Diskussion der Ergebnisse	Überlegen Sie, wie man die Geschichte der Marquise in die heutige Zeit verlegen könnte (Figuren, Schauplätze, Handlung).
(zu 1): UG: Ideen zur Aktualisierung des *MARQUISE VON O...*-Stoffes sammeln (zu 2): DVD-Kapitel 1–5 von *JULIETTA* (MS 0:00:00–0:27:11) vorführen (zu 3): arbeitsteilige GA: Vergleich a) der beiden Juliettas; b) des Grafen und Max; c) der Eltern bei STARK und ROHMER (unter Rückgriff auf die Ergebnisse der 2./3. Std.) (zu 4): UG: Sammeln der Ergebnisse (zu 5): PA: kurze »Murmelphase« zur Frage »Wie unterscheiden sich die Adaptionskonzepte der beiden Adaptionen?«, anschl. UG: Diskussion zu dieser Frage, evtl. Vorführung der Schlusssequenz (DVD-Kapitel 16, MS 1:23:26–1:30:56)	HA für Additum: Erneute Lektüre der Exposition der KLEIST-Novelle (MK 3–7)

Unterrichtshilfen

Stunden	Thema	Verlauf/Unterrichtsphasen
Additum GK/LK 6./7.	Die Vergewaltigungsszene in der Verfilmung von ROHMER	(1) Einstieg: Der »gewaltigste«/»gewalttätige« Gedankenstrich
		(2) Erarbeitung: Vergewaltigungsszene bei KLEIST
		(3) Erarbeitung: Filmische Umsetzung der Szene bei ROHMER
		(4) Auswertung und Ergebnissicherung der GA
		(5) Abschließende Diskussion: ROHMER und FÜSSLI

U6: »Der Process« – das Kafkaeske im Roman und im Film

Stunden	Thema	Verlauf/Unterrichtsphasen
1./2.	Die Türhüterlegende	(1) Einstieg: Prolog aus DER PROZESS
		(2) Erarbeitung: Funktion der Türhüterlegende im Roman
		(3) Auswertung der PA
		(4) Erarbeitung: Filmische Umsetzung von »Im Dom«

Methodische Realisierung	Hausaufgabe
(zu 1): FO: Textstelle »Hier – traf er [...]« (MK 5) und Zitat als stummer Impuls: »Den notorischen Gedankenstrich in der Marquise von O ... bezeichnete Gottfried Benn als den ›gewaltigsten [...] der deutschen Literaturgeschichte‹, während Földényi urteilt: ›Er ist stark, mächtig und vor allem gewalttätig. Nicht nur der Graf vergewaltigt die Marquise, sondern auch Kleist die Leser.‹«[156] (zu 2): SV: Vorlesen der Textstelle (MK 4 ab »Eben als die russischen Truppen« bis MK 5 »die festen Punkte des Forts.«); UG: Wie haben Sie bei der Erstlektüre des Textes die durch den Gedankenstrich entstehende Leerstelle gefüllt? Weshalb bezeichnet GOTTFRIED BENN diesen Gedankenstrich als »gewaltig« und LASZLO F. FÖLDÉNYI als »gewalttätig«? (zu 3): erste Vorführung der Sequenz im Kontext der Filmhandlung (MR 0:03:24 – 0:09:48); zweite Vorführung der Kernsequenz (MR 0:08:00 – 0:09:22, vgl. Kap. 5.2), hierzu arbeitsteilige GA: a) Wie wird der Gedankenstrich im Film umgesetzt?; b) Inwiefern ändert sich die Figurencharakterisierung der Julietta durch die Veränderung der Vergewaltigungsszene im Film?; c) Wer erzählt die Szene im Buch und wer im Film? Fertigen Sie ein Einstellungsprotokoll der Kernsequenz an. (zu 4): SV/UG: Präsentation der Ergebnisse durch die Gruppen (vgl. Kap. 5.1 u. 5.2); stichwortartige Zusammenfassung (TA) (zu 5): (Farb-)FO mit FÜSSLI-Gemälde und Screenshot aus dem Film (vgl. Kap. 5.2, Mat. 13); UG: Weshalb hat sich ROHMER gerade dieses Gemälde als Inspirationsquelle ausgesucht?	

Methodische Realisierung	Hausaufgabe
(zu 1): Prolog »Vor dem Gesetz« als Filmausschnitt (Originalfassung PW[157]), alternativ: Bilder auf FO, dazu Text vorlesen (Mat. 14) (zu 2): PA: a) Überlegen Sie, welche Funktion die Türhüterlegende im Roman hat. b) Weshalb erzählt der Geistliche die Geschichte und nicht jemand im Gericht? (zu 3): Sammeln der Ergebnisse aus der PA (Türhüterlegende als Schlüssel zur Interpretation des Romans, Parallelen zwischen Josef K. und dem Mann vom Lande usw.) (zu 4): Vorführung der Filmsequenz (DVD-Kap. 14, PW 1:37:43 – 1:41:43), anschl. PA: a) Worin unterscheidet sich die Filmversion des Kapitels vom Roman? b) Inwiefern ändert sich der Stellenwert der Türhüterlegende durch die Verdoppelung (am Anfang des Films als Prolog, Wiederaufnahme in der Dom-Szene)?	HA vor 1./2. Std.: Vorablektüre Kap. »Im Dom« (PK 182 – 205)

Stunden	Thema	Verlauf/Unterrichtsphasen
		(5) Auswertung der PA und Ergebnissicherung
3./4.	Erzählter Raum bei KAFKA und WELLES	(1) Einstieg: Der Ames-Raum als optische Täuschung
		(2) Auswertung der HA
		(3) Erarbeitung: Raumgestaltung bei WELLES
		(4) Auswertung der GA
		(5) Diskussion: Vergleich Kanzleien – Büro von Josef K.
5./6.	Auf den Spuren des »Kafkaesken«	(1) Einstieg: Definition »kafkaesk«
		(2) Erarbeitung: Kafkaeske Elemente im *PROCESS*-Roman und der Verfilmung von ORSON WELLES

Methodische Realisierung	Hausaufgabe
(zu 5): UG: Sammeln der Ergebnisse aus der PA als tabellarische Gegenüberstellung der Unterschiede der beiden Versionen (TA); Diskussion über die unterschiedliche Wirkung des Films mit oder ohne Prolog (vgl. Kap. 6.1).	HA *nach* 1./2. Std.: Lesen Sie den Abschnitt »Die Kanzleien« (PK 63–74). Wie werden die Räume im Gerichtsgebäude beschrieben? Markieren Sie hierzu die wichtigsten Textstellen.
(zu 1): Clip des Dokumentarfilmers ERROL MORRIS[158]; UG: Wie funktioniert dieses Phänomen?[159] Ergebnis: Film schafft Raumillusionen (zu 2): UG: Sammeln (TA) von Stichworten und Textstellen (z. B. Wartezimmer als langer Gang mit roh gezimmerten Türen, Holzbänke, keine Kleiderhaken; Frage des Gerichtsdiener, ob er sich schon verirrt habe usw.) (zu 3): zweimalige Vorführung der Filmsequenz (PW 1:05:47–1:09:59), anschl. GA: Welche Elemente aus dem Roman werden im Film umgesetzt, was kommt neu hinzu? Welche filmischen Mittel werden eingesetzt, um die Gerichtsräume zu charakterisieren? (zu 4): UG: Sammeln der Ergebnisse, unterstützt durch verzögerte Wiedergabe der Filmsequenz (evtl. auch ohne Ton) (zu 5): Vorführung der Filmsequenz (PW 0:37:28–0:40:54); UG: Wie unterscheidet sich die Darstellung von K.'s Arbeitsplatz von der Darstellung der Gerichtsräume? Was erfährt der Leser im Roman über K.'s Büro? (vgl. Kap. 6.2)	Sichtung des kompletten Films (PW).[160]
(zu 1): FO: Auszug aus DUDEN – DEUTSCHES UNIVERSALWÖRTERBUCH (2006): »kaf|ka|esk <Adj.> [nach dem österr. Schriftsteller F. Kafka (1883–1924), -esk] (bildungsspr.): in der Art der Schilderungen Kafkas; auf unergründliche Weise bedrohlich: die Geschichte hat -e Züge«. In: Duden – Deutsches Universalwörterbuch. CD-Rom. Mannheim: Duden Verlag ⁶2006. UG: Weshalb wurde gerade in Bezug auf Kafkas Werk ein eigenes Adjektiv erfunden? (zu 2): arbeitsteilige GA: Suchen Sie nach »kafkaesken« Elementen a) im Roman oder b) in der Verfilmung (für jede Gruppe ein Notebook und eine DVD); Ergebnisse (mit Begründungen) auf FO (Seitenzahlen bzw. Zeitangaben) oder evtl. als PowerPoint-Präsentation (b-Gruppen)	

Stunden	Thema	Verlauf/Unterrichtsphasen
		(3) Auswertung der GA
		(4) Vertiefung/Transfer: Das Kafkaeske in SODERBERGHS Film *KAFKA*

U7: »Das Parfum« – eine umstrittene Literaturverfilmung

Stunden	Thema	Verlauf/Unterrichtsphasen
1.	Unzuverlässiges Erzählen	(1) Einstieg und Hinführung: Anfangssequenz aus *DAS PARFUM*
		(2) Erarbeitung: Vergleich mit dem Schluss des Films
		(3) Ergebnissicherung und Auswertung der PA
		(4) Abschlussdiskussion: Funktion eines unzuverlässigen Erzählers

Methodische Realisierung	Hausaufgabe
(zu 3): SV: Präsentation der Ergebnisse (FO/PowerPoint, Filmausschnitte) durch die Gruppensprecher; UG: Wo sind die Parallelen? Was macht das »Kafkaeske« aus (verbal-sprachlich oder audiovisuell)? (zu 4): Vorführung des Filmanfangs ohne Vorspann (KS 0:02:02 – 0:06:28); PA: kurze »Murmelphase« zu folgenden Fragen: Welche »kafkaesken« Elemente finden sich in diesem Filmausschnitt? Vergleichen Sie die Sequenz mit dem PROZESS von WELLES; anschl. UG: Diskussion zu diesen Fragen, unterstützt durch verzögerte Wiedergabe der Filmsequenz	

Methodische Realisierung	Hausaufgabe
(zu 1): Filmanfang bis zur Einblendung des Filmtitels (PT 0:00:00 – 0:03:58) zeigen; UG: Entspricht dieser Filmanfang den Erwartungen des Romanlesers? (zu 2): Erneute Vorführung des Filmanfangs (PT 0:00:00 – 0:03:58) und Vorführung der zweiten Fassung der Sequenz am Filmende (PT 1:53:13 – 1:57:30); anschl. PA: a) Worin unterscheiden sich die beiden Versionen? b) Welche Auswirkungen hat das auf den Zuschauer? (zu 3): UG: Sammeln der Ergebnisse aus der PA als tabellarische Gegenüberstellung der Unterschiede der beiden Versionen (TA); Diskussion über die enttäuschte Erwartungshaltung des Zuschauers (vgl. Kap. 7.1). (zu 4): UG: Wer kennt Beispiele für unzuverlässiges Erzählen in Schriftliteratur und Film? (z. B.: Buch: CERVANTES, DON QUIJOTE; Film: THE SIXTH SENSE, DIE ÜBLICHEN VERDÄCHTIGEN, FIGHT CLUB); Diskussion der Unterschiede zwischen Schriftliteratur und Film (unzuverlässiges Erzählen im Film aufgrund seines Abbildcharakters sehr schwer zu entlarven); Welche Funktion kann es einnehmen? (Provokation zur kritisch hinterfragenden Lektüre, gezielte Verunsicherung des Rezipienten)	Lesen Sie das Ende des Kapitels 6 und Kapitel 7 vollständig (PT 42 – 49). Wie werden im Roman Grenouilles Geruchserlebnisse beschrieben?

Stunden	Thema	Verlauf/Unterrichtsphasen
2./3.	Geruchsinszenierungen im Roman und im Film	(1) Einstieg: Düfte bewusst wahrnehmen
		(2) Hinführung: einen Duft sprachlich und filmisch inszenieren
		(3) Erarbeitung: Grenouilles erster Besuch in der Stadt (Film)
		(4) Auswertung der GA
		(5) Vertiefung/Transfer: Vergleich mit dem Roman
4./5.	Filmkritiken: vom Lob zum Verriss	(1) Einstieg: Filmkritik aus der *Bild*-Zeitung
		(2) Auswertung der HA
		(3) Erarbeitung: Analyse und Vergleich von Filmkritiken
		(4) Auswertung der EA
		(5) Transfer: ein Lob und einen Verriss schreiben

Methodische Realisierung	Hausaufgabe

(zu 1): Ein Korb mit einem frischen Brötchen, ein Schälchen mit Curry-Gewürzpulver und ein Probefläschchen Parfum werden in der Klasse als stummer Impuls herumgegeben. TA: Schließen Sie die Augen und genießen Sie die Düfte!
(zu 2): Aufteilung der Klasse in zwei Hälften.
EA (a): Suchen Sie sich einen der Düfte aus und beschreiben Sie ihn in drei Sätzen. EA (b): Suchen Sie sich einen der Düfte aus und überlegen Sie, wie man ihn in einem Film darstellen könnte (– den Duft, nicht den Gegenstand!). SV/UG: Vorlesen einiger Ergebnisse, Gespräch über die Schwierigkeiten der sprachlichen und audiovisuellen Darstellung eines Dufts
(zu 3): zweimalige Vorführung der Filmsequenz (PT 0:13:00–0:15:17), anschl. GA: Aus welcher Perspektive wird erzählt? Welche filmischen Mittel werden eingesetzt, um Grenouilles Geruchserlebnisse darzustellen? Welche Rolle spielt die Erzählerstimme?
(zu 4): UG: Sammeln der Ergebnisse, unterstützt durch verzögerte Wiedergabe der Filmsequenz (evtl. auch ohne Ton bzw. ohne Bild)
(zu 5): PA: Wie unterscheidet sich die Darstellung der Geruchserlebnisse im Roman (vgl. HA: PS Ende Kap. 6/Kap. 7) von der Darstellung im Film?
UG: Sammeln der Ergebnisse und grundsätzliche Diskussion zu den Unterschieden des schriftliterarischen und filmischen Erzählens

Recherchieren Sie im Internet nach Filmkritiken für *Das Parfum*. Bringen Sie eine positive und eine negative zur nächsten Stunde mit.

(zu 1): LV/FO: Text der Filmkritik aus der *Bild*-Zeitung (http://www.bild.de/BTO/leute/kino-tv/kinoprogramm/2006/09/14/ar-das-parfum.html, Stand 12. Januar 2010) ohne Quellenangabe; UG: Was halten Sie von dieser Filmkritik?
(zu 2): UG: Sammeln von positiven und negativen Urteilen in Rezensionen zur Verfilmung (TA); Handelt es sich jeweils um begründete Urteile oder um Behauptungen? Austausch über die persönlichen Urteile der Schüler/innen (falls der Film in gesamter Länge gesichtet wurde).
(zu 3): EA: Analyse der Filmkritiken von Jenny Hoch (http://www.spiegel.de/kultur/kino/0,1518,436380,00.html, Stand 12. Januar 2010) aus dem *Spiegel* und Michael Althen aus der *FAZ* (Mat. 18) mithilfe eines Kriterienrasters (vgl. Mat. 19). Leitfragen: Wie ist die Rezension aufgebaut? Wird schlüssig argumentiert?
(zu 4): UG: Sammeln der Ergebnisse, Diskussion der positiven und negativen Urteile in den beiden Rezensionen
(zu 5): zweimalige Vorführung des Werbespots *Billions* der Firma Axe/Lynx[161]; EA: Schreiben Sie zwei Kurzkritiken zu diesem Werbespot: ein Lob und einen Verriss; UG: Vorstellung und Diskussion der Ergebnisse; Welcher Text fiel leichter – das Lob oder der Verriss?

4 Klassenarbeiten/Klausurvorschläge/Referate/Projekte

Schriftliterarisches und filmisches Erzählen

1. Klassenarbeit/Klausur: Analyse von Filmanfängen und Filmenden
   – Wie führt der Film den Rezipienten in die erzählte Welt hinein bzw. wieder aus ihr hinaus? Welche filmischen Mittel werden in diesem Zusammenhang eingesetzt?
2. Klassenarbeit/Klausur: Der Film – ein erzählendes oder ein dramatisches Medium?
   – Stellen Sie Gemeinsamkeiten und Unterschiede des Films gegenüber dem Roman und dem Drama dar. Erörtern Sie, inwiefern der Film als erzählendes bzw. als dramatisches Medium bezeichnet werden kann.
3. Projekt: Eine kurze Dialogszene aus einem Roman oder einer Erzählung nach dem Schuss-Gegenschuss-Prinzip filmisch umsetzen.
   – Erster Schritt: Drehbuch und Storyboard entwickeln, zweiter Schritt: Einstellungen mit Kamera drehen und am Computer schneiden.
4. Projekt: Einen schriftlichen Erzähltext als Bild-Ton-Kombination aus Fotografien und einem Song audiovisuell adaptieren (in Anlehnung an die zweite Version der Weihnachtsgeschichte in SMOKE, vgl. Kap. 2.3.3).
5. Projekt: Einen Vorschau-Trailer zu einem Film erstellen
   – Aspekte: Auswahl von geeigneten Filmausschnitten, Texteinblendungen, Musikeinsatz; technische Umsetzung mit Videoschnitt-Software oder als multimediale Präsentation in PowerPoint.

»Der talentierte Mr. Ripley«

1. Klassenarbeit/Klausur: Das Kain-und-Abel-Motiv
   – Interpretieren Sie die Verfilmung von DER TALENTIERTE MR. RIPLEY durch ANTHONY MINGHELLA vor dem Hintergrund des Kain-und-Abel-Motivs. Greifen Sie hierbei auf das Lied LULLABY FOR CAIN (Mat. 9) aus dem Soundtrack des Films zurück.
2. Referat: Mediengestützte Vorstellung (z. B. mit Filmausschnitten und Power-Point-Präsentation) von NUR DIE SONNE WAR ZEUGE (F/I 1960, R.: René Clément, 112 Min.), der ersten Verfilmung des Romans DER TALENTIERTE MR. RIPLEY.
   – Leitfrage: Welches Adaptionskonzept verfolgt diese Verfilmung?
   – Vergleich mit der Verfilmung von ANTHONY MINGHELLA

»Die Leiden des jungen Werther«

1. Klassenarbeit/Klausur: Analyse der Erzählebenen (Rahmen-/Binnenerzählung) in EGON GÜNTHERS Werther-Film.
   – Welche Teile der Handlung sind im Film in Schwarz-Weiß gehalten?
   – Welche erzählerische Funktion übernehmen die Schwarz-Weiß-Sequenzen?
2. Referat: Mediengestützte Vorstellung (z. B. mit Filmausschnitten und Power-Point-Präsentation) einer weiteren Verfilmung der LEIDEN DES JUNGEN

WERTHER (Schwerpunkt: Adaptionskonzept, Vergleich mit der Verfilmung von EGON GÜNTHER, Mat. 10), z. B.:
- LE ROMAN DE WERTHER (1938) von MAX OPHÜLS
- DIE WIESE (1979) von PAOLO und VITTORIO TAVIANI
- W. – LE JEUNE WERTHER (1992) von JACQUES DOILLON

3. Projekt: Figurencharakterisierung auf der visuellen Ebene
   - Eine »Dia-Show« mit Einzelbildern aus der DVD erstellen, die zur Charakterisierung einer Figur (Werther, Lotte, Albert) geeignet sind, ergänzt durch Auszüge aus Dialogen aus dem Film als Kommentierung.
   - Ein Poster erstellen, das die Figurenkonstellation des Romans und der Verfilmung von UWE JANSON (WERTHER, 2008) vergleichend darstellt, ergänzt durch Textausschnitte und ausgedruckte Einzelbilder aus dem Film.

»Die Marquise von O…«

1. Klassenarbeit/Klausur: Zwei Filmkritiken zu Rohmers Verfilmung
   - Verfassen Sie zwei kurze Filmkritiken zum Film MARQUISE VON O… von ERIC ROHMER: ein Lob und einen Verriss. Gehen Sie in Ihren Texten auf das Verhältnis des Films zur KLEIST-Novelle ein.
2. Referat: Zwischentitel im Stummfilm
   - Funktion von Zwischentiteln für das filmische Erzählen
   - Schwierigkeiten beim Übergang vom Stummfilm zum Tonfilm[162]
3. Projekt: Pressespiegel zu JULIETTA
   - Sammeln von Filmkritiken zum Film JULIETTA von CHRISTOPH STARK aus Tageszeitungen, Filmfachzeitschriften und Internetquellen (in der Stadtbibliothek, im WWW, z. B. über die Linksammlungen auf http://www.filmz.de und http://www.imdb.de usw.).
   - Auswertung der Texte: Was wird an dem Film gelobt, was wird kritisiert? Welche Filmkritiken kommen insgesamt zu einem positiven, welche zu einem negativen Urteil?
   - PowerPoint-Präsentation mit dem Arbeitsergebnis erstellen (mit besonders eindrücklichen Zitaten aus den Kritiken und kurzen passenden Filmausschnitten).

»Der Process«

1. Klassenarbeit/Klausur: Rauminszenierung »Der Prügler« (PK 75 ff.; PW 0:34:30 – 0:37:28)
   - Vergleichen Sie die Beschreibung der »Rumpelkammer« bei KAFKA mit der filmischen Inszenierung bei WELLES.
   - Welche sprachlichen Mittel werden hierfür im Schrifttext, welche Bild-Ton-Kombinationen im Filmtext verwendet?
2. Klausur: Komik bei KAFKA (Mat. 16)
   - Sowohl KAFKA als auch WELLES betonen die Komik, die sich im Roman DER PROCESS und seiner filmischen Umsetzung verbirgt. Arbeiten Sie an Beispielen aus Roman und Film heraus, wie diese Komik entsteht.

3. Referat: »Die Frauen haben eine große Macht.« (PK 195) – Josef K. und die Frauen
   - Vergleichende Charakterisierung einer oder mehrerer Frauenfiguren (Frau Grubach, Fräulein Bürstner, Frau des Gerichtsdieners, Leni) im Roman von KAFKA und im Film von WELLES.
4. Referat: Mediengestützte Vorstellung (z. B. mit Filmausschnitten und PowerPoint-Präsentation) der *PROCESS*-Verfilmung von DAVID JONES (*THE TRIAL*, GB 1992, 120 Min.)
   - Leitfrage: Welches Adaptionskonzept verfolgt diese Verfilmung?
   - Vergleich mit der Verfilmung von ORSON WELLES
5. Referat: Kafkaeske Filme
   - Mehrere Filme aus der Liste »Best ›Kafka Esque‹ Titles« (Mat. 17) der Internet Movie Database heraussuchen und herausarbeiten, weshalb diese Filme »kafkaesk« sind. Mediengestützte Präsentation des Ergebnisses (PowerPoint und Filmausschnitte).
6. Projekt: Verfilmung einer KAFKA-Erzählung
   - Erzählung auswählen und auf Adaptierbarkeit hin überprüfen
   - Exposé, dann Storyboard erstellen
   - Szenen mit Videokamera drehen, am Computer schneiden und evtl. nachvertonen

»Das Parfum«

1. Klausur: Die Erzählerstimme in der Verfilmung
   - Welche Funktionen übernimmt die Erzählerstimme im Rahmen der Verfilmung?
   - Was müsste verändert werden, wenn man den Film ohne die Verwendung einer Erzählerstimme neu drehen würde?
2. Referat: Visualisierung der Gerüche im Film
   - Weitere Szenen aus der Verfilmung vorstellen, in denen Gerüche bzw. Riechen dargestellt werden (unter Zuhilfenahme der PT-Bonus-DVD).
3. Projekt: »Tomatometer«
   - Sammeln von möglichst vielen Filmkritiken zum Film *DAS PARFUM* aus Tageszeitungen, Filmfachzeitschriften und Internetquellen (in der Stadtbibliothek, im WWW, z. B. über die Linksammlungen auf http://www.filmz.de und http://www.imdb.de usw.).
   - Entwickeln eines Punktesystems für positive und negative Urteile über den Film in den einzelnen Kritiken
   - Bewertung der Filmkritiken mit der entsprechenden Punktzahl
   - Erstellen eines »Tomatometers« nach dem Vorbild der Webseite ROTTEN TOMATOES.COM
   - mediengestützte Präsentation des Ergebnisses

5 Materialien

Übersicht über die Materialien

Nr.	Autor, Titel
1	Duden – Deutsches Universalwörterbuch: Das Präfix »ver-«
2	Paul Scheerbart: Literaturverfilmung
3	Rainer Werner Fassbinder: Literatur und Leben
4	Auszug aus: Sachwörterbuch der Literatur (Verfilmung)
5	Auszug aus: Metzler Lexikon Literatur (Verfilmung)
6	Helmut Kreuzer: Arten der Literaturadaption
7	Paul Auster: Auggie Wrens Weihnachtsgeschichte
8	Paul Auster: Auszug aus dem Drehbuch zu »Smoke«
9	Anthony Minghella/Gabriel Yared: Lullaby for Cain
10	Auszug aus einem Interview mit Egon Günther
11	Oliver Schütte: Drehbuchentwicklung
12	Eric Rohmer: Anmerkungen zur Inszenierung
13	Intermediale Bezüge zwischen »Nachtmahr« und »Die Marquise von O…«
14	Orson Welles/Alexandre Alexeieff/Claire Parker: Prolog aus »Der Prozess«
15	Orson Welles: Interview der BBC
16	Max Brod/Orson Welles: Lachen über den »Prozess«
17	Internet Movie Database: Best »Kafka Esque« Titles
18	Filmkritik zu »Das Parfum«: F.A.Z.
19	Kriterien für die Analyse einer Filmrezension

Auszug aus Duden – Deutsches Universalwörterbuch: **Das Präfix »ver-«**. In: Duden – Deutsches Universalwörterbuch. CD-Rom. Mannheim: Duden Verlag ⁶2006.

Material 1

ver- [mhd. ver-, ahd. fir-, far-, mniederd. vör-, vor-; entstanden aus mehreren Präfixen mit etwa den Bed. »heraus-«, »vor-, vorbei-« u. »weg-« (zu einem Subst. mit der Bed. »das Hinausführen über …«)]:
1. drückt in Bildungen mit Substantiven oder Adjektiven und einer Endung aus, dass sich eine Person oder Sache [im Laufe der Zeit] zu etw. (was im Substantiv od. Adjektiv genannt wird) hin verändert: verarmen, verdorfen, verprovinzialisieren.
2. drückt in Bildungen mit Substantiven oder Adjektiven und einer Endung aus, dass eine Person oder Sache zu etw. gemacht, in einen bestimmten Zustand versetzt, in etw. umgesetzt wird: vereindeutigen, verfeatern, vermodernisieren, vertüten; verbeamtet, verkauderwelscht.
3. drückt in Bildungen mit Substantiven und einer Endung aus, dass eine Person oder Sache mit etw. versehen wird: vercomputerisieren, verschorfen.

4. drückt in Bildungen mit Verben aus, dass eine Sache durch etw. (ein Tun) beseitigt, verbraucht wird, nicht mehr besteht: verforschen, verfrühstücken, verwarten.
5. drückt in Bildungen mit Verben aus, dass eine Person mit etw. ihre Zeit verbringt: verschlafen, verschnarchen, verspielen.
6. drückt in Bildungen mit Verben aus, dass eine Person etw. falsch, verkehrt macht: verbremsen, verinszenieren.
7. drückt in Bildungen mit Verben aus, dass eine Sache durch etw. beeinträchtigt wird: verwaschen, verwohnen.
8. hat in Bildungen mit Verben keine eigene Bedeutung: verbringen, vermelden.

(aus: Duden – Deutsches Universalwörterbuch. CD-ROM 6. Aufl. Mannheim: Duden 2006.)

Material 2

PAUL SCHEERBART: **Literaturverfilmung**

Die Verfilmung von Romanen ist m. E. etwas Barbarisches. Dagegen scheint mir die Verfilmung von Theaterstücken, wenn die Sprache durch das Grammophon hinzugefügt wird, sehr wertvoll; es könnten dadurch 90 Prozent der bestehenden Theater abgeschafft werden. Für die meisten Schauspieler und Schauspielerinnen ist das natürlich nicht vorteilhaft – wohl aber für die Autoren, die besser dastehen, wenn sie die Tantièmen von den Kinotheatern erheben; die Stücke können auf diesen eben viel öfter gegeben werden – als mit dem umständlichen Theaterapparat der Gegenwart und Vergangenheit.
So kann m. E. sehr wohl die Verfilmung von Theaterstücken eine Zukunft haben. Aber – die Filmfabrikanten, die Romane verfilmen ohne Sprache – sind m. E. als Kulturträger gar nicht diskutabel; sie sind am besten dadurch zu beseitigen, daß man gebildete Elemente als Arrangeure von Theaterfilmen anstellt.
M. E. will man aber auch hier künstlerische Dinge schaffen, ohne die Autoren zu Rate zu ziehen, da diese leider unbeliebt sind und Banausen gegenüber einfach grob und höhnisch werden.

(aus: Börsenblatt für den Deutschen Buchhandel, Leipzig 1913.)

Material 3

RAINER WERNER FASSBINDER: **Literatur und Leben**

Die Verfilmung von Literatur legitimiert sich, im Gegensatz zur landläufigen Meinung, keinesfalls durch eine möglichst kongeniale Übersetzung eines Mediums (Literatur) in ein anderes (Film). Die filmische Beschäftigung mit einem literarischen Werk darf also nicht ihren Sinn darin sehen, etwa die Bilder, die Literatur beim Leser entstehen läßt, maximal zu erfüllen. Dieser Anspruch wäre ohnehin in sich absurd, da jeder Leser jedes Buch mit seiner eigenen Wirklichkeit liest und somit jedes Buch so viele verschiedene Phantasien und Bilder provoziert, – wie er Leser hat. Es gibt also keine endgültige objektive Realität eines literarischen Werkes, darum darf auch die Absicht eines Films, der sich mit Literatur auseinandersetzt, nicht darin liegen, die Bilderwelt eines Dichters als endgültig erfüllte Übereinstimmung verschiedener Phantasien zu sein. Der Versuch, Film als Ersatz eines Stückes Literatur zu machen, ergäbe den kleinsten gemeinsamen Nenner von Phantasie, wäre also zwangsläufig im Ergebnis mediokre und stumpf. Ein Film, der sich mit Literatur und mit Sprache auseinandersetzt, muß diese Auseinandersetzung ganz deutlich, klar und transparent machen, darf in keinem Moment seine Phantasie zur allgemeinen werden lassen, muß sich immer in jeder Phase als eine Möglichkeit der Beschäftigung mit bereits formulierter Kunst zu erkennen geben. Nur so, mit der eindeutigen Haltung des Fragens an Literatur und Sprache, des Überprüfens von Inhalten und Haltungen eines Dichters, mit seiner als persönlich erkennbaren Phantasie zu einem literarischen Werk legitimiert sich deren Verfilmung.

(erstmals abgedruckt in: DIE ZEIT, 25.6.1982 Nr. 26.
© Rainer Werner Fassbinder Foundation, Berlin/Verlag der Autoren, Frankfurt am Main.)

Auszug aus: **Sachwörterbuch der Literatur**

Material 4

Verfilmung, die Bearbeitung (Adaption) eines literarischen Werks (Drama, Roman, Erzählung, Epos u. ä.) und dessen Inszenierung für den Film und das Fernsehen. Sie bedingt meist einige, je nach Ambition und Sachlage oberflächliche oder tiefergreifende Umformungen und Verzerrungen der Vorlage bei der Übertragung in ein anderes, eigengesetzliches Ausdrucksmedium und beim Zuschnitt auf ein breiteres Publikum, die fast überall zu einer Zerstörung wesentlicher Züge und Strukturen des (zumal epischen) Werkes führen und allenfalls durch hervorragende Schauspieler- und Regieleistungen ausgeglichen werden können, dann aber das Vorstellungsvermögen des Lesers auf Figuren und Umwelt der einmalig verwirklichten Darstellung eingrenzen.

(aus: Gero von Wilpert: Sachwörterbuch der Literatur.
8., verb. u. erw. Aufl. Stuttgart: Kröner 2001, S. 872.)

Auszug aus: **Metzler Lexikon Literatur**

Material 5

Verfilmung, medienkomparatistischer Begriff nicht nur für das Produkt, sondern auch für den Vorgang der Umsetzung (Adaption) eines zumeist literarischen Textes in die audiovisuellen Medien Film und Fernsehen (Fernsehspiel). [...] Bereits kurz nach den Anfängen der Kinematographie (1895) wurden Romane, Dramen, Novellen, Erzählungen und Kurzgeschichten für die Leinwand aufbereitet (z. B. C. MAURICE: *LE DUEL D'HAMLET*, 1900), und bis heute ist die Literatur die wichtigste Stoff- und Sujetquelle des Films geblieben. Im historischen Rückblick zeigt sich die Bewertung der Verfilmung dabei immer wieder von den normativen Kategorien ›Textadäquatheit‹ und ›Werktreue‹ bestimmt, was belegt, dass der Verfilmung gegenüber der Literatur häufig eine sekundär-abgeleitete Position zugewiesen und ihre ästhetische Gleichwertigkeit bis auf wenige gewürdigte Ausnahmen (etwa E. v. STROHEIM: *GREED*, 1924; ST. KUBRICK: *A CLOCKWORK ORANGE*, 1971; L. VISCONTI: *TOD IN VENEDIG*, 1971; V. SCHLÖNDORFF: *DIE BLECHTROMMEL*, 1978) in Frage gestellt wird. Mittlerweile wird nicht nur der Begriff ›Verfilmung‹ kontrovers diskutiert, da er selbst schon den abgeleiteten Charakter des Films suggeriert, sondern auch die Vorstellung einer ›prinzipiellen‹ Minderwertigkeit der Verfilmung als überholt angesehen. Vielmehr rückt die Verfilmung nunmehr verstärkt als unabhängiges Kunstwerk in den Blick, das seinen eigenen medienästhetischen Gesetzen folgt: Neben dem Transfer von sprachlichen in visuell-kinetische Bilder (Konkretisierung), dem Hinzutreten von Ton (gesprochener Sprache, Musik und Geräuschen) zählen dazu die Perspektivierung, d. h. die Nutzung der Kameraposition (Untersicht, Aufsicht, Augenhöhe, subjektive Kamera), der Kamerabewegung (Fahrt, Schwenk), der Einstellungsgröße (Panorama, Totale,

Halbtotale u.a.) sowie die Verarbeitungsverfahren der Schnitt- und Montagetechnik. – Als wissenschaftlicher Gegenstand zieht die Verfilmung nicht nur das Interesse der Filmwissenschaft auf sich, sondern rückt zunehmend auch in den Fokus einer interdisziplinär orientierten Literaturwissenschaft, die sich in erhöhtem Maß Phänomenen der Medialität und Intermedialität zuwendet.

> (»Verfilmung«, in: Dieter Burdorf/Christoph Fasbender/Burkhard Moennighoff (Hrsg.): Metzler Lexikon Literatur. Begriffe und Definitionen. Begründet von Günther Schweikle und Irmgard Schweikle. 3., völlig neu bearbeitete Auflage. S. 801.
> © 2007 J.B. Metzlersche Verlagsbuchhandlung und Carl Ernst Poeschel Verlag GmbH in Stuttgart.)

Material 6

HELMUT KREUZER: **Arten der Literaturadaption**

Die früheste und bis heute häufigste ist die uneigentlichste, die Übernahme herausgenommener Handlungselemente oder Figuren, die man im autonomen Filmkontext für brauchbar hält: Adaption als *Aneignung von literarischem Rohstoff*. Das Urteil über diese Filme wird davon abhängen, was sie aus dem Rohstoff und den Bruchsteinen literarischer Herkunft filmisch machen. Das heißt, man wird sie sinnvollerweise nur als Filme und nicht als Adaption beurteilen. Grundsätzlich erscheint es mir berechtigt, daß die Filmemacher ihre Stoffe und Motive überall suchen, wo sie welche finden. Die fruchtbarsten Dramatiker und Erzähler haben stets dieselbe Freiheit für sich in Anspruch genommen. [...]

Die zweite, in unserem Zusammenhang relevantere Adaptionsart ist die *Illustration*, die bebilderte Literatur. Sie hält sich, so weit im neuen Medium möglich, an den Handlungsvorgang und die Figurenkonstellation der Vorlage und übernimmt auch wörtlichen Dialog, ja unter Umständen einen längeren auktorialen Erzähltext, der im Off gesprochen wird, während gleichzeitig die Bilder des Films ablaufen. Eine solche Adaption kann auf einem künstlerischen Irrtum beruhen, auf einer Vorstellung von Werktreue, die in der Verbildlichung der Handlungsinhalte und in der Unantastbarkeit des Wortes ihre Kriterien hat, darüber aber die Verschiedenheit von Medium und Zeichenmaterial und mit ihr verbundene Formgesetzlichkeiten außer acht läßt und nicht bedenkt, daß das für die Lektüre oder die Bühne geschriebene Wort anders wirkt, wenn es im oder zum Film gesprochen wird. In solchen Fällen handelt es sich um eine gutgemeinte, aber verfehlte Adaption, die sich sowohl als Adaption wie als Film legitimer Kritik aussetzt. Es ist jedoch denkbar, daß ein Filmender sich der Medien- und Kunstart-Differenzen bewußt ist und trotzdem den Adaptionstyp der Illustration experimentell erprobt. Wie Gattungen sich kombinieren oder vermischen lassen, so Künste, Medien, Zeichenrepertoires. [...]

Eine dritte Adaptionsart nenne ich die interpretierende Transformation. *Transformation* soll heißen, daß nicht nur die Inhaltsebene ins Bild übertragen wird, daß vielmehr die Form-Inhaltsbeziehung der Vorlage, ihr Zeichen- und Textsystem, ihr Sinn und ihre spezifische Wirkungsweise erfaßt werden und daß im andern Medium in der anderen Kunstart und der anderen Gattung aus einem anderen Zeichenmaterial ein neues, aber möglichst analoges Werk entsteht. Diese Analogie erfordert nicht, daß der Dialog wörtlich übernommen wird, im Gegenteil: sie kann erfordern, daß er geändert wird, um gerade dadurch im Kontext des Films eine analoge Funktion auszuüben. Das wörtliche Erzählerzitat im Off garantiert nicht die Analogie, sondern

kann sie verhindern, wenn übersehen wird, daß es die Kamerahandlung, nicht das Wortzitat ist, was im Film noch am ehesten analoge Funktionen zur literarischen Erzählhaltung und Erzählperspektive erfüllt. Nicht nur das erzählte Geschehen, sondern auch das Erzählgeschehen ist zu transformieren, nicht nur das Was, sondern auch das Wie der Darstellung, das uns auf den Akt des Erzählens verweist und uns vermittelt, wie das Dargestellte angemessen aufzufassen sei. […]
Ich spreche zusätzlich von einer *interpretierenden* Transformation, weil zuerst der Sinn des Werkganzen erfaßt sein muß, bevor entschieden werden kann, welches Detail auf welche Weise sinngerecht umzusetzen sei. Der Terminus der Transformation hebt den Terminus der Werk*treue* zwar auf: das in den Film transformierte Buch ist eben ein anderes Werk, so weit entfernt von seinem »Original« wie Buch und Film überhaupt voneinander entfernt sind. Der Terminus der Interpretation aber zeigt an, daß mit der Transformation der Werk*bezug* zum »Original« dennoch nicht negiert, sondern prinzipiell festgehalten wird. Als Interpretation bezieht sich die Transformation auf das ursprüngliche Werk, ohne es ersetzen zu können. Die Interpretation steht unter dem Postulat der Angemessenheit, aber sie hat auch den Charakter der Relativität. Es gibt nicht die absolute Verfilmung eines Werkes, wie es nicht die absolute Interpretation einer Partitur oder eines Theaterstücks gibt. Jede kann eine neue provozieren, so daß sich eine Bereicherung des Zuschauers aus der Erfahrung neuer Interpretationen und ein historischer Zusammenhang unter den Literaturverfilmungen (die zitierend und kritisierend auf ihre Vorgänger anspielen können) ergeben mag. Jede Transformation kann in Entscheidungszwänge geraten, in denen sie jeweils eigene Prioritäten setzen und zum Beispiel im Konfliktfall entweder der Haltung oder Handlung, der Stimmung und Atmosphäre oder dem Erzählduktus, dem kulturhistorischen Informationsgehalt, der psychoanalytischen Ergiebigkeit, der ideologischen Stoßrichtung und emotionalen Wirkung (etc.) der Vorlage den Vorrang geben muß – will sie nicht überhaupt vor dem Transformationsproblem kapitulieren. Eine angemessene Kritik der Verfilmung setzt daher voraus, daß der Kritiker die Zielrichtung erfaßt hat, die die Entscheidungen des Filmautors an den meist unvermeidlichen Kreuzwegen des Transformationsprozesses gesteuert hat. Die Verfilmung ist – wenigstens annäherungsweise – der sinnlichen »Konkretisation« eines Buchtextes durch die Einbildungskraft des Lesers vergleichbar (auch wenn man die tiefen Differenzen zwischen der Bildwahrnehmung des Zuschauers und der mentalen Vorstellung des Lesers nicht ignoriert); der Vergleich soll nur verdeutlichen, daß die Zahl möglicher »Konkretisationen« nicht fixierbar ist und jede Verfilmung den Leser des Originals in irgendeiner Hinsicht – positiv oder negativ – überraschen wird. Eine Interpretation ohne eine eigene Entdeckung, eine bloße Paraphrase des Geläufigen ist im Bereich der Verfilmung so überflüssig wie in der Literaturwissenschaft. Die Verfilmung sieht sich daher doppelter Kritik ausgesetzt – der Kritik am »Film« als solchem und der Kritik ihres Verhältnisses zum Verfilmten und zu früheren Verfilmungen. […]
Als letzte Adaptionsart nenne ich die *Dokumentation*. Sie spannt sich von der Aufzeichnung vorgegebener Aufführungen des Theaters, die durch die Übertragung in das Medium des Kinos oder – vor allem – des Fernsehens ein überregionales Publikum erreichen und eine langfristige und wiederholbare Wirkung erzielen können, bis zu Neuinszenierungen, die speziell für die Leinwand oder den Bildschirm bestimmt sind und dennoch »verfilmtes Theater« realisieren, d. h. statt der Transformation einer dramatischen Vorlage in die Gattung Spielfilm die Reproduktion eines Theater-

werkes in einem anderen Zeichensystem und einem anderen Medium als Ergebnis haben und in vielen Fällen haben sollen. Diese filmische Dokumentation steht unter anderen Kriterien als die Arten der Adaption, die wir bisher genannt haben. Sie ist prinzipiell legitim; ihr Rang hängt von der Bedeutung des Dokumentierten und von der umfassenden Genauigkeit des Filmdokuments als solchem ab. Die Adaption als Dokument stößt an ihre Grenze, wo die Übertragung ins andere Medium die ursprüngliche Wirkung notwendig entstellt und damit den dokumentarischen Wert der Adaption reduziert. Strebt man in solchen Fällen die Analogie zur ursprünglichen Wirkung an, setzt man sich zwangsläufig den Postulaten der Transformation aus.

(aus: Eduard Schaefer, Hrsg. Medien und Deutschunterricht. Tübingen: Niemeyer 1981.)

Material 7

PAUL AUSTER: **Auggie Wrens Weihnachtsgeschichte**

Ich habe diese Geschichte von Auggie Wren gehört. Da Auggie darin keine allzu gute Figur macht, jedenfalls keine so gute, wie er es gerne hätte, hat er mich gebeten, seinen richtigen Namen zu verschweigen. Im übrigen aber entspricht die ganze Sache mit der verlorenen Brieftasche und der blinden Frau und dem Weihnachtsessen genau dem, was er mir erzählt hat.

Auggie und ich kennen uns jetzt seit fast elf Jahren. Er arbeitet als Verkäufer in einem Zigarrengeschäft an der Court Street in Brooklyn, und da dies der einzige Laden ist, der die kleinen holländischen Zigarren führt, die ich so gerne rauche, komme ich ziemlich oft dort vorbei. Lange Zeit habe ich kaum einen Gedanken an Auggie Wren verschwendet. Für mich war er nur der seltsame kleine Mann im blauen Sweatshirt mit Kapuze, der mir Zigarren und Zeitschriften verkaufte, der schelmische, witzelnde Typ, der immer etwas Komisches über das Wetter, die Mets oder die Politiker in Washington zu sagen hatte, und das war auch schon alles.

Aber dann blätterte er vor einigen Jahren eines Tages in seinem Laden eine Zeitschrift durch und stieß dabei zufällig auf eine Rezension eines meiner Bücher. Daß ich es war, sagte ihm ein Foto neben der Rezension, und danach änderten sich die Dinge zwischen uns. Ich war für Auggie nicht mehr nur ein Kunde unter anderen, nein, zu einem Mann von Rang geworden. Die meisten Leute hatten keinerlei Interesse an Büchern und Schriftstellern, aber wie sich herausstellte, hielt Auggie sich selbst für einen Künstler. Nachdem er das Rätsel um meine Person geknackt hatte, begrüßte er mich wie einen Verbündeten, einen Vertrauten, einen Kampfgenossen. Mir war das, ehrlich gesagt, ziemlich peinlich. Und dann kam fast unvermeidlich der Augenblick, da er mich fragte, ob ich bereit sei, mir seine Fotografien anzusehen. In Anbetracht seiner Begeisterung und seines guten Willens brachte ich es einfach nicht übers Herz, nein zu sagen.

Weiß Gott, was ich erwartet habe. Auf alle Fälle nicht das, was Auggie mir dann am nächsten Tag gezeigt hat. In einem kleinen fensterlosen Hinterzimmer des Ladens öffnete er eine Pappschachtel und zog zwölf völlig gleich aussehende schwarze Fotoalben daraus hervor. Dies sei sein Lebenswerk, sagte er, und er brauche nicht mehr als fünf Minuten am Tag dafür. In den letzten zwölf Jahren habe er jeden Morgen um Punkt 7 Uhr an der Ecke Atlantic Avenue und Clinton Street gestanden und jeweils aus genau demselben Blickwinkel ein Farbfoto aufgenommen. Das Projekt umfaßte inzwischen über viertausend Fotografien. Jedes Album repräsentierte ein anderes

Jahr, und sämtliche Bilder waren der Reihe nach eingeklebt, vom 1. Januar bis zum 31. Dezember, und unter jedes einzelne war sorgfältig das Datum eingetragen. Als ich in den Alben herumblätterte und Auggies Werk zu studieren begann, wußte ich gar nicht, was ich denken sollte. Anfangs hatte ich den Eindruck, dies sei das Seltsamste, das Verblüffendste, was ich je gesehen hatte. Die Bilder glichen sich aufs Haar. Das ganze Projekt war ein betäubender Angriff von Wiederholungen, wieder und wieder dieselbe Straße und dieselben Gebäude, ein anhaltendes Delirium redundanter Bilder. Da mir nichts dazu einfiel, schlug ich erst einmal weiter die Seiten um und nickte voll geheuchelter Anerkennung. Auggie schien ungerührt, er sah mir mit breitem Lächeln zu, aber nachdem ich ein paar Minuten so herumgeblättert hatte, unterbrach er mich plötzlich und sagte: »Sie sind zu schnell. Wenn Sie nicht langsamer machen, werden Sie nie dahinterkommen.«
Er hatte natürlich recht. Wer sich keine Zeit zum Hinsehen nimmt, wird niemals etwas sehen. Ich nahm ein anderes Album und zwang mich, bedächtiger vorzugehen. Ich achtete genauer auf Einzelheiten, bemerkte den Wechsel des Wetters, registrierte die mit dem Fortschreiten der Jahreszeiten sich ändernden Einfallswinkel des Lichts. Schließlich vermochte ich subtile Unterschiede im Verkehrsfluß zu erkennen, den Rhythmus der einzelnen Tage vorauszuahnen (das Gewühl an Werktagen, die relative Ruhe der Wochenenden, den Kontrast zwischen Samstagen und Sonntagen). Und dann begann ich ganz allmählich die Gesichter der Leute im Hintergrund zu erkennen, die Passanten auf dem Weg zur Arbeit, jeden Morgen dieselben Leute an derselben Stelle, wie sie einen Augenblick ihres Lebens im Blickfeld von Auggies Kamera verbrachten.
Sobald ich sie wiedererkannte, begann ich zu erforschen, wie ihre Haltungen von einem Morgen zum anderen wechselten; ich versuchte aus diesen oberflächlichen Anzeichen auf ihre Stimmungen zu schließen, als ob ich mir Geschichten für sie ausdenken könnte, als ob ich in die unsichtbaren, in ihren Körpern eingeschlossenen Dramen eindringen könnte. Ich nahm mir ein anderes Album vor. Jetzt war ich nicht mehr gelangweilt, nicht mehr verwirrt wie am Anfang. Auggie fotografierte die Zeit, wurde mir klar, sowohl die natürliche Zeit als auch die menschliche Zeit, und dies bewerkstelligte er, indem er sich in einem winzigen Winkel der Welt postierte und ihn in Besitz nahm, einfach indem er an der Stelle, die er sich erwählt hatte, Wache hielt. Auggie sah mir zu, wie ich mich in sein Werk vertiefte, und lächelte vergnügt in sich hinein. Und dann zitierte er, schier als hätte er meine Gedanken gelesen, eine Zeile aus Shakespeare: »Morgen, morgen und dann wieder morgen«, murmelte er leise, »kriecht so mit kleinem Schritt die Zeit von Tag zu Tag.« Und da begriff ich, daß er ganz genau wußte, was er da tat.

Das war vor mehr als zweitausend Bildern. Seit jenem Tag haben Auggie und ich oft über sein Werk diskutiert, aber erst letzte Woche habe ich erfahren, wie er überhaupt an seine Kamera gekommen ist und mit dem Fotografieren angefangen hat. Darum ging es in der Geschichte, die er mir erzählte, und ich versuche mir noch immer einen Reim darauf zu machen.
Etwas früher in derselben Woche rief mich jemand von der *New York Times* an und fragte, ob ich bereit sei, für die Weihnachtsausgabe dieser Zeitung eine Short Story zu schreiben. Spontan sagte ich nein, aber der Mann war sehr charmant und hartnäckig, und am Ende des Gesprächs sagte ich ihm zu, daß ich es versuchen würde. Kaum hatte ich jedoch den Hörer aufgelegt, geriet ich in helle Panik. Was wußte ich schon

von Weihnachten? fragte ich mich. Was wußte ich von auf Bestellung geschriebenen Kurzgeschichten? Die nächsten Tage verbrachte ich in Verzweiflung, rang mit den Geistern von Dikkens, O'Henry und anderen Meistern der weihnachtlichen Stimmung. Schon der Ausdruck »Weihnachtsgeschichte« war für mich mit unangenehmen Assoziationen verknüpft, ich konnte dabei nur an gräßliche Ergüsse von heuchlerischem Schmalz und süßlichem Kitsch denken. Selbst die besten Weihnachtsgeschichten waren nicht mehr als Wunscherfüllungsträume, Märchen für Erwachsene, und ich wollte mich hängen lassen, wenn ich mir jemals erlaubte, etwas Derartiges zu Papier zu bringen. Und doch, wie konnte sich irgendwer vornehmen, eine unsentimentale Weihnachtsgeschichte zu schreiben? Das war doch ein Widerspruch in sich, ein Ding der Unmöglichkeit, ein unlösbares Rätsel. Ebensogut konnte man sich ein Rennpferd ohne Beine vorstellen oder einen Spatz ohne Flügel.

Ich kam nicht weiter. Am Donnerstag machte ich einen langen Spaziergang, ich hoffte, an der frischen Luft einen klaren Kopf zu bekommen. Kurz nach Mittag trat ich in das Zigarrengeschäft, um meinen Vorrat wiederaufzufüllen, und Auggie stand wie immer hinter dem Ladentisch. Er erkundigte sich nach meinem Befinden. Ohne es eigentlich zu wollen, schüttete ich ihm plötzlich mein Herz aus. »Eine Weihnachtsgeschichte?« fragte er, nachdem ich fertig war. »Ist das alles? Wenn Sie mir ein Essen spendieren, mein Freund, erzähle ich Ihnen die beste Weihnachtsgeschichte, die Sie je gehört haben. Und ich garantiere, daß jedes Wort davon die reine Wahrheit ist.«

Wir gingen den Block runter zu Jack's, einem engen und lärmenden Imbiß, wo es gute Pastrami-Sandwiches gab und alte Mannschaftsfotos von den Dodgers an den Wänden. Wir fanden hinten einen freien Tisch, bestellten unser Essen, und Auggie begann seine Geschichte.

»Es war im Sommer 72«, sagte er. »Eines Morgens kam ein junger Bursche in den Laden und fing an zu stehlen. Er wird neunzehn oder zwanzig gewesen sein, und ich habe wohl in meinem ganzen Leben noch keinen so erbärmlichen Ladendieb gesehen. Er stand vor dem Taschenbuchregal an der hinteren Wand und stopfte sich Bücher in die Taschen seines Regenmantels. Da gerade mehrere Leute an der Kasse standen, konnte ich ihn zunächst gar nicht sehen. Aber sobald ich merkte, was er da trieb, fing ich an zu schreien. Er nahm Reißaus wie ein Karnickel, und als ich endlich hinterm Ladentisch hervorkonnte, stürmte er bereits die Atlantic Avenue hinunter. Ich habe ihn etwa einen halben Block weit verfolgt und es dann aufgegeben. Ich hatte keine Lust mehr, ihm nachzurennen, und da er unterwegs etwas hatte fallen lassen, bückte ich mich danach.

Es war seine Brieftasche. Geld war keins drin, dafür aber sein Führerschein und drei oder vier Schnappschüsse. Ich nehme an, ich hätte die Polizei holen und ihn verhaften lassen können. Sein Name und seine Adresse standen auf dem Führerschein, aber irgendwie tat er mir leid. Er war doch bloß ein mickriger kleiner Anfänger, und als ich mir die Bilder in seiner Brieftasche ansah, konnte ich einfach keine Wut auf ihn empfinden. Robert Goodwin. So hieß er. Auf einem der Bilder, erinnere ich mich noch, hatte er seine Mutter oder Großmutter im Arm. Auf einem anderen war er als Neun- oder Zehnjähriger zu sehen, er saß da in einem Baseballdress und grinste breit vor sich hin. Ich habe es einfach nicht übers Herz gebracht. Jetzt war er vermutlich drogensüchtig, dachte ich mir. Ein armer, chancenloser Junge aus Brooklyn, und wen kümmerten schon ein paar läppische Taschenbücher?

Die Brieftasche habe ich jedenfalls behalten. Ab und zu hatte ich ein leises Bedürfnis, sie ihm zurückzuschicken, aber das habe ich immer wieder aufgeschoben und nie etwas unternommen. Dann wird es Weihnachten, und ich sitze rum und habe nichts zu tun. Normalerweise lädt mich der Chef an diesem Tag zu sich nach Hause ein, aber in dem Jahr war er mit seiner Familie zu Besuch bei Verwandten in Florida.

Da sitze ich also an diesem Morgen in meiner Wohnung und bemitleide mich ein bißchen, und plötzlich sehe ich Robert Goodwins Brieftasche auf einem Regal in der Küche liegen. Ich denke, was zum Teufel, warum nicht ausnahmsweise mal was Nettes tun, ziehe meinen Mantel an und mache mich auf den Weg, die Brieftasche persönlich zurückzugeben.

Die Adresse war in Boerum Hill, in irgendeiner der Siedlungen da. Es fror an diesem Tag, und ich weiß noch, daß ich mich auf der Suche nach dem richtigen Gebäude ein paarmal verlaufen habe. In dieser Gegend sieht alles gleich aus, man läuft immer durch dieselbe Straße und denkt, man wäre ganz woanders. Jedenfalls komme ich endlich zu der Wohnung, die ich suche, und drücke auf die Klingel. Tut sich nichts. Ich nehme an, es ist niemand zu Hause, versuche es aber zur Sicherheit noch einmal. Ich warte ein bißchen länger, und grade als ich es aufgeben will, höre ich wen zur Tür schlurfen. Eine alte Frauenstimme fragt, wer da ist, und ich sage, ich möchte zu Robert Goodwin. ›Bist du das, Robert?‹ fragt die alte Frau, und dann schließt sie ungefähr fünfzehn Schlösser auf und öffnet die Tür.

Sie muß mindestens achtzig Jahre alt sein, vielleicht sogar neunzig, und als erstes fällt mir an ihr auf, daß sie blind ist. ›Robert‹, sagt sie. ›Ich wußte, du würdest deine Oma Ethel zu Weihnachten nicht vergessen.‹ Und dann breitet sie die Arme aus, als ob sie mich an sich drücken will.

Sie verstehen, ich hatte nicht viel Zeit zum Denken. Ich mußte ganz schnell etwas sagen, und ehe ich wußte, wie mir geschah, hörte ich die Worte aus meinem Mund kommen. ›Ja, Oma Ethel‹, sage ich. ›Ich bin zurückgekommen, um dich an Weihnachten zu besuchen.‹ Fragen Sie mich nicht, warum ich das getan habe. Ich habe keine Ahnung. Vielleicht wollte ich sie nicht enttäuschen, was weiß ich. Es ist mir einfach so rausgerutscht, und plötzlich hat diese alte Frau mich vor ihrer Tür in die Arme genommen, und ich habe sie an mich gedrückt.

Daß ich ihr Enkel sei, habe ich nicht direkt gesagt. Jedenfalls nicht mit diesen Worten, aber sie hat es so aufgefaßt. Ich wollte sie nicht reinlegen. Das war wie ein Spiel, für das wir uns beide entschieden hatten – ohne erst über die Regeln zu diskutieren. Ich meine, diese Frau hat gewußt, daß ich nicht ihr Enkel Robert war. Sie war alt und klapprig, aber sie war nicht so weit weggetreten, daß sie den Unterschied zwischen einem Fremden und ihrem eigen Fleisch und Blut nicht gemerkt hätte. Aber es hat sie glücklich gemacht, so zu tun als ob, und da ich sowieso nichts Besseres zu tun hatte, habe ich gern mitgespielt.

Wir sind dann also rein und haben den Tag zusammen verbracht. Die Wohnung war ein richtiges Dreckloch, sollte ich vielleicht sagen, aber was kann man sonst auch von einer blinden Frau erwarten, die ihren Haushalt ganz alleine macht? Immer wenn sie mich gefragt hat, wie es mir geht, hab ich gelogen und ihr erzählt, ich hätte einen guten Job in einem Zigarrenladen gefunden, ich würde demnächst heiraten und hundert andere nette Geschichten, und sie hat so getan, als ob sie mir jedes Wort glauben würde. ›Wie schön, Robert‹, hat sie gesagt und lächelnd genickt. ›Ich habe ja immer gewußt, daß du es zu etwas bringen würdest.‹

Nach einer Weile bekam ich ordentlich Hunger. Da nicht viel Essen im Haus zu sein schien, bin ich zu einem Laden in der Nähe gegangen und habe einen Haufen Zeug gekauft. Ein gekochtes Huhn, Gemüsesuppe, ein Eimerchen Kartoffelsalat, Schokoladenkuchen, alles mögliche. Ethel hatte im Schlafzimmer ein paar Flaschen Wein versteckt, und so konnten wir ein ganz ordentliches Weihnachtsessen auf die Beine stellen. Der Wein hat uns ein bißchen angeheitert, das weiß ich noch, und nach dem Essen haben wir uns ins Wohnzimmer gesetzt, weil die Sessel da bequemer waren. Ich mußte mal pinkeln, also entschuldigte ich mich und ging durch den Flur zum Badezimmer. Und da nahmen die Dinge plötzlich eine andere Wendung. Meine kleine Nummer als Ethels Enkel war ja schon reichlich absurd, aber was ich dann als nächstes tat, war absolut verrückt, und ich habe mir das nie verziehen.

Ich komme also ins Bad, und an der Wand gleich neben der Dusche sehe ich sechs oder sieben Kameras aufgestapelt. Nagelneue 35-Millimeter-Kameras, noch in der Verpackung, allerbeste Ware. Ich denke, das ist das Werk des echten Robert, ein Lagerplatz für seine letzte Beute. Ich habe noch nie in meinem Leben ein Foto gemacht, und gestohlen habe ich auch noch nie etwas, aber kaum sehe ich diese Kameras im Badezimmer, beschließe ich, daß eine davon mir gehören soll. Einfach so. Und ohne eine Sekunde nachzudenken, klemme ich mir eine der Schachteln unter den Arm und gehe ins Wohnzimmer zurück.

Ich kann höchstens drei oder vier Minuten weg gewesen sein, aber in dieser Zeit war Oma Ethel in ihrem Sessel eingeschlafen. Zuviel Chianti, nehme ich an. Ich habe dann in der Küche den Abwasch gemacht, und sie hat bei dem ganzen Lärm weitergeschlafen und geschnarcht wie ein Baby. Sie zu stören schien mir vollkommen überflüssig, also beschloß ich zu gehen. Ich konnte ihr noch nicht einmal einen Brief zum Abschied schreiben, schließlich war sie ja blind, und so bin ich einfach gegangen. Die Brieftasche ihres Enkels ließ ich auf dem Tisch liegen, dann nahm ich die Kamera und ging aus der Wohnung. Und damit ist die Geschichte aus.«

»Haben Sie die Frau noch mal besucht?« fragte ich.

»Einmal«, sagte er. »Etwa drei oder vier Monate danach. Ich hatte ein so schlechtes Gewissen wegen der Kamera, daß ich sie noch gar nicht benutzt hatte. Am Ende beschloß ich, sie ihr zurückzugeben, aber Ethel war nicht mehr da. Ich weiß nicht, was aus ihr geworden ist, aber es war jemand anders in die Wohnung eingezogen, und der konnte mir nicht sagen, wo sie steckte.«

»Wahrscheinlich ist sie gestorben.«

»Tja, wahrscheinlich.«

»Das heißt, sie hat ihr letztes Weihnachtsfest mit Ihnen verbracht.«

»Anzunehmen. So habe ich das noch nie gesehen.«

»Es war eine gute Tat, Auggie. Das war nett von Ihnen, ihr die Freude zu machen.«

»Ich habe sie angelogen, und dann habe ich sie bestohlen. Ich verstehe nicht, wie Sie das eine gute Tat nennen können.«

»Sie haben sie glücklich gemacht. Und die Kamera war sowieso gestohlen. Sie haben sie jedenfalls nicht demjenigen weggenommen, dem sie wirklich gehört hat.«

»Alles für die Kunst, Paul, wie?«

»So würde ich das nicht ausdrücken. Aber zumindest haben Sie die Kamera für einen guten Zweck verwendet.«

»Und Sie haben jetzt Ihre Weihnachtsgeschichte, stimmt's?«

»Ja«, sagte ich. »Ich glaube schon.«

Ich unterbrach mich kurz und sah, daß Auggies Lippen sich zu einem boshaften Lächeln verzogen. Ich konnte nicht sicher sein, aber sein Blick war in diesem Moment so rätselhaft, leuchtete so hell von irgendeinem innerlichen Vergnügen, daß mir der Gedanke kam, er könnte die ganze Geschichte erfunden haben. Ich wollte ihn schon fragen, ob er mich auf den Arm genommen habe, erkannte dann aber, daß er mir das nie verraten würde. Er hatte mich dazu gebracht, ihm zu glauben, und das war das einzige, was zählte. Solange auch nur ein Mensch daran glaubt, gibt es keine Geschichte, die nicht wahr sein kann.
»Sie sind ein As, Auggie«, sagte ich. »Danke, daß Sie mir geholfen haben.«
»Gern geschehen«, antwortete er und sah mich noch immer mit diesem irren Leuchten in den Augen an. »Was für Freunde sind das denn, wenn man seine Geheimnisse nicht mit ihnen teilen kann?«
»Dann stehe ich jetzt in Ihrer Schuld.«
»Aber nein. Schreiben Sie es einfach so auf, wie ich es Ihnen erzählt habe, und damit sind wir quitt.«
»Bis auf das Essen.«
»Stimmt. Bis auf das Essen.«
Ich erwiderte Auggies Lächeln, rief dann nach dem Kellner und bat um die Rechnung.

(aus: Paul Auster: Auggie Wrens Weihnachtsgeschichte. Übersetzung ins Deutsche von Werner Schmitz. © 1991 by Rowohlt Verlag GmbH, Reinbek bei Hamburg, S. 152–162.)

PAUL AUSTER: **Auszug aus dem Drehbuch zu** *SMOKE*
71. Innen. Tag. Jack's Restaurant.

Material 8

Ein koscheres Restaurant, voll und laut; Sportfotos an den Wänden: alte Mannschaften der Brooklyn Dodgers, die Mets von 1969, ein Porträt von Jackie Robinson. PAUL *und* AUGGIE *sitzen an einem Tisch im Hintergrund und studieren die Speisekarte.*
PAUL *(klappt die Speisekarte zu):* Muß mal aufs Klo. Wenn der Kellner kommt, bestellen Sie bitte Corned beef auf Roggenbrot und ein Ginger Ale für mich mit, ja?
AUGGIE: Alles klar.
PAUL *steht auf und begibt sich zur Toilette.*
AUGGIES *Blick fällt auf den leeren Stuhl neben ihm, darauf liegt eine Ausgabe der* New York Post. *Man sieht die Schlagzeile* »Schießerei in Brooklyn«. AUGGIE *beugt sich darüber, um den Artikel zu lesen. Nahaufnahme des Artikels: Fotos von* CHARLES CLEMM *(dem* KRIECHER*) und Roger Goodwin, darunter ihre Namen. Die kleinere Schlagzeile unter der ersten lautet:* »Täter bei Überfall auf Juwelier getötet«. *Während* AUGGIE *den Artikel liest, kommt der* KELLNER *und will die Bestellung aufnehmen: ein korpulenter Mann mit Halbglatze und müdem Gesicht.*
KELLNER *(im Off):* Was darf's sein, Auggie?
AUGGIE *(blickt auf):* Äh ... *(zeigt auf* PAULS *leeren Stuhl).* Mein Freund hier hätte gern Corned beef auf Roggenbrot und ein Ginger Ale.
Schnitt. Der KELLNER *mit Bleistift und Bestellblock.*
KELLNER: Und was möchten Sie?
AUGGIE *(liest weiter; erinnert sich plötzlich an den Kellner):* Ja?
KELLNER: Was möchten Sie?

AUGGIE: Ich? *(Pause)*. Ich nehme das gleiche. *(Blickt wieder in die Zeitung)*.
KELLNER: Darf ich Sie um etwas bitten?
AUGGIE *(blickt wieder auf)*: Und das wäre?
KELLNER: Wenn Sie das nächste Mal zwei Corned-beef-Sandwiches haben wollen, sagen Sie: »Zwei Corned-beef-Sandwiches«. Und wenn Sie zwei Ginger Ale haben wollen: »Zwei Ginger Ale«.
AUGGIE: Wo liegt der Unterschied?
KELLNER: Es ist einfacher so. Und schneller.
AUGGIE *(versteht nicht sofort; versucht den* KELLNER *zu beschwichtigen)*: Ah, ach so. Wenn Sie meinen. Anstatt zu sagen: »Ein Corned-beef-Sandwich« und dann »Noch ein Corned-beef-Sandwich«, sag ich also das nächste Mal »Zwei Corned-beef-Sandwiches«.
KELLNER *(trocken)*: Danke. Ich wußte, Sie würden Verständnis dafür haben.
KELLNER *ab. Auggie vertieft sich wieder in den Artikel.* PAUL *kommt zurück und nimmt ihm gegenüber Platz.* PAUL *(macht es sich bequem)*: Also. Sind wir soweit?
AUGGIE: Klar. Jederzeit.
PAUL: Ich bin ganz Ohr.
AUGGIE: Okay. *(Pause. Denkt nach)*. Sie haben mich doch mal gefragt, wie ich zu meiner Fotografiererei gekommen bin. Wissen Sie noch? Die Geschichte handelt davon, wie ich meine erste Kamera gekriegt habe. Das heißt, eigentlich ist es die einzige Kamera, die ich je besessen habe. Soweit alles klar?
PAUL: Jedes Wort.
AUGGIE *(Nahaufnahme von seinem Gesicht)*: Okay. *(Pause)*. Also jetzt kommt die Geschichte. *(Pause)*. Okay. *(Pause)*. Es war im Sommer 76, damals hatte ich grade angefangen für Vinnie zu arbeiten. Dem Sommer der 200-Jahr-Feier. *(Pause)*. Eines Morgens kam ein junger Bursche in den Laden und fing an zu klauen. Stand am Zeitschriftenstand und stopfte sich Sexheftchen unters Hemd. Da grade mehrere Leute an der Kasse standen, konnte ich ihn zunächst gar nicht sehen ...
Überblende von AUGGIES *auf* PAULS *Gesicht. Beginn des Schwarzweißfilms:* AUGGIE *spielt die Ereignisse nach, die er* PAUL *schildert. Diese Szene deckt sich genau mit den Szenen 2 und 3 – mit einem Unterschied. Der Dieb ist jetzt* ROGER GOODWIN, *der Mann, der* PAUL *in Szene 54 zusammengeschlagen hat, der Mann, dessen Bild* AUGGIE *eben in der Zeitung gesehen hat. Die Ereignisse entwickeln sich lautlos, begleitet von* AUGGIES *Erzählstimme.*
AUGGIE *(im Off)*: Aber sobald ich merkte, was er da trieb, fing ich an zu schreien. Er nahm Reißaus wie ein Karnickel, und als ich endlich hinterm Ladentisch hervorkonnte, rannte er schon die Seventh Avenue runter. Ich hab ihn einen halben Block weit verfolgt und es dann aufgegeben. Ich hatte keine Lust mehr, ihm nachzurennen, und da er unterwegs etwas hatte fallen lassen, bückte ich mich danach.
Man sieht AUGGIE *dem Jungen nachlaufen, dann stehenbleiben und sich nach der Brieftasche bücken. Er geht zum Laden zurück.*
AUGGIE *(im Off)*: Es war seine Brieftasche. Geld war keins drin, dafür aber sein Führerschein und drei oder vier Schnappschüsse. Ich nehme an, ich hätte die Polizei holen und ihn verhaften lassen können. Sein Name und seine Adresse standen auf dem Führerschein, aber irgendwie tat er mir leid. Er war bloß ein mickriger kleiner Anfänger, und als ich mir die Bilder in seiner Brieftasche ansah, konnte ich einfach keine Wut auf ihn empfinden ...

Man sieht AUGGIE *die Bilder betrachten. Nahaufnahmen der Bilder.*
AUGGIE *(im Off):* Roger Goodwin. So hieß er. Auf einem der Bilder, erinnere ich mich noch, hatte er irgendeine Trophäe im Arm und grinste, als hätte er gerade den Jackpot geknackt. Ich habe es einfach nicht übers Herz gebracht. Ein armer Junge aus Brooklyn, ohne jede Chance, und wen kümmern schon ein paar Sexzeitschriften?
Schnitt: Jack's Restaurant. Der KELLNER *bringt ihre Bestellung.*
KELLNER: Bitte sehr, die Herren. Zweimal Corned beef. Zwei Ginger Ale. So ist's richtig, so ist's schnell. *(Ab).*
PAUL *(schmiert Senf auf sein Sandwich):* Und?
AUGGIE *(trinkt einen Schluck):* Die Brieftasche habe ich jedenfalls behalten. Ab und zu hatte ich ein leises Bedürfnis, sie ihm zurückzuschicken, aber das habe ich immer wieder aufgeschoben und nie was unternommen. *(Schmiert Senf auf sein Sandwich).* Dann wird es Weihnachten, und ich sitze rum und habe nichts zu tun. Eigentlich hatte Vinnie mich eingeladen, aber seine Mutter war krank geworden, und da mußten er und seine Frau in letzter Minute nach Florida. *(Beißt in sein Sandwich. Kaut).* Da sitze ich also an diesem Morgen in meiner Wohnung und bemitleide mich ein bißchen, und dann sehe ich Roger Goodwins Brieftasche auf einem Regal in der Küche liegen. Ich denke, was zum Teufel, warum nicht ausnahmsweise mal was Nettes tun, ziehe meinen Mantel an und mache mich auf den Weg, die Brieftasche persönlich zurückzugeben.
Schnitt: Schwarzweißfilm. Die Siedlung in Boerum Hill. AUGGIE, *dick eingemummt, streift zwischen den Häusern umher.*
AUGGIE *(im Off):* Die Adresse war in Boerum Hill, in irgendeiner der Siedlungen da. Es fror an diesem Tag, und ich weiß noch, daß ich mich auf der Suche nach dem richtigen Gebäude ein paarmal verlaufen habe. In dieser Gegend sieht alles gleich aus, man läuft immer durch dieselbe Straße und denkt, man wäre ganz woanders. Jedenfalls komme ich endlich zu der Wohnung, die ich suche, und drücke auf die Klingel ...
Man sieht AUGGIE *einen Flur entlanggehen: Graffiti an den Wänden. Er bleibt vor einer Tür stehen und drückt auf die Klingel.*
AUGGIE *(im Off):* Tut sich nichts. Ich nehme an, es ist niemand zu Hause, versuche es aber zur Sicherheit noch einmal. Ich warte ein bißchen länger, und grade als ich es aufgeben will, höre ich wen zur Tür schlurfen. Die Stimme einer alten Frau fragt, wer da ist, und ich sage, ich möchte zu Roger Goodwin. »Bist du das, Roger?« fragt die alte Frau, und dann schließt sie ungefähr fünfzehn Schlösser auf und öffnet die Tür ...
Man sieht eine sehr alte Schwarze – GRANNY ETHEL *– die Tür aufmachen. Sie lächelt verzückt und erwartungsvoll. Es ist zwar ein Stummfilm, aber man sieht* AUGGIE *und* GRANNY ETHEL *den Dialog sprechen, den* AUGGIE PAUL *wiedergibt.*
AUGGIE *(im Off):* Sie muß mindestens achtzig sein, vielleicht sogar neunzig, und als erstes fällt mir an ihr auf, daß sie blind ist. »Roger«, sagt sie, »ich wußte, du würdest deine Großmutter zu Weihnachten nicht vergessen.« Und dann breitet sie die Arme aus, als ob sie mich an sich drücken will.
Man sieht AUGGIE *kurz zögern. Während er den nächsten Abschnitt der Geschichte erzählt, sieht man ihn nachgeben, die Arme ausbreiten und Ethel umarmen. Die Umarmung wird etwas langsamer wiederholt; dann in Zeitlupe; dann in Superzeitlupe; und schließlich in so verlangsamtem Tempo, daß es wie eine Folge von Standfotos aussieht.*

AUGGIE *(im Off)*: Sie verstehen, ich hatte nicht viel Zeit zum Denken. Ich mußte ganz schnell etwas sagen, und ehe ich wußte, wie mir geschah, hörte ich die Worte aus meinem Mund kommen. »Ja, Großmutter«, sage ich. »Ich bin zurückgekommen, um dich an Weihnachten zu besuchen.« Fragen Sie mich nicht, warum ich das getan habe. Ich habe keine Ahnung. Es ist mir einfach so rausgerutscht, und plötzlich hat diese alte Frau mich vor ihrer Tür in die Arme genommen, und ich hab sie an mich gedrückt. Das war wie ein Spiel, für das wir beide uns entschieden hatten – ohne erst über die Regeln zu diskutieren. Ich meine, diese Frau hat gewußt, daß ich nicht ihr Enkel war. Sie war alt und klapprig, aber sie war nicht so weit weggetreten, daß sie den Unterschied zwischen einem Fremden und ihrem eigen Fleisch und Blut nicht erkannt hätte. Aber es hat sie glücklich gemacht, so zu tun, als ob, und da ich sowieso nichts Besseres zu tun hatte, habe ich gerne mitgespielt ...
AUGGIE *und* ETHEL *gehen in die Wohnung und nehmen im Wohnzimmer auf Sesseln Platz. Man sieht sie reden und lachen.*
AUGGIE *(im Off)*: Wir sind dann in die Wohnung gegangen und haben den Tag zusammen verbracht. Immer wenn sie mich gefragt hat, wie es mir geht, hab ich gelogen und ihr erzählt, ich hätte einen guten Job in einem Zigarrenladen gefunden, ich würde demnächst heiraten und hundert andere nette Geschichten, und sie hat so getan, als ob sie mir jedes Wort glauben würde. »Wie schön, Roger«, hat sie gesagt und lächelnd genickt. »Ich habe ja immer gewußt, daß du es zu etwas bringen würdest« ...
Die Kamera schwenkt langsam durch ETHELS *Wohnung und verweilt kurz auf verschiedenen Gegenständen. Unter anderem sieht man Porträts von Martin Luther King, John F. Kennedy, Familienfotos, Garnknäuel, Stricknadeln. Im Anschluß an diese Kamerafahrt sieht man* AUGGIE *wieder in die Wohnung kommen. Er hat den Mantel an und trägt eine große Tüte mit Lebensmitteln. Dazu hört man seine Stimme:*
AUGGIE *(im Off)*: Nach einer Weile kriegte ich ordentlich Hunger. Da nicht viel Essen im Haus zu sein schien, bin ich zu einem Laden in der Nähe gegangen und habe einen Haufen Zeug gekauft. Ein gekochtes Huhn, Gemüsesuppe, ein Eimerchen Kartoffelsalat, alles mögliche. Ethel hatte im Schlafzimmer ein paar Flaschen Wein versteckt, und so konnten wir ein ganz ordentliches Weihnachtsessen auf die Beine stellen ...
Man sieht AUGGIE *und* ETHEL *am Eßzimmertisch: sie essen, trinken, unterhalten sich.*
AUGGIE *(im Off)*: Der Wein hat uns ein bißchen angeheitert, das weiß ich noch, und nach dem Essen haben wir uns ins Wohnzimmer gesetzt, weil da die Sessel bequemer waren ...
Man sieht AUGGIE, *der* ETHEL *am Arm führt und ihr in einen Sessel hilft. Dann verläßt er das Wohnzimmer und geht zum Bad am Ende des Flurs.*
AUGGIE *(im Off)*: Ich mußte mal, also entschuldigte ich mich und ging durch den Flur ins Badezimmer. Dort nahmen die Dinge dann urplötzlich eine andere Wendung. Es war schon ziemlich irre, daß ich mich als Ethels Enkel ausgab, aber was ich dann tat, war wirklich verrückt, und ich hab's mir niemals verziehen ...
AUGGIE *im Badezimmer. Während er pinkelt, sehen wir die verpackten Kameras, genau wie er sie beschreibt:*
AUGGIE *(im Off)*: Ich komme also ins Bad, und an der Wand gleich neben der Dusche sehe ich sechs oder sieben Kameras aufgestapelt. Nagelneue 35-Millimeter-Kameras, noch in der Verpackung. Ich denke, das ist das Werk des echten Roger, ein Lagerplatz

für seine letzte Beute. Ich habe noch nie in meinem Leben ein Foto gemacht, und gestohlen habe ich auch noch nie etwas, aber kaum sehe ich diese Kameras im Badezimmer, beschließe ich, daß eine davon mir gehören soll. Einfach so. Und ohne eine Sekunde nachzudenken, klemme ich mir eine der Schachteln unter den Arm und gehe ins Wohnzimmer zurück.

Man sieht AUGGIE *mit der Kamera ins Wohnzimmer zurückkommen.* ETHEL *ist in ihrem Sessel eingeschlafen.* AUGGIE *legt die Kamera hin, räumt den Tisch ab und spült in der Küche das Geschirr.*

AUGGIE *(im Off):* Ich kann höchstens drei Minuten weg gewesen sein, aber in dieser Zeit war Granny Ethel eingeschlafen. Zuviel Chianti, nehme ich an. Ich habe dann in der Küche den Abwasch gemacht, und sie hat bei dem ganzen Lärm weitergeschlafen und geschnarcht wie ein Baby. Sie zu stören schien mir vollkommen überflüssig, also beschloß ich zu gehen. Ich konnte ihr noch nicht mal einen Brief zum Abschied schreiben, schließlich war sie ja blind, und so bin ich einfach gegangen. Die Brieftasche ihres Enkels legte ich auf den Tisch, dann nahm ich die Kamera und ging aus der Wohnung ...

Man sieht AUGGIE, *der sich über* ETHEL *beugt und sie weiterschlafen läßt. Er legt die Brieftasche auf den Tisch und nimmt die Kamera. Er verläßt die Wohnung. Man sieht die Tür zufallen.*

AUGGIE *(im Off):* Und damit ist die Geschichte aus.

Schnitt. PAULS *Gesicht.* PAUL *und* AUGGIE *sitzen am Tisch und verzehren die letzten Bissen ihrer Mahlzeit.*

PAUL: Haben Sie die Frau noch mal besucht?

AUGGIE: Einmal, etwa drei oder vier Monate danach. Ich hatte ein so schlechtes Gewissen wegen der Kamera, daß ich sie noch gar nicht benutzt hatte. Am Ende beschloß ich, sie ihr zurückzugeben, aber Ethel war nicht mehr da. Jemand anders war in die Wohnung eingezogen, und der konnte mir nicht sagen, wo sie steckte.

PAUL: Wahrscheinlich ist sie gestorben.

AUGGIE: Tja, wahrscheinlich.

PAUL: Das heißt, sie hat ihr letztes Weihnachten mit Ihnen verbracht.

AUGGIE: Anzunehmen. So hab ich das noch nie gesehen.

PAUL: Es war eine gute Tat, Auggie. Es war nett von Ihnen, ihr die Freude zu machen.

AUGGIE: Ich habe sie angelogen, und dann habe ich sie bestohlen. Verstehe nicht, wie Sie das eine gute Tat nennen können.

PAUL: Sie haben sie glücklich gemacht. Und die Kamera war sowieso gestohlen. Sie haben sie jedenfalls nicht demjenigen weggenommen, dem sie wirklich gehört hat.

AUGGIE: Alles für die Kunst, Paul, wie?

PAUL: So würde ich das nicht ausdrücken. Aber zumindest haben Sie die Kamera für einen guten Zweck verwendet.

AUGGIE: Und Sie haben jetzt Ihre Weihnachtsgeschichte, stimmt's?

PAUL *(Pause. Denkt nach):* Ja, ich glaube schon.

PAUL *sieht* AUGGIE *an. Ein boshaftes Lächeln zeigt sich auf* AUGGIES *Gesicht. Sein Blick ist so rätselhaft, seine Augen strahlen so hell in irgendeinem heimlichen Vergnügen, daß* PAUL *zu argwöhnen beginnt,* AUGGIE *habe die ganze Sache erfunden. Er will ihn schon fragen, ob er ihn vielleicht auf den Arm genommen habe – läßt es aber sein, da er weiß, daß* AUGGIE *das niemals zugeben würde.*

PAUL *lächelt.*
PAUL: Sie sind ein echtes Talent, Auggie. Wer eine gute Geschichte erfinden will, muß ganz genau wissen, was er tut. *(Pause).* Ich würde sagen, Sie sind ein richtiger Meister darin.
AUGGIE: Wie meinen Sie das?
PAUL: Ich meine, es ist eine gute Geschichte.
AUGGIE: Scheiße. Wenn man mit seinen Freunden keine Geheimnisse teilen kann, was ist man dann für ein Freund?
PAUL: Sehr richtig. Dann wäre das Leben einfach nicht lebenswert.
AUGGIE *lächelt noch immer.* PAUL *lächelt zurück.* AUGGIE *zündet sich eine Zigarette an;* PAUL *einen Zigarillo. Sie blasen, noch immer lächelnd, Rauch in die Luft.*
Die Kamera folgt dem Rauch bis an die Decke. Nahaufnahme des Rauchs. Drei bis vier Sekunden.
Die Leinwand wird schwarz. Musik. Abspann.

(aus: Paul Auster: Smoke/Blue in the Face. Zwei Filme. Übersetzung ins Deutsche von Werner Schmitz und Gerty Mohr. 4. Aufl. © 1995 by Rowohlt Taschenbuch Verlag GmbH, Reinbek bei Hamburg, S. 139–151.)

Material 9

Liedtext »Lullaby for Cain«
(Text: ANTHONY MINGHELLA, Musik: GABRIEL YARED)

Lullaby for Cain	Wiegenlied für Kain
From the silence	Aus dem Schweigen
from the night	aus der Nacht
comes a distant lullaby	klingt von fern ein Wiegenlied
Cry, remember that first cry	Weine, denk an jenen ersten Schrei
your brother standing by	dein Bruder stand dabei
and loved	geliebt
both loved	beide geliebt
beloved sons of mine	meine beiden geliebten Söhne
sing a lullaby	Sing ein Wiegenlied
mother is close by	Mutter ist bei dir
innocent eyes	unschuldige Augen, so
such innocent eyes	unschuldige Augen.
Envy stole your brother's life	Neid stahl deines Bruders Leben
came home murdered peace of mind	tötete den Seelenfrieden
left you nightmares on the pillow	legte böse Träume dir aufs Kissen
sleep now	schlaf jetzt ein
Soul, surrendering your soul	Ach, die Seele hinzugeben
the heart of you not whole	Stückwerk ist dein Herz
for love	der Liebe wegen
but love	nur der Liebe wegen
what toll	welcher Preis

Cast into the dark	Ins Dunkel verbannt
branded with the mark	das Schandmal eingebrannt
of shame	das Zeichen
of Cain	Kains
From the gardens of God's light	Vom Garten, dem Gott Licht gebracht
to a wilderness of night	in die Wildnisse der Nacht
sleep now	schlaf nun
sleep now.	schlaf.

(aus: Anthony Minghella: Der talentierte Mr. Ripley. Drehbuch mit zahlreichen Filmfotos sowie einem Vorwort. Nach dem Roman von Patricia Highsmith. Übersetzt von Christa E. Seibicke und Sebastian Wohlfeil. © 2000 Diogenes Verlag AG Zürich, S. 159.)

Auszug aus einem Interview mit EGON GÜNTHER zu seinem Film »Die Leiden des jungen Werthers«

Material 10

Frage: Was hat sie an diesem Roman Goethes gereizt, ihn für eine Verfilmung zu wählen?

Egon Günther: Goethes »Werther«, man las ihn irgendwann, machte mich beim Wiederlesen nach 20 Jahren betroffen. Die Sprache, die deutschen Zustände. Und was einen jungen Mann dieses Kalibers zur Strecke bringt, wollte ich wissen. Was einen umbringen kann. Bekäme man es heraus, man könnte besser auf Abhilfe sinnen. Die Bitte um Nachsicht ist in dem Film mit eingebracht und die Bitte, es für sich selber zu bedenken.

Frage: Was waren die wichtigsten Prinzipien bei der Realisierung?

Egon Günther: Nicht Werktreue, die gibt es nicht. Kein allzu großes Interesse an Literatur-Verfilmung, etwa ins Bild setzen, weil es keiner liest, oder weil viele es gelesen haben. Beim 25. Mal Durchlesen des Textes fällt einem auf, spätestens, was man schon lange weiß: unzählige Varianten sind möglich. Da hier Sprache gleich Inhalt zu sein scheint, müsste man alles bringen, jedes Wort. Sich bescheiden oder sogar Behaupten der subjektiven Sicht. Von jetzt aus, von mir aus. Dem stärker werdenden Wunsch begegnen, das Ganze nun endlich hinüberzureißen ins Jetzt, alles hinzuhauen und einen Gegenwartsfilm zu drehen, einen, der ohne den »Werther« als Ergebnis nicht denkbar sei. Suchen nach Montage als Ausdrucksmittel. Immer wieder die Betroffenheit abwehren, dass das alles einen so angeht. Versuchen dies zu zeigen. Kühl bleiben. Als ob man mit jemand, der einen gern hat, über schwere Erlebnisse redet. Ruhig bleiben.

(aus: ARD Fernsehspiel. Juli/August/September 1977, S. 72 f.)

OLIVER SCHÜTTE: **Drehbuchentwicklung**

Material 11

Die Idee

Grundlage der meisten Filme ist ein ausformuliertes Drehbuch. Nur wenige Filme kommen ohne diese Vorlage aus. Und wenn das Drehbuch quasi während der Dreharbeiten entsteht, dann existiert doch zumeist wenigstens eine kurze, schriftlich fixierte Idee – wie zum Beispiel bei IM LAUF DER ZEIT (R: Wim Wenders, D 1975). Denn wer einen Film drehen will, braucht zumindest erst einmal eine Idee. Professionelle Drehbuchautoren sind darauf angewiesen, ständig neue Einfälle zu produzieren. Darum haben sich einige ein Archiv angelegt, in dem sie ihre Ideen sammeln. Meist braucht es nicht mehr als fünf Sätze, um einen Einfall zu beschreiben. Andere Autoren sammeln Zeitungsausschnitte von kleinen Begebenheiten, die sie fasziniert haben und die eine eigenständige Geschichte ergeben oder Teil eines Drehbuchs werden könnten. Ideen entstehen aber auch durch Beobachtung. Deshalb sollte jeder Drehbuchautor offen dafür sein, auch in der näheren Umgebung fündig zu werden. Regeln oder Einschränkungen für Ideen kann es nicht geben. Sicherlich sind einige filmtauglicher als andere, aber grundsätzlich kann jede Idee den Impuls für einen Film abgeben. [...] Wer ein Drehbuch schreibt, sollte nicht anfangen, ohne zuvor wenigstens einen groben Ablauf der Geschichte im Kopf zu haben. Für den weiteren Prozess der Drehbuchentwicklung haben sich in der Praxis verschiedene aufeinander aufbauende Zwischenstadien etabliert, die aber nicht unbedingt in dieser Reihenfolge absolviert werden müssen.

Das Exposé
Die Basis eines Drehbuchs ist in Europa meist ein Exposé. Es umfasst in der Regel nicht mehr als fünf bis sieben Seiten und gibt einen ersten Einblick in die Handlung und die Figuren. Das Exposé ist ein Prosatext, der ohne Dialoge auskommt und fast ausschließlich in der dritten Person Singular erzählt wird. Meist geht es darum, eine Idee zu Papier zu bringen, die zentralen Figuren zu beschreiben und die Handlung zusammenzufassen. Aus dem Text sollte klar werden, wer die Hauptfigur der Geschichte ist und um welches Genre es sich handelt. Es werden nicht alle Teile der Haupthandlung und nicht alle Nebenhandlungen und -figuren ausgeführt, aber der eigentliche Konflikt muss deutlich werden. [...]
Schon beim Exposé ist die richtige Wahl des Titels von entscheidender Bedeutung. Der Titel soll schließlich Neugier erwecken und den Wunsch wachrufen, das Papier zu lesen. Doch der Titel sollte auch das »richtige« Versprechen geben. Es macht keinen Sinn, seinem Werk einen reißerischen Titel zu verpassen, wenn die Geschichte die Erwartungen nicht erfüllen kann.

Das Treatment
Ein Treatment, als Schritt in der Entwicklung eines Spielfilmdrehbuchs, umfasst in der Regel zehn bis zwanzig Seiten. In der Praxis unterscheidet man zwischen einem Text, der dazu dienen soll, eine Geschichte zu verkaufen, und einem Arbeitspapier, das im Auftrag eines Produzenten geschrieben wird. Das Verkaufspapier soll einen Produzenten, Redakteur oder Förderer von der Geschichte überzeugen. Darum sind diese Texte in einer Prosa geschrieben, die im besten Fall literarische Qualitäten besitzt. Als Erzählform wird im Treatment wie im Exposé, aber auch im Drehbuch Präsens und Aktiv gewählt, um die Geschichte in einer möglichst lebendigen Sprache vor dem geistigen Auge des Lesers entstehen zu lassen.
Das Treatment enthält in den seltensten Fällen Dialoge. Im Unterschied zum Exposé sollte es jedoch die gesamte Haupthandlung und alle Nebenhandlungen beinhalten. Der Text muss dem Ablauf des geplanten Films entsprechen und alle Teile der Handlung mit dem gleichen Gewicht beschreiben. Eine zu genaue Ausformulierung einzelner Szenen in allen Details ist nicht anzuraten. Informationen, die nur der Zuschauer erhält und nicht die handelnden Figuren, sogenannte Enthüllungen, sind in jenem

Moment zu geben, in dem sie auch im Film vorgesehen sind. Das Treatment, das in diesem Stadium ein Präsentationstext ist, sollte die Wirkung erzeugen, die auch der Film beabsichtigt. Der Leser muss die Figuren und die Geschichte verstehen. Deshalb hat aus einem Treatment eindeutig hervorzugehen, wer die Hauptfigur ist (oder dass es sich um einen Ensemblefilm etc. handelt). Im Unterschied zum Drehbuch ist in einem Treatment noch die Innensicht in die Figuren möglich, Gedanken und Gefühle können also direkt beschrieben werden. Vor dem Schreiben eines Treatments müssen also eine Reihe wichtiger Entscheidungen schon getroffen sein. […]
Das Schreiben eines Treatments (oder eines Exposés) erfüllt neben dem wichtigen Verkaufsaspekt den weiteren Zweck, dass sich der Autor selbst über seine Geschichte mehr Klarheit verschafft. Darum schreiben viele Autoren Exposés und Treatments auch dann, wenn es ihnen nicht um das Verkaufen geht. Es spart viel Mühe und Arbeit, erst einmal ein Treatment auszuarbeiten, bevor ein ganzes Drehbuch geschrieben wird.

Das Drehbuch

Umfang und Form des Drehbuchs unterscheiden sich deutlich vom Treatment oder vom Exposé. Das Drehbuch umfasst in der Regel 100 bis 120 Seiten. Eine Faustregel besagt, dass eine Drehbuchseite eine Minute des fertigen Films ausmacht, man geht also davon aus, dass ein 120-seitiges Drehbuch zu einem Film führt, der zwei Stunden lang ist.
In Deutschland wurden Drehbücher bis in die 80er-Jahre in zwei Spalten geschrieben: Links die Regieanweisungen und rechts die Dialoge. Erst in den 80er-Jahren wurde auch hier das amerikanische Format mit einem einspaltigen Fließtext Standard.
Das Drehbuch enthält alle Schauplätze, alle Handlungsanweisungen und alle Dialoge. Jede Szene (in manchen älteren Drehbüchern wird statt »Szene« der Begriff »Bild« verwendet) wird durch eine Überschrift markiert, die die Szenennummer und den Handlungsort enthält. Ebenso wird vermerkt, ob die Szene außen oder innen spielt (manchmal abgekürzt durch »A« und »I«) und ob sie am Tag oder in der Nacht stattfindet (»T« und »N«). Die darauf folgenden Regieanweisungen schließen die Beschreibung von Handlungen, Schauplätzen, Figuren und Requisiten mit ein. […]

> (aus: Schütte, Oliver: Spielfilm: Drehbuch. In: Schleicher, Harald/Urban, Alexander (Hg.): Filme machen. Technik, Gestaltung, Kunst – klassisch und digital. Frankfurt/M.: Zweitausendeins 2005, S. 261–291, hier: 266–272.)

Eric Rohmer: Anmerkungen zur Inszenierung

Material 12

Dem Kleist'schen Text Wort für Wort zu folgen, war das leitende Prinzip unserer Verfilmung. Am liebsten würden wir bei dieser Arbeit an einem klassischen Text die vergangene Welt mit der gleichen Detailtreue zeichnen wie wir es in unseren MORALISCHEN ERZÄHLUNGEN hinsichtlich der Welt von heute versucht haben. Zweifellos kann eine solche Wiederherstellung niemals absolut getreu sein. Unser Versuch ist kein wissenschaftlicher. Aber vielleicht ist es möglich, durch die filmische Übersetzung Sitten und Empfindungen einer vergangenen Epoche besser zu erfassen. Ein Werk verjüngen heißt nach unserer Meinung nicht, es zu modernisieren, sondern es in seine Zeit zu stellen.
Es ist durchaus denkbar, dass in bestimmten Fällen eine filmische Inszenierung das klassische Werk vom Firnis, mit dem das Alter es überzogen hat, befreien kann und

ihm – gleichsam wie das Restaurieren von Gemälden in den Museen – seine echten Farben wiedergibt.
In diesem Fall zeigt es sich, dass die Novelle D*IE* M*ARQUISE VON* O... nicht nur das ›Sujet‹ für einen eineinhalbstündigen Film abgibt, sondern schon ein echtes ›Drehbuch‹ ist, auf das sich die Regiearbeit ohne Vermittlung einer sogenannten ›Bearbeitung‹ direkt stützen kann. Das Werk, das ganz für sich steht und nur zur einmaligen Lektüre bestimmt ist, fordert jene Anstrengung der Vorstellungskraft oder genauer: der Vergegenwärtigung, die auch vom Leser eines Theaterstücks gefordert wird. Es verlangt nach Fortsetzungen, die in diesem Fall nicht mehr auf der Bühne stattfinden, sondern auf der Leinwand. Die filmische Übersetzung gelingt hier gleichsam wie von selbst und ist nicht, wie so oft, ein Kampf gegen eine widerstrebende Materie.
Erstens, weil die Dialoge des künftigen Films schon vollständig ausgearbeitet sind in einer Form, die gänzlich untheatralisch ist, die, wie wir meinen, glatt ›über die Leinwand gehen‹ müssten; weil die Dialoge in direkter Rede stehen oder, in indirekter Rede geschrieben, äußerst leicht umzusetzen sind.
Zweitens, weil sich der Erzähler jegliche Andeutung der inneren Vorgänge seiner Helden versagt. Alles ist von außen her beschrieben und mit der gleichen Ungerührtheit betrachtet wie durch das Objektiv einer Kamera. Die Beweggründe der Personen lassen sich nur durch die Beschreibung ihres Verhaltens hindurch erahnen. Der Film ist hier also der Erzählung gegenüber nicht im Nachteil, da sie ja gerade ihre Möglichkeit zur Introspektion an keiner Stelle wahrnimmt.
Drittens, weil Kleist uns mit äußerster Präzision, besser als der gewissenhafteste Drehbuchautor, über die Gewohnheiten, Bewegungen, Äußerungen seiner Helden Auskunft gibt. In jedem Augenblick wissen wir, ob eine Figur steht, sitzt oder auf den Knien liegt, ob sie ihren Partner umarmt oder ihm die Hand reicht, ... ob sie ihn anschaut oder den Blick abwendet. Wäre jede Zeile des Textes mit einem Stich illustriert, könnte dieser nicht besser unsere Vorstellungskraft ansprechen. Beweis sei diese Passage, eine unter hunderten:»Sie sah, über und über rot, ihre Mutter, und diese, mit Verlegenheit, den Sohn und den Vater an; während der Graf vor die Marquise trat, und in dem er ihre Hand nahm, als ob er sie küssen wollte, wiederholte: Ob sie ihn verstanden hätte? Der Kommandant sagte: Ob er nicht Platz nehmen wolle; und setzte ihm, auf eine verbindliche, obschon etwas ernsthafte, Art einen Stuhl hin ... Der Graf setzte sich, indem er die Hand der Dame fahren ließ, nieder.«
Wir haben uns vorgenommen, diesen Angaben Schritt für Schritt zu folgen, auch wenn uns solche Gefühlsäußerungen zuweilen übertrieben erscheinen verglichen mit unseren heutigen Umgangsformen. Aber sie stimmen mit dem Geschehen, von dem berichtet wird, überein. Sie deuten es, wie dieses seinerseits jene deutet und rechtfertigt.
Die Wahrscheinlichkeit des einen beruht auf der der anderen und umgekehrt. Jede Veränderung der einen oder anderen Seite setzt die Stabilität des Bauwerks aufs Spiel. Nicht die Sitten allein, sondern vor allem die Umgangsformen der Epoche machen eine Geschichte glaubhaft, die sich nur in einer Welt ereignen kann, in der die Aufwallung der Gefühle und die Übertreibung ihres Ausdrucks sich mit der Starrheit der gesellschaftlichen Regeln verbinden.
Nach dem ersten Drittel der Erzählung erreicht die Gemütsbewegung ihren Höhepunkt und die Spannung wird bis zum Schluss nicht mehr nachlassen. Fortwährend sind die Personen den heftigsten Aufwallungen ausgeliefert, die sie durch die ver-

schiedensten Gesten und Verhaltensweisen zum Ausdruck bringen. Sie fallen einander in die Arme oder voreinander auf die Knie, sie weinen, sie lachen krampfhaft, sie erröten, sie erbleichen bis zur Ohnmacht. Jede Buchseite ist in Ströme von Tränen getaucht, die durchaus nicht metaphorisch sind. Wir erleben eine echte Comédie larmoyante, im wahrsten Sinne des Wortes, die genau das Gegenteil von einem sentimentalen Drama ist. Wenn die Figuren weinen, hat der Leser selbst trockene Augen. Er empfindet nicht Mitleid, sondern eine gewisse, bald ins Tragische, bald ins Komische gewendete Ironie, die sich hier weniger angesichts der Unversöhnlichkeit des Schicksals einstellt (wie in anderen Erzählungen oder Stücken Kleists), als vielmehr angesichts der ausweglosen Logik und der Absurdität, die in das Bauwerk der natürlichen und gesellschaftlichen Gesetze einbricht.

Aus diesem Grund darf das Spiel der Akteure nicht pathetisch werden, sondern es muss natürlich bleiben, d.h. eine Natürlichkeit, die es nach heutigen Normen nicht mehr gibt, die es aber nichtsdestoweniger gegeben hat. Deshalb haben wir auch jeglichen Parodiecharakter vermieden. Wenn es etwas zu lachen gibt, so aus einem anderen Grund: es liegt an der Distanz, mit der Kleist seine Geschichte erzählt, und die wir vollständig gewahrt sehen wollen ohne künstliche Erweiterung oder Verkürzung. Wir unterstreichen die komische Absicht in einer Passage, die der Autor komisch gemeint hat und hoffen, dass dadurch das höhnische Gelächter des Zuschauers entschärft wird, das ihn ohnehin überkommen könnte angesichts der veralteten Ausdrucksformen der Worte, Gesten und der Mimik. Möglicherweise balancieren wir auf dem Drahtseil; aber Kleist tut das Gleiche, und das ist gerade die Schwierigkeit bei diesem Unternehmen, die – im gleichen Maße wie seine oben erwähnte leichte Umsetzbarkeit – unser Interesse als Filmemacher auf dieses Werk gelenkt hat.

Und noch etwas: Es mag befremdlich sein, dass wir uns gegen unsere erklärte Absicht, so nah wie möglich am Text zu bleiben, die Freiheit genommen haben, die Umstände der Vergewaltigung der Heldin zu verändern: Sie wird nicht in Ohnmacht, sondern im Schlaf vergewaltigt. In der Tat schien uns eine einfache kinematographische Ellipse nur mit äußerster Behutsamkeit jene drei berühmten Pünktchen belegen zu können, die hier die Erzählung unterbrechen. Im Unterschied zum Leser der Erzählung, dessen Vorstellungskraft wendiger und dessen Denkvermögen abstrakter ist, muss der Filmzuschauer diese leeren Bilder ausstatten, die nicht zu jenen passen, die ihm vorher oder nachher gezeigt werden. Unsere Lösung wird hoffentlich vermeiden, dass man sich während des Films Fragen nach dem ›Wie‹ der Sache stellt, die vom eigentlichen Gegenstand ablenken würden. Und damit diese mehr beachtet wird – ebenso wie die Freiheit, die Kleist allen psychologischen Interpretationen einräumt, haben wir diese Veränderung am Anfang vorgenommen. Sonst hätte die Gefahr bestanden, dass die Marquise wie eine Verrückte oder eine Heuchlerin erschienen wäre, und ihre Gestalt hätte dadurch an Leidenschaft und Tiefe verloren. Dieser kleine Eingriff macht beides möglich: den außergewöhnlichen Charakter der Geschichte und ihre Glaubwürdigkeit zu wahren.

(aus: Eric Rohmer: Anmerkungen zur Inszenierung. In: Berthel, Werner (Hg.):
Die Marquise von O … Frankfurt/M.: Insel 1979, S. 111–114.
© Insel Verlag Frankfurt am Main und Leipzig 1979.)

Material 13 — Intermediale Bezüge zwischen »Nachtmahr« und »Die Marquise von O...«

JOHANN HEINRICH FÜSSLI: *NACHTMAHR* 1781, Öl auf Leinwand, 101,6 x 127 cm. Detroit (Michigan), Institute of Fine Arts.
(akg-images)

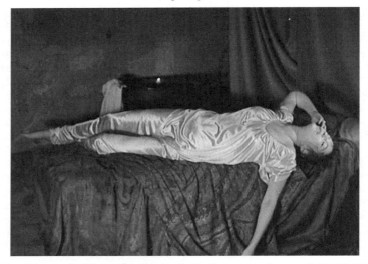

Aktualisierung des FÜSSLI-Gemäldes in der Verfilmung von ROHMER (MR 0:09:10)
(aus: The Yorck Project: 10.000 Meisterwerke der Malerei. Ausgewählt von Ines Borchart Berlin: Digitale Bibliothek 2001, S. 3899; Screenshot aus der DVD »Die Marquise von O...« (MR).)

Prolog aus »Der Prozess«
(Text: ORSON WELLES: Prolog aus »Der Prozess«. Nach FRANZ KAFKA, Bilder: ALEXANDRE ALEXEIEFF, CLAIRE PARKER)

Material 14

Textfassung:
Vor dem Gesetz steht eine Wache. Ein Mann kommt vom Lande, sucht Einlass beim Gesetz. Aber der Wächter darf ihn nicht einlassen. Kann der Mann hoffen, zu einer anderen Zeit eingelassen zu werden? »Das ist möglich«, sagt der Wächter. Der Mann versucht, durch das Tor zu schauen. Man hatte ihn gelehrt, dass jeder Mensch die Gerechtigkeit in Anspruch nehmen könne. »Versuche nicht, ohne meine Erlaubnis einzudringen!«, sagt der Wächter. »Ich bin sehr mächtig, obwohl ich der geringste der Wächter bin. Von Saal zu Saal von Tor zu Tor hat jeder Wächter mehr Macht als der vorhergehende.« Mit Erlaubnis des Wächters setzt sich der Mann neben dem Tor nieder und dort wartet er. Jahre lang wartet er. Alles, was er besitzt, gibt er dem Wächter, in der Hoffnung, ihn zu bestechen. Und immer bekommt er die gleiche Antwort: »Ich nehme das, was du mir gibst, nur an, damit du nicht das Gefühl hast, etwas versäumt zu haben.« Wie er so Jahre lang am Eingang wartet, lernt er sogar die Flöhe im Pelz des Wächters kennen. Und wie er im Alter kindisch wird, bittet er sogar diese Flöhe, ihm zu helfen, den Wächter zu beschwören, er möge anderen Sinnes werden und ihm den Einlass gewähren. Obwohl sein Augenlicht im Alter trübe geworden war, fühlt er durch die Dunkelheit ein Strahlen aus dem Tor des Gesetzes. Und nun, vor seinem Tode, lassen sich seine ganzen Erfahrungen in eine Frage zusammenfassen. Er bittet den Wächter, sich zu ihm zu beugen. »Du bist unersättlich!«, sagt der Wächter, »Was willst du schon wieder?«. »Jeder Mensch bemüht sich, das Gesetz zu erlangen. Wieso ist es dann, dass in den vielen Jahren noch kein anderer hierher gekommen ist, um Einlass zu begehren?« Sein Gehör ist schwach geworden, also brüllt der Wächter ihm ins Ohr: »Kein anderer als du hätte je eingelassen werden können. Kein anderer als du hätte je durch dieses Tor gehen können. Dieses Tor war nur für dich bestimmt. Und jetzt werde ich es schließen.«

(aus: DVD »The Trial«, deutsche Fernsehfassung, arte-Ausstrahlung am 26.1.2007)

ORSON WELLES: Interview der BBC aus dem Jahre 1962, geführt von HUW WHELDON   Material 15

WHELDON: Ihr Film, DER PROZESS, basiert auf FRANZ KAFKAS überwältigendem Roman.
WELLES: Ja, ich schätze man könnte das so sagen, auch, wenn es nicht notwendigerweise richtig ist. Generell habe ich versucht KAFKAS Roman im meinem Film gerecht zu werden, aber es gibt einige wichtige Punkte, die nicht mit dem Roman übereinstimmen. Als erstes verschlechtert sich der Charakter Josef K.'s im Film nicht und er gibt am Ende schon gar nicht auf.
WHELDON: Aber im Buch gibt er auf, er wird ermordet.
WELLES: Ja, am Ende wird er umgebracht. Auch im Film wird er ermordet, aber weil ich Angst habe, dass K. vom Publikum als ein Jedermann gesehen wird, habe ich es gewagt, das Ende soweit zu ändern, dass er nicht aufgibt. Er wird ermordet, wie jeder ermordet wird, der hingerichtet wird, aber im Buch schreit er »Wie einen Hund, wie einen Hund töten Sie mich!«, in meiner Version lacht er ihnen ins Gesicht, weil sie nicht fähig sind, ihn zu töten.
WHELDON: Das ist eine große Chance.
WELLES: Nicht so groß, weil sie in Wahrheit auch bei KAFKA unfähig sind, K. zu töten. Als die beiden Wächter weggeschickt werden, um K. auf einem Feld zu ermorden, können sie es nicht wirklich tun. Das Messer wird die ganze Zeit zwischen den beiden hin und hergereicht. Im Roman weigert sich K., in seinen eigenen Mord einzugreifen, so bleibt es und er stirbt mit einer Art Winseln. Jetzt, im Film habe ich das Winseln lediglich durch einen Knall ersetzt.
WHELDON: Haben Sie je darüber nachgedacht, den Film damit zu beenden, dass die zwei Wächter K. mit dem Messer erstechen?
WELLES: Nein. Für mich ist dieses Ende ein von einem jüdischen Intellektuellen geschriebenes Ballett, bevor Hitler auf den Plan trat. KAFKA hätte das nicht mehr geschrieben nach dem Tod von sechs Millionen Juden. Das sieht für mich alles ziemlich »Vor-Auschwitz« aus. Ich meine nicht, dass mein Ende ein besonders gutes ist, aber es war die einzig mögliche Lösung. Ich musste den vorgeschriebenen Weg verlassen, wenn auch nur für wenige Augenblicke.
WHELDON: Haben Sie irgendwelche Gewissensbisse, ein Meisterwerk zu ändern?
WELLES: Gar nicht, weil Film ein ganz anderes Medium ist. Film sollte nicht eine voll illustrierte, alles sagende, alles bewegende Version eines Buches sein, aber er sollte er selbst sein, eine eigene Sache. Auf diese Weise nutzt der Film einen Roman genauso, wie ein Theaterstück einen Roman nutzen würde – als einen Ausgangspunkt, von dem aus man eine völlig neue Arbeit kreiert. Also nein, ich habe keine Gewissensbisse, einen Roman zu verändern. Wenn Sie sich das Filmemachen genau ansehen, müssen Sie berücksichtigen, dass Filme keine Umsetzungen oder Interpretationen einer Arbeit sind, sondern, dass sie genauso einzigartig sind, wie das Original.
WHELDON: Also ist es kein Film von einem Buch, sondern ein Film, der auf einem Buch basiert?
WELLES: Er basiert noch nicht einmal darauf. Es ist ein vom Buch inspirierter Film, bei dem KAFKA mein Mitarbeiter und Partner ist. Das mag sich hochtrabend anhören, aber dieser Film bleibt, bei aller Achtung, ein WELLES Film, obwohl ich versucht habe, treu zu sein zu dem, was ich als KAFKAS Seele empfinde. Der Roman wurde in den frühen 20ern geschrieben; wir haben den Film 1962 gemacht, und ich habe

versucht ihn zu meinem Film zu machen, weil ich denke, dass er mehr Stärke hat, wenn er meiner ist.

WHELDON: Es gab viele unterschiedliche Interpretationen vom PROZESS. Viele Menschen sagen, dass er eine Allegorie auf das gegen die Autorität handelnde Individuum sei, andere sagen, er sei symbolisch für einen Mann, der gegen das unversöhnliche Böse kämpfe, und so weiter. Haben Sie sich für Ihren Film mit irgendwelchen dieser Interpretationen beschäftigt?

WELLES: Ich denke ein Film, beziehungsweise ein guter Film sollte so viele Interpretationen zulassen, wie ein gutes Buch, und ich glaube, dass der kreative Künstler solche Fragen individuell beantworten sollte, also entschuldigen Sie, dass ich diese Frage nicht beantworte. Sie sollten besser gehen und sich den Film ansehen, der für sich selbst sprechen sollte und muss. Ich würde es bevorzugen, wenn Sie ihre eigene Interpretation von dem, was Sie denken, machen würden!

WHELDON: Ich war nicht überrascht, als ich hörte, dass Sie den PROZESS machen, weil es scheint, dass die Prozedur, einfache Erlebnisse mit Intonation und Obertönen zu beleben, Teil Ihrer Talente als Filmemacher ist. Denken Sie WELLES und KAFKA passen in dieser Beziehung gut zusammen?

WELLES: Es ist lustig, dass Sie das sagen, weil ich überrascht war, als ich hörte, dass ich den PROZESS machen sollte. Was mich überraschte war, dass er überhaupt gemacht wurde. Er ist ein teurer, großer Film. In der Tat gab es vor fünf Jahren noch niemanden, der ihn machen konnte, keinen, der daran gedacht haben könnte, Vertriebe oder Helfer oder irgendwer sonst, könnte ihn machen. Aber die Welt hat sich in letzter Zeit verändert. Es gibt einen neuen Moment im Filmemachen. Und ich meine damit nicht, dass wir bessere Filmemacher sind, sondern dass das Verleihsystem ein wenig eingebrochen ist und dass die Öffentlichkeit offener, fertiger für schwerere Themen ist. Was also bemerkenswert ist, ist dass DER PROZESS von allen getragen wurde! Es ist ein avantgardistischer Film. [...]

(Übersetzung: Sarah Holtkamp)

Der vollständige englische Originaltext des Interviews findet sich unter http://www.wellesnet.com/trial%20bbc%20interview.htm [26.1.09]

(aus: http://www.theater-oberhausen.de)

Material 16

Lachen über den »Prozess«

Max Brod über eine Lesung von Franz Kafka

So zum Beispiel lachten wir Freunde ganz unbändig, als er uns das erste Kapitel des Prozeß zu Gehör brachte. Und er selbst lachte so sehr, daß er weilchenweise nicht weiterlesen konnte. – Erstaunlich genug, wenn man den fürchterlichen Ernst dieses Kapitels bedenkt. Aber es war so.

Orson Welles (OW) in einem Interview mit Peter Bogdanovich (PB):

PB: Man kann eben nicht sagen »Kommt laßt uns heute abend THE TRIAL sehen und uns amüsieren«.

OW: Es sei denn, du siehst den Film so wie ich. Ich muß doch sagen, daß es einige Passagen darin gibt, von denen ich erwartet hätte, daß sie mehr Freude bereiten, als sie es offenbar tun. Ich dachte, alles, was mit dem Advokaten und seiner Kanzlei und dem Mädchen und Tamiroff [dem Darsteller des Bloch] zu tun hat, sei vergnüglich und komisch.

PB: Doch, man kann sich amüsieren.

OW: Ich finde es komisch. Ich muß die ganze Zeit über lachen. Wir grölten förmlich, als wir es drehten – du kannst dir das hysterische Gelächter während des Drehens nicht vorstellen. Jede Kleinigkeit hat großes Gelächter ausgelöst. Das war die einzige Möglichkeit für uns, nicht durchzudrehen. Ich denke immer noch an diese Szenen und muß heute noch darüber lachen.

(aus: Max Brod: Über Franz Kafka. Frankfurt/M.: S. Fischer 1966, S. 188; Orson Welles/Peter Bogdanovich: Hier spricht Orson Welles. Weinheim: Beltz Quadriga 1994, S. 446 f.)

Internet Movie Database (IMDb): **Best »Kafka Esque« Titles**

Material 17

1 THE PRISONER (TV-Serie, GB 1967–1968, R.: George Markstein & Patrick McGoohan, 50 Episoden à 50 Min.)
2 OLDBOY (Südkorea 2003, R.: Chan-wook Park, 120 Min.)
3 BRAZIL (GB 1985, R.: Terry Gilliam, 132 Min.)
4 ERMITTLUNGEN GEGEN EINEN ÜBER JEDEN VERDACHT ERHABENEN BÜRGER (INDAGINE SU UN CITTADINO AL DI SOPRA DI OGNI SOSPETTO, I 1970, R.: Elio Petri, 112 Min.)
5 DER PROZESS (LE PROCÈS, F/I/BRD/Jugoslawien 1962, R.: Orson Welles, 118 Min.)
6 DER MIETER (LE LOCATAIRE, F 1976, R.: Roman Polanski, 126 Min.)
7 DEAD MAN (USA/D/Japan 1995, R.: Jim Jarmusch, 121 Min.)
8 DARK CITY (Aus/USA 1998, R.: Alex Proyas, 100 Min.)
9 MONSIEUR KLEIN (MR. KLEIN, F/I 1976, R.: Joseph Losey, 123 Min.)
10 AFTER HOURS – DIE ZEIT NACH MITTERNACHT (USA 1985, R.: Martin Scorsese, 97 Min.)
11 CUBE (GB/D 1997, R.: Vincenzo Natali, 90 Min.)
12 JACOB'S LADDER – IN DER GEWALT DES JENSEITS (USA 1990, R.: Adrian Lyne, 115 Min.)
13 FAUST (Tschechien/F/GB 1994, R.: Jan Svankmajer, 97 Min.)
14 POSTAVA K PODPÍRÁNÍ (Kurzfilm, Tschecheslowakei 1963, R.: Pavel Juráček & Jan Schmidt, 38 Min.)
15 DER KREIS (DAYEREH, Iran/CH/I 2000, R.: Jafar Panahi, 90 Min.)
16 CYPHER (USA 2002, R.: Vincenzo Natali, 95 Min.)
17 KAFKA (F/USA 1991, R.: Steven Soderbergh, 98 Min.)
18 NAKED LUNCH (Can/GB/Japan 1991, R.: David Cronenberg, 115 Min.)
19 INSTITUT BENJAMENTA ODER DIESER TRAUM, DEN MAN MENSCHLICHES LEBEN NENNT (INSTITUTE BENJAMENTA, OR THIS DREAM PEOPLE CALL HUMAN LIFE, GB/Japan/D 1995, R.: Stephen Quay & Timothy Quay, 104 Min.)
20 DAS SCHLOSS (D/A 1997, R.: Michael Haneke, 123 Min.)

Die komplette Liste mit 41 Titeln findet sich unter http://www.imdb.com/keyword/kafka-esque/
(31.1.09)

Material 18

Filmkritik zu »Das Parfum«

MICHAEL ALTHEN

Ich will doch nur, dass ihr mich liebt – Tom Tykwer entlockt Patrick Süskinds »Parfum« in atemberaubenden Bildern einen ganz eigenen Duft

Wenn man fragt, woran sich die Leute erinnern, wenn sie an Süskinds »Parfum« denken, dann fällt ihnen als erstes die Beschwörung des Gestanks im Paris des 18. Jahrhunderts ein, dann die anschaulichen Beschreibungen der verschiedenen Arten der Duftgewinnung und dazu womöglich noch die Orgie am Schluß, bei der alle enthemmt übereinander herfallen. Wenig ist die Rede davon, daß es sich um einen Serienmörder handelt, und schon gar nicht, daß es sich bei dem Mann um eine Leerstelle handelt, ein seelenloses Monster, das sich kaum je seiner selbst bewußt ist und zwischen zwei Kräften gefangen ist: animalische Verkörperung des Geruchssinns einerseits, artistisches Ringen um die Perfektion der Duftgewinnung andererseits.

Daß das Vakuum, das Jean-Baptiste Grenouille darstellt, ein Schlund ist, der im Kino den Stoff verschlingen könnte, ahnten auch Produzent Bernd Eichinger, der hinter dem »Parfum« jahrelang her war (F.A.Z. vom 29. August), und sein »idealer Regisseur« Tom Tykwer. Identifikation ist zwar nicht alles im Kino, aber es war klar, daß es um mehr gehen müßte als nur einen Serienmörder, der seiner schönen Kunst grausige Opfer darbringt. Wenn man so will, dann mußten sie hinter seinem blutigen Weg den verzweifelten Aufschrei hörbar machen: »Ich will doch nur, daß ihr mich liebt!«

Dazu mußten sie die Temperatur des Romans ein paar Grad hochfahren und ein Gesicht finden, dem man das Genie genauso zutraut wie den Wahnsinn. Und sie fanden auf einer Londoner Bühne Ben Whishaw, der die geduckte Kreatur genauso spielen kann wie die Arroganz des Bösen, der auf häßliche Weise schön ist und auf anrührende Art tumb. Er füllt das Vakuum aus und bleibt doch ein unbeschriebenes Blatt.

In einem Gerangel ohnegleichen um die ersten Plätze im Meinungsstreit wurde dem Film schon Wochen vor dem Start vorgeworfen, er rücke dauernd die Nase des Helden ins Bild. Das ist in etwa so, als wolle man einem Porno vorwerfen, er zeige dauernd Geschlechtsteile. Darum geht es doch, und die stets behende und lyrische Kamera von Frank Griebe fährt natürlich immer wieder darauf zu, läßt sich geradezu aufsaugen, um sich dann davontragen zu lassen wie die Düfte im Wind. Und natürlich ist es eine Augenweide zu sehen, wie die Gerüche in leuchtenden Farben ins Bild gesetzt werden, wie der Lavendel auf den Feldern blüht und die Mirabellen golden leuchten. Einmal rast die Kamera im Flug über die südfranzösische Landschaft dem Duft einer Rothaarigen hinterher, die auf dem Pferde flieht, ein andermal läßt sie sich vom Geruchswirrwarr einer Pariser Straße von einer Sensation zur nächsten tragen. Man ist jedenfalls im Nu sensibilisiert für die Perspektive eines Wesens, das die Welt immer nur durch die Nase wahrnimmt und blind ist für jede andere Form von Schönheit.

In einer der schönsten Szenen tastet sich Grenouille als kleiner Junge mit dem Geruchssinn aus dem Hof des Waisenhauses hinaus in die Welt, erschnüffelt Gras und Holz und Apfel und schnuppert sich später über einen warmen Flußkiesel in Gedanken in ein Flüßchen, wo er unter Wasser sogar noch die Frösche und ihren Laich wahrzunehmen glaubt.

Wie im Roman wechselt die Geschichte geschickt zwischen dieser mikroskopischen Annäherung an die Dinge und einem Erzählerton aus großer Höhe, und der Kontrast zwischen des Helden Sensibilität und seiner Herzenskälte ist ihr unwiderstehlicher Motor. Daß ihr Autor Patrick Süskind vor dem Erfolg in die Unsichtbarkeit geflohen ist, lädt natürlich dazu ein, die wilde Lust eines Mannes, der sich nur in seinen Duftwerken materialisieren kann, mit ihm zu identifizieren. Und auch wenn Tom Tykwer auf ganz andere Weise im Rampenlicht steht und es auch genießt, ist genau dies der Punkt, wo seine Identifikation mit dem Stoff womöglich beginnt. Als wahrhaft obsessiver Filmfan, der seine Jugend nächtelang nur im Kino verbracht hat, ist ihm jenes Bedürfnis vertraut, man möge an seinen filmischen Vorlieben erkannt werden, mit denen man sich wie mit Spiegeln umstellt, und als Regisseur lebt er ohnehin von dem Traum, seine Filme könnten zum einen dem Leben auf dieselbe Weise ihre Essenz abringen, wie das dem Parfumeur mit den Blüten gelingt, und zum anderen tatsächlich als Spiegel taugen, der sichtbar macht, was sonst nur blinder Fleck bleibt.

Man muß nur mal Tykwers bisherige Filme Revue passieren lassen, um zu sehen, wie häufig sie von der Suche nach Identitäten handeln: Joachim Króls Sammelwahn in »Die tödliche Maria«, Ulrich Matthes' Fotografierwut, mit der er in »Winterschläfer« der Auflösung des eigenen Ich begegnet, und natürlich Lolas drei Anläufe, für ihre Liebesgeschichte die richtige Form zu finden. Und so sucht nun eben auch Jean-Baptiste Grenouille nach dem einen Duft, in den er dann schlüpfen kann, um zu verbergen, daß dahinter nur Leere herrscht. Oder zumindest eine gewaltige Angst, emotional nicht zu genügen.

Tykwer inszeniert den Moment der Erkenntnis als furioses Finale, bei dem der Held wie ein Popstar sich die Massen gefügig macht, sie mit seinem Dufthauch in Verzückung stößt, um dann ernüchtert festzustellen, daß all die Liebe nicht ihm gilt und er daran niemals teilhaben wird. Die Erinnerung an den verpaßten Moment durchfährt ihn, an das Mädchen mit den Mirabellen, und die Idiotie seines Strebens wird ihm bewußt, daß er glauben konnte, für die wahre Liebe gebe es einen Ersatz. Als Filmregisseur und Kinobesessener bewegt sich Tykwer da auf Messers Schneide, weil dieser Augenblick natürlich auch mit dem Mißverständnis, das Kino könne ein Ersatz fürs wahre Leben sein, Ernst macht.

(aus: Frankfurter Allgemeine Zeitung, 14.9.2006, Nr. 214, S. 31.)

Funktionale Bausteine einer Filmrezension (nach Stegert)

Informieren
- Nennen (z. B. Namen von Mitarbeitern des Films, Daten zum Film)
- Aufzählen
- Berichten
- Vorstellen (z. B. den Regisseur, einen Schauspieler)
- Skizzieren (die Ausgangssituation der Filmhandlung darstellen)
- Zusammenfassen

Veranschaulichen
- Beispiel anführen
- Rede wiedergeben (z. B. einen Dialog aus dem Film, eine Äußerung eines Schauspielers)

Material 19

- Beschreiben (z. B. wie die Kamera sich bewegt, ein Schauspieler aussieht)
- Schildern (szenisches Darstellen, z. B. einer Filmszene)
- Erzählen (zielgerichtete Verknüpfung von Teilhandlungen, Aufbau von Spannung)

Orientieren
- Kennzeichnen (z. B. Charakterisieren von Personen)
- Vergleichen (Unterschiede herausarbeiten oder Gemeinsamkeiten betonen)
- Einordnen (z. B. in das Werk des Regisseurs, in ein Filmgenre)
- Erläutern (z. B. unklare Filmtitel, Zusammenhänge)
- Erklären (wie etwas gemacht ist, warum etwas der Fall ist, wozu etwas der Fall ist)
- Deuten (interpretieren, auslegen)
- Fazit ziehen (auf den Punkt bringen)
- Analysieren (z. B. Wirkung erzählerischer Mittel ergründen, Motive herausarbeiten)

Argumentieren
- Behaupten
- Bestreiten
- Begründen (eine Behauptung mit einer anderen begründen)
- Belegen (eine Behauptung mit einem Beispiel belegen)

Bewerten
- Loben
- Kritisieren (Tadeln)
- Bemängeln (negativ bewerten, dass etwas fehlt)
- Empfehlen
- Abraten
- Messen (z. B. an der literarischen Vorlage, den Erwartungen der Zuschauer)
- Abwägen
- Polemisieren (unsachlich negativ bewerten)
- Vorwerfen (die am Film Beteiligten für etwas verantwortlich machen)
- Verteidigen (gegen einen Vorwurf)

(nach: GERNOT STEGERT: Filme rezensieren in Presse, Radio und Fernsehen. München: TR-Verlagsunion 1993, S. 57–86.)

Anhang

Anmerkungen

[1] Vgl. hierzu Abraham 2009, Frederking 2006, Kern 2002, Pfeiffer/Staiger 2008, Staiger 2004.
[2] Ausführliche Interpretationen und Unterrichtsmodelle zu den schriftliterarischen Texten finden sich in den jeweiligen Bänden der Oldenbourg Interpretationen (Goethe, »Werther«, Bd. 52; Kafka, »Process«, Bd. 70; Kleist, »Marquise«, Bd. 50; Süskind, »Parfum«, Bd. 78).
[3] Beispielsweise im Rahmen der Uses-and-Gratifications-Theorie oder in den Cultural Studies.
[4] Wende 2002, 100
[5] Ebd.
[6] Ebd.
[7] Ebd.
[8] Hickethier 2007, 13
[9] Renk 1987, 253
[10] Vgl. z. B. Gollub 1984
[11] Martini 1965, 104
[12] Wilpert 2001, 872
[13] Vgl. Gast 1993, 45
[14] Schneider 1981, 18
[15] Bazin 2004, 111 f.
[16] Ebd., 127
[17] Bohnenkamp 2005, 25
[18] Paech 1984, 15
[19] Zu den Unterschieden zwischen den Gattungen vgl. Grodal 2005.
[20] Bazin 2004, 131
[21] Ebd., 128
[22] Kanzog 1981, 8
[23] Jeremias 1984, 9
[24] Vgl. Kreuzer 1992, der Beitrag erschien erstmals in: Eduard Schaefer (Hrsg.): Medien und Deutschunterricht. Vorträge des Germanistentags Saarbrücken 1980. Tübingen: Niemeyer 1981, 23–46. Ein Auszug des Textes findet sich als Material 6 in diesem Band.
[25] Ebd., 264
[26] Ebd.
[27] Ebd., 265
[28] Seitz 1979, 357 ff.
[29] Schanze 1996
[30] Gast 1993, 45 ff.
[31] Wolff 1981 u. 1994
[32] Die hier verwendeten filmanalytischen Kategorien werden im Kap. 3.2 näher erläutert.
[33] Eine deutschsprachige Fassung der Tragödie im Volltext ist online abrufbar unter http://zeno.org/Literatur/M/Shakespeare,+William/Trag%C3%B6dien/Romeo+und+Julia [8.6.2009].
[34] Zit. nach http://filmevona-z.de/filmsuche.cfm?sucheNach=titel&wert=506263 [8.6.2009]
[35] Vgl. hierzu die Ankündigung der Fernsehausstrahlung unter http://www.3sat.de/theater/programm/118397/index.html [8.6.2009]
[36] Paech 1997, 48
[37] Vgl. ebd. u. Eisenstein 2006
[38] Vgl. Mahne 2007, 19
[39] Zur Narratologie vgl. Genette 1998, Martinez/Scheffel 2007 und Wenzel 2004, zur transmedialen Narratologie vgl. Mahne 2007 und Nünning 2002. Eine spezielle Filmnarratologie ist gerade im Entstehen, vgl. Bordwell 1985, Branigan 1992, Burgoyne 1992, Chatman 1978 u. 1990, Griem/Voigts-Virchow 2002, Schweinitz 1999.
[40] Vgl. Martinez/Scheffel 2007. Auf die verwirrende Terminologie aufgrund zahlreicher unterschiedlicher Begriffspaare in diesem Zusammenhang kann hier nicht näher eingegangen werden, vgl. hierzu ebd., 26.
[41] Diese Aufteilung orientiert sich an dem Modell von Genette (1998).
[42] Chatman 1978, 26; vgl. auch Wenzel 2004, 7
[43] Kanzog 1981, 13
[44] Ebd.
[45] Ebd.
[46] Die Darstellung folgt Burgoyne 1992, Genette 1998, Henderson 1983, Kühnel 2004, 211 ff., Mahne 2007, Martinez/Scheffel 2007, Mein 2005, 14 ff und Wenzel 2004. Eine gute Einführung in erzähltheoretische Kategorien bietet auch die Webseite http://www.li-go.de.
[47] Vgl. Busse 2004, 23
[48] Bordwell/Thompson 2001, 64
[49] Vgl. Martinez/Scheffel 2007, 109
[50] Krings 2004, 164
[51] Ebd.
[52] Vgl. ebd., 164 f.
[53] Vgl. ebd.
[54] Vgl. Krah 2006, 363.
[55] Vgl. Bachorz 2004, 57 f.
[56] Vgl. Nünning 2008, 606
[57] Ebd.
[58] Khouloki 2007, 9.
[59] Ebd., 12.
[60] Vgl. Henderson 1983, 5
[61] Im Zuge des postmodernen und postklassischen Kinos sind einige Filme entstanden, die mit komplexen, nicht-kontinuierlichen Erzählstrukturen experimentieren, z. B. »Amores Perros« (ES 2000) und »21 Gramm«

(USA 2003) von Alejandro González Iñárritu oder »Memento« (USA 2000) von Christopher Nolan.
62 Schwab 2006, 90 f.
63 Vgl. z. B. Thomson-Jones 2007.
64 Schwab 2006, 81.
65 Kühnel 2004, 224 f.
66 Ebd., 224
67 Ebd., 225.
68 Vgl. hierzu Chatman 1990, 135.
69 Kühnel 2004, 227.
70 Vgl. hierzu die Interpretation des Films von Lena Christolova und Joachim Paech (2000).
71 Die Analyse beschränkt sich auf die Main Title Sequence des Films (RM 0:00:00 – 0:07:38), also bis zu dem Zeitpunkt der Texteinblendung des Regisseurs (»Directed by Anthony Minghella«). Auf der deutschen DVD-Ausgabe entspricht dies den Kapiteln 1 und 2.
72 Vgl. hierzu die einschlägigen Einführungsbände in die Filmanalyse wie z. B. Bordwell/Thompson 2001, Faulstich 2008, Hickethier 2007 oder die DVDs von Steinmetz u. a. 2005/08. Eine Darstellung der filmanalytischen Kategorien mit Beispielen aus dem Filmklassiker »Citizen Kane« (USA 1941, Regie: Orson Welles) findet sich in Staiger 2008.
73 Eine detaillierte Erläuterung des Phänomens mit Filmbeispielen findet sich bei Anton Fuxjäger: Dolly ≠ Zoom, ergo Dolly-Zoom. Zur Technik und Semantik eines speziellen filmischen Effekts. http://www.hdm-stuttgart. de/festschrift/Grusstexte/Fuxjaeger/Grusstext Fuxjaeger.htm [1. 2. 2009].
74 Die Filmwissenschaft hat zahlreiche, teilweise sehr differenzierte Montagetheorien (z. B. die acht Typen filmischer Syntagmen von Christian Metz) entwickelt, die an dieser Stelle nicht aufgearbeitet werden, da sie sich für eine Thematisierung im Deutschunterricht nur sehr bedingt eignen.
75 Günther 1977
76 Martinez/Scheffel 2007, 20
77 Vgl. ebd., 83
78 Vgl. Thurm 1976, 13
79 Schiller 1977, 161
80 Vgl. Jakob Michael Reinhold Lenz, »Briefe über die Moralität der Leiden des jungen Werthers« (1775). In: ders.: Werke und Schriften. Hrsg. v. Britta Titel u. Hellmut Haug. Bd. 1. Stuttgart: Goverts 1966, 383–385.
81 Vgl. hierzu Schwander 2009
82 Bartetzko 2008
83 Rohmer 1979, 111
84 Vgl. Lederer 1920, 320 ff.
85 Martinez/Scheffel 2007, 43
86 Rohmer 1979, 112
87 Vgl. hierzu die Erklärung bei Schneider 1981, 149 f.
88 In der französischen Übersetzung scheint der Gedankenstrich durch drei Pünktchen ersetzt worden zu sein.
89 Rohmer 1979, 114
90 Link-Heer 2001, 109
91 Vgl. ebd., 96 f.
92 Lohmeier 2005
93 Link-Heer 2001, 102
94 Künzel 2003, 93
95 Vgl. ebd., 97
96 Die Datenbank »Lumiere« (http://lumiere. obs.coe.int) verzeichnet lediglich 57.038 Kino-Besucher in Deutschland.
97 Glombitza 2001
98 Vgl. Hamacher 2001
99 Ungekürzte Originalversion von »The Trial«, 0:04:15 (franz. 2-DVD-Ausgabe, Studio Canal, EAN 3259130136593).
100 Ebd., 01:53:35
101 Vgl. hierzu Bogdal 2005
102 Einen Überblick über verschiedene DVD-Ausgaben und Fernsehausstrahlungen gibt die Online-Filmdatenbank (http://www.ofdb.de).
103 Beispielsweise über einen Mindscreen, also der Visualisierung der Gedanken einer Figur.
104 Poppe 2007, 191
105 Vgl. hierzu und zum Folgenden Poppe 2007, 202 ff.
106 Ebd., 204
107 Ebd.
108 Ebd.
109 Ebd., 205
110 Ebd.
111 Vgl. hierzu Kap. 1.5
112 Poppe 2007, 206
113 Der Film wurde größtenteils im still gelegten Gare d'Orsay in Paris gedreht.
114 Poppe 2007, 207
115 Ebd., 211
116 Die durchschnittliche Einstellungsdauer beträgt laut Eigen (1986, 128) 6,6 Sekunden, in der Titorelli-Sequenz sind es unter 3 Sekunden.
117 Koch 1984, 173
118 Vgl. hierzu Braun 2006, 35
119 Fromm/Scherer 2006, 162
120 Jahraus 2008, 234 f.
121 Das Drehbuch für diesen Film verfasste der Regisseur gemeinsam mit Patrick Süskind.
122 Göttler 2006
123 U. a. »Das Buch zum Film« mit dem vollständigen Drehbuch, ein ausführliches Making-Of und weitere Dokumentationen auf der Bonus-DVD der Premium Edition (auch in der »Tom Tykwer Kollektion« enthalten).
124 Gansera/Göttler 2006
125 Ebd.
126 Hoesterey 2008, 33
127 Frizen/Spancken 1998, 115
128 Eine ausführliche Liste der Referenzen findet sich bei Buß 2006, 124 ff.

[129] Frizen/Spancken 1998, 115
[130] Hoesterey 2008, 31
[131] Die Erzählstimme wird in der deutschen Fassung von Otto Sander gesprochen.
[132] Hoesterey 2008, 37
[133] Vgl. hierzu das Interview mit dem Kameramann Frank Griebe in »American Cinematographer« (Februar 2007), http://www.theasc.com/magazine_dynamic/February2007/Perfume/page1.php [8.6.2009].
[134] Ebd.
[135] Ein zusammenfassender Pressespiegel findet sich unter www.angelaufen.de, eine Sammlung von Links zu Rezensionen, Interviews usw. bietet www.filmz.de. Übersicht über englischsprachige Rezensionen bietet www.metacritic.com/film/.
[136] Schulz-Ojala 2006
[137] Hoesterey 2008, 36
[138] Schulz-Ojala 2006
[139] Althen 2006
[140] Ebd.
[141] Nicodemus 2006
[142] Abraham 2002, 15
[143] Vgl. Hickethier 1989
[144] Vgl. Stanzel 1995
[145] Schwab 2006, 40
[146] Ebd., 41
[147] Welches Potenzial der Film für das literarische Lernen besitzt, hat Elisabeth Paefgen in ihrer »Literatur-Film-Didaktik« (2006, 173 ff.) herausgearbeitet. Da der Film selbst einen Unterrichtsgegenstand des Deutschunterrichts darstellt, darf dies jedoch keine Einbahnstraße in Richtung Schriftliteratur sein.
[148] Vgl. Staiger 2007, 224
[149] Vgl. hierzu auch Abraham 2009, Surkamp 2004, Volk 2004, Wolff 1981 u. 1994, ein allgemeines Phasenmodell zum Umgang mit Filmen im Deutschunterricht findet sich bei Abraham/Kepser 2005, 153. Gast 1996 stellt eine Typologie didaktischer Filmanalyse vor.
[150] KMK 2002, 6
[151] Vgl. hierzu das Freiburger Filmcurriculum (Fuchs u.a. 2008).
[152] Weitere Beispiele unter http://de.wikipedia.org/wiki/Romeo_und_Julia_(Stoff) [8.6.2009].
[153] Vgl. http://www.movie-college.de/filmschule/drehbuch/drehbuchauszug.htm [8.6.2009].
[154] Online unter: http://www.youtube.com/watch?v=MLHRfNkeAjE [8.6.2009].
[155] Online unter: http://www.br-online.de/bayerisches-fernsehen/suedwild/userfilm-comedy-und-satire-action-werther-ID1204197970003.xml [8.6.2009].
[156] Uwe Schütte: Die Poetik des Extremen. Ausschreitungen einer Sprache des Radikalen. Göttingen: Vandenhoeck & Ruprecht 2006, 119.
[157] Die deutsche DVD-Ausgabe enthält leider eine gekürzte Fassung ohne den Prolog. Die englisch- und französischsprachigen DVDs und die bei Medienzentralen teilweise noch erhältlichen VHS-Fassungen sind hingegen meistens ungekürzt.
[158] Online unter: http://www.errolmorris.com/media/general/commercials_ames.mov [8.6.2009].
[159] Vgl. hierzu die Erläuterungen auf der Homepage von Errol Morris (http://www.errolmorris.com/commercials/quaker_ames.html) oder einschlägige Lexika-Artikel.
[160] Entweder einen separaten Sichtungstermin anbieten, mehrere DVDs bzw. Klassensatz in den Klassen-/Schulbibliothek zur Ausleihe bereitstellen oder Anschaffung der DVD durch die Schüler/innen initiieren.
[161] Der Werbespot BILLIONS (Produktion: MJZ, London; Agentur: Bartel Bogle Hegarty) wurde offensichtlich inspiriert durch DAS PARFUM. Online abrufbar unter: http://www.youtube.com/watch?v=rsA7sJLTab0 [4.6.2009].
[162] Vgl. hierzu Karel Dibbets: Die Einführung des Tons. In: Nowell-Smith, Geoffrey (Hg.): Geschichte des internationalen Films. Stuttgart, Weimar: Metzler 1998, 197–203 und Thomas Koebner: Tonfilm. In: ders. (Hg.): Reclams Sachlexikon des Films. 2., aktualisierte und erw. Aufl. Stuttgart: Reclam 2007, 711–715.

Literaturverzeichnis

Primärtexte

Die Dame im See (The Lady in the Lake). Schwarz-weiß. USA, 1947. Kriminalfilm, Literaturverfilmung. Produktionsfirma: MGM. Länge: 100 Minuten. Erstaufführung: 18.10.1977 WDR. Produktion: George Haight. Regie: Robert Montgomery. Buch: Steve Fisher, Raymond Chandler (ungenannt). Buchvorlage: Raymond Chandler (Roman). Kamera: Paul C. Vogel. Musik: David Snell. Schnitt: Gene Ruggiero. Darsteller: Robert Montgomery (Philip Marlowe), Audrey Totter (Adrienne Fromsett), Lloyd Nolan (Lt. DeGarmot), Tom Tully (Capt. Kane), Leon Ames (Derace Kingsby).

JL = William Shakespeares Romeo + Julia (William Shakespeare's Romeo + Juliet). USA 1996. Regie: Baz Luhrmann. Produktion: Gabriella Martinelli, Baz Luhrmann, Martin Brown. Buch: Craig Pearce, Baz Luhrmann. Buchvorlage: William Shakespeare. Kamera: Donald McAlpine. Musik: Nellee Hooper. Schnitt: Jill Bilcock. Darsteller: Leonardo DiCaprio (Romeo), Claire Danes (Julia), Paul Sorvino (Fulgencio Capulet), Brian Dennehy (Ted Montague), Pete Postlethwaite (Pater Laurence). Länge: 115 Min. FSK: ab 12 Jahren. DVD-Ausgabe (2002) »Special Edition« von 20th Century Fox Home Entertainment. EAN 4010232009777.

JZ = Romeo und Julia (Romeo and Juliet). GB/I 1968. Regie: Franco Zeffirelli. Produktion: Anthony Havelock-Allan, John Brabourne. Buch: Franco Brusati, Masolino D'Amico, Franco Zeffirelli. Buchvorlage: William Shakespeare (Bühnenstück). Kamera: Pasquale de Santis. Musik: Nino Rota. Schnitt: Reginald Mills. Darsteller: Olivia Hussey (Julia), Leonard Whiting (Romeo), Milo O'Shea (Bruder Lorenzo), Michael York (Tybalt), John McEnery (Mercutio). Länge: 132 Min. FSK: ab 12 Jahren. DVD-Ausgabe (2003) von Paramount Home Entertainment. EAN 4010884504668.

KS = Kafka. USA/GB/F 1992. Regie: Steven Soderbergh. Produktion: Stuart Cornfeld, Harry Benn. Buch: Lem Dobbs. Kamera: Walt Lloyd. Musik: Cliff Martinez. Schnitt: Steven Soderbergh. Darsteller: Jeremy Irons (Franz Kafka), Theresa Russell (Gabriela), Joel Grey (Burgel), Jeroen Krabbé (Bizzlebek), Armin Mueller-Stahl (Inspektor Grubach), Alec Guinness (Bürochef). Länge: 95 Min. FSK: ab 16 Jahren. DVD-Ausgabe (2004) von Universum-Film. EAN 0828765909792.

MK = Heinrich von Kleist: Die Marquise von O... In: ders.: Die Marquise von O.../Das Erdbeben von Chili. Durchges. Aufl. Stuttgart: Reclam 2004 (= UB 8002), S. 3–47.

MR = Die Marquise von O... BRD/F 1976. Regie: Eric Rohmer. Produktion: Klaus Hellwig. Buch: Eric Rohmer. Buchvorlage: Heinrich von Kleist (Novelle). Kamera: Nestor Almendros. Musik: preußische Militärmusik. Schnitt: Cécile Decugis. Darsteller: Edith Clever (Marquise von O.), Bruno Ganz (Graf), Peter Lühr (Obrist), Edda Seippel (Obristin), Otto Sander, Ruth

164 Anhang

Drexel, Eduard Linkers, Hesso Huber. Auszeichnungen: Cannes 1976, Großer Spezialpreis. Länge: 98 Min. FSK: ab 12 Jahren. DVD-Ausgabe (2008) von Alamode Film/Alive. EAN 4042564024951.

MS = Julietta. D 2001. Regie: Christoph Stark. Produktion: Bettina Reitz, Sascha Schwingel, Nico Hofmann. Buch: Jochen Bitzer, Christoph Stark, Christoph Silber. Buchvorlage: Heinrich von Kleist (Novelle »Die Marquise von O ...«). Kamera: Jochen Stäblein. Musik: Ballistic Affair. Schnitt: Sandy Saffeels. Darsteller: Lavinia Wilson (Julietta), Barnaby Metschurat (Max), Matthias Koeberlin (Jiri), Sibylle Canonica (Juliettas Mutter), Uwe Kokisch (Juliettas Vater), Julia Jentsch (Nicole), Arndt Schwering-Sohnrey (Dirk). Länge: 90 Min. FSK: ab 16 Jahren. DVD-Ausgabe (2002) von Universum Film. EAN 0743218968891.

PB = Andrew Birkin, Bernd Eichinger u. Tom Tykwer: Das Parfum – Das Buch zum Film. Das vollständige Drehbuch mit zahlreichen Fotos aus dem Film, Berichten über die Entstehung des Films, Gesprächen sowie einem Essay. Zürich: Diogenes 2006.

PK = Franz Kafka: Der Process. Stuttgart: Reclam 1998 (= UB 9697).

PS = Patrick Süskind: Das Parfum. 46. Aufl. Zürich: Diogenes 1994.

PT = Das Parfum. D/F/ES 2006, Regie: Tom Tykwer. Produktion: Bernd Eichinger, Andrew Birkin, Martin Moszkowicz, Julio Fernández, Gigi Oeri. Buch: Tom Tykwer, Andrew Birkin, Bernd Eichinger. Buchvorlage: Patrick Süskind (Roman »Das Parfum«). Kamera: Frank Griebe. Musik: Tom Tykwer, Johnny Klimek, Reinhold Heil. Schnitt: Alexander Berner. Darsteller: Ben Whishaw (Jean-Baptiste Grenouille), Alan Rickman (Antoine Richis), Rachel Hurd-Wood (Laura), Dustin Hoffman (Giuseppe Baldini), Karoline Herfurth (Das Mirabellen-Mädchen), David Calder (Bischof von Grasse), Simon Chandler (Bürgermeister von Grasse), Jessica Schwarz (Natalie), Sian Thomas (Madame Gaillard), Corinna Harfouch (Madame Arnulfi), Birgit Minichmayr (Grenouilles Mutter). Länge: 142 Min. FSK: ab 12 Jahren. DVD-Ausgabe (2006) »Premium Edition« (2 DVDs) von Highlight Video/Paramount Home Entertainment. EAN 4011976843481.

PW = Der Prozess (Le Procès). BRD/F/I 1962. Regie: Orson Welles. Produktion: Alexander Salkind, Michel Salkind. Buch: Orson Welles, Antoine Tudal. Buchvorlage: Franz Kafka (Roman). Kamera: Edmond Richard. Musik: Jean Ledrut, Tommaso Albinoni. Schnitt: Yvonne Martin. Darsteller: Anthony Perkins (Josef K.), Jeanne Moreau (Fräulein Bürstner), Orson Welles (Rechtsanwalt Hastler), Romy Schneider (Leni), Elsa Martinelli (Hilda), Max Haufler, Jess Hahn. Länge: 107 Min. FSK: ab 12 Jahren. DVD-Ausgabe (2008) von Universal Pictures Germany. EAN 5050582562156.

RH = Patricia Highsmith: Der talentierte Mr. Ripley. Zürich: Diogenes 1979.

RM = Der talentierte Mr. Ripley (The Talented Mr. Ripley). USA 1999. Regie: Anthony Minghella. Produktion: Sydney Pollack, William Horberg, Tom Sternberg. Buch: Anthony Minghella. Buchvorlage: Patricia Highsmith (gleichnamiger Roman). Kamera: John Seale. Musik: Gabriel Yared. Schnitt: Walter Murch. Darsteller: Matt Damon (Tom Ripley), Gwyneth Paltrow (Marge Sherwood), Jude Law (Dickie Greenleaf), Cate Blanchett (Meredith Logue), Philip Seymour Hoffman (Freddie Miles).

Länge: 133 Min. FSK: ab 12 Jahren. DVD-Ausgabe (2000) von Kinowelt Home Entertainment. EAN 4006680020860.

Rossini oder die mörderische Frage, wer mit wem schlief. Scope. Deutschland, 1996. Produktionsfirma: Diana/BA Film/Bavaria/Fanes. Verleih: Kino: Constantin. Video: Constantin (Starlight). DVD: CinePlus (1.85:1, DD5.1 dt.). Länge: 110 Minuten. FSK: ab 12 Jahren; f. FBW: bw. Erstaufführung: 23.1.1997/23.7.1997 Video/11.10.1998 Sat.1/30.4.1998 DVD. Produktion: Helmut Dietl, Norbert Preuss. Regie: Helmut Dietl. Buch: Helmut Dietl, Patrick Süskind. Kamera: Gernot Roll. Musik: Dario Farina. Schnitt: Inez Regnier. Darsteller: Götz George (Uhu Zigeuner), Mario Adorf (Paolo Rossini), Heiner Lauterbach (Oskar Reiter), Gudrun Landgrebe (Valerie), Veronica Ferres (Schneewittchen), Joachim Król (Jakob Windisch), Hannelore Hoger (Charlotte Sanders), Jan Josef Liefers (Bodo Kriegnitz), Meret Becker (Fanny Watussnik), Martina Gedeck (Serafina), Armin Rohde (Siggi Gelber), Axel Milberg (Herr Ledersteger).

SA = Paul Auster: Smoke. In: ders.: Smoke/Blue in the Face. Zwei Filme. Übersetzung ins Deutsche von Werner Schmitz/Gerty Mohr. © by Rowohlt Taschenbuch Verlag GmbH, Reinbek bei Hamburg, S. 9–162.

Streik (Statschka). Schwarz-weiß. UdSSR, 1924. Drama, Arbeiterfilm. Produktionsfirma: Goskino. Verleih: Kino: offen. Länge: 68 Minuten. Erstaufführung: Kino DDR/20.10.1967 ZDF. Regie: Sergej M. Eisenstein. Buch: Proletkult-Theater. Kamera: Edouard Tissé. Musik: Bernd Kampka. Darsteller: Maxim Schtrauch (Geheimpolizist), Grigori Alexandrow (Meister), M. Gomorow (Arbeiter), Igor Iwanow (Chef der Geheimpolizei), Alexander Antonow (Mitglied im Streikkomitee), I. Kljuwkin (Aktivist).

SW = Smoke. USA 1995. Regie: Wayne Wang, Paul Auster. Produktion: Greg Johnson, Peter Newman, Hisami Kuroiwa, Kenzo Horikoshi. Buch: Paul Auster. Buchvorlage: Paul Auster (Kurzgeschichte). Kamera: Adam Holender. Musik: Rachel Portman. Schnitt: Maysie Hoy. Darsteller: Harvey Keitel (Auggie Wren), William Hurt (Paul Benjamin), Harold Perrineau (Rashid Cole), Forest Whitaker (Cyrus Cole), Stockard Channing (Ruby McNutt), Victor Argo. Länge: 112 Min. FSK: ab 12 Jahren. DVD-Ausgabe (1999) von Arthaus/Kinowelt Home Entertainment. EAN 4006680016856 (auch als Arthaus Collection 9, 2007. EAN 4006680042763).

WGoe = Johann Wolfgang Goethe: Die Leiden des jungen Werther. Durchges. Ausg. 2001. Stuttgart: Reclam (= UB 67).

WGü = Die Leiden des jungen Werthers. DDR 1976. Regie: Egon Günther. Produktion: Erich Kühne. Buch: Egon Günther. Buchvorlage: Johann Wolfgang von Goethe (Briefroman). Kamera: Erich Gusko. Musik: Siegfried Matthus. Schnitt: Rita Hiller. Darsteller: Hans-Jürgen Wolf (Werther), Katharina Thalbach (Lotte), Hilmar Baumann (Albert), Heinz-Dieter Knaup (Amtmann), Herwart Grosse (Gesandter), Dieter Mann (v. Steinfeld), Klaus Piontek (Wilhelm), Johanna Schall (Friederike). Länge: 106 Min. FSK: ab 6 Jahren. DVD-Ausgabe (2003) von Icestorm Entertainment. EAN 402895119133B.

WJ = Werther. D 2008. Regie: Uwe Janson. Produktion: Christian Rohde, Dirk Eickhoff. Buchvorlage: Johann Wolfgang von Goethe. Kamera:

Philipp Sichler. Schnitt: Florian Drechsler. Darsteller: Stefan Konarske (Werther), Hannah Herzsprung (Lotte), David Rott (Albert), Fritz Roth (Onkel Bernd), Aaron Hildebrand (Wilhelm), Harald Schrott (Tom). Länge: 90 Min. FSK: ab 12 Jahren. DVD-Ausgabe (2009) von ZDF theaterkanal edition (Friedrich Berlin Verlag). EAN 4280000101105.

Sekundärtexte

Zur Theorie der Literaturverfilmung
Bauschinger, Sigrid (Hg.) (1984): Film und Literatur. Literarische Texte und der neue deutsche Film. Bern: Francke

Bazin, André (2004): Für ein unreines Kino. Plädoyer für die Literaturverfilmung. In: ders.: Was ist Film? Hrsg. von Robert Fischer. Berlin: Alexander, S. 110–138.

Bohnenkamp, Anne (2005): Literaturverfilmungen als intermediale Herausforderung. In: Bohnenkamp, Anne (Hg.): Literaturverfilmungen. Stuttgart: Reclam, S. 9–38.

Christolova, Lena; Paech, Joachim (2000): Zeit geben. Eine dekonstruktivistische Lektüre des Films Smoke (1994). In: Heller, Heinz-B. u. a. (Hrsg.): Über Bilder sprechen. Marburg: Schüren, S. 205–222. Auch online unter: http://www.uni-konstanz.de/FuF/Philo/LitWiss/MedienWiss/Texte/smoke.htm [8.6.2009].

Gast, Wolfgang (1993): Einführung in Begriffe und Methoden der Filmanalyse. Frankfurt/M.: Diesterweg (Film und Literatur, Grundbuch).

Gollub, Christian-Albrecht (1984): Deutschland verfilmt. Literatur und Leinwand 1880–1980. In: Bauschinger 1984, S. 18–49.

Hickethier, Knut (1989): Der Film nach der Literatur ist Film. Volker Schlöndorffs »Die Blechtrommel« (1979) nach dem Roman von Günter Grass (1959). In: Albersmeier, Franz-Josef; Roloff, Volker (Hg.): Literaturverfilmung. Frankfurt/M.: Suhrkamp, S. 183–198.

Jeremias, Brigitte (1984): Wie weit kann sich der Film von der Literatur entfernen? In: Bauschinger 1984, S. 9–17.

Kanzog, Klaus (1981): Erzählstrukturen, Filmstrukturen. Eine Einführung. In: ders. (Hg.): Erzählstrukturen – Filmstrukturen. Erzählungen Heinrich von Kleists und ihre filmische Realisation. Berlin: Erich Schmidt, S. 7–24.

Katholisches Institut für Medieninformation (Hrsg.) (2002): Lexikon des internationalen Films. Kino, Fernsehen, Video, DVD. Frankfurt/M.: Zweitausendeins. Online unter: http://www.filmevona-z.de.

Kreuzer, Helmut (1992): Medienwissenschaftliche Überlegungen zur Umsetzung fiktionaler Literatur. Motive und Arten der filmischen Adaption. In: ders.: Aufklärung über Literatur. Epochen, Probleme, Tendenzen – ausgewählte Aufsätze. Heidelberg: Winter, S. 254–271.

Martini, Fritz (1965): Literatur und Film. In: Kohlschmidt, Werner; Mohr, Wolfgang (Hg.): Reallexikon der deutschen Literaturgeschichte. Zweiter Band L-O. 2., neu bearb. Aufl. Berlin: de Gruyter, S. 103–111.

Paech, Joachim (1984): Literatur und Film – Mephisto. Einführung in die Analyse filmischer Adaptionen literarischer Werke. Ein Arbeitsbuch für die gymnasiale Oberstufe. Frankfurt am Main: Diesterweg.

Paech, Joachim (1997): Literatur und Film. 2., überarb. Aufl. Stuttgart: Metzler (SM 235).

Renk, Herta-Elisabeth (1987): Filme als Texte lesen. Am Beispiel von John Fords »Stagecoach«. In: Seifert, Walter (Hg.): Literatur und Medien in Wissenschaft und Unterricht. Köln: Böhlau, S. 253–266.

Schanze, Helmut (1996): Literatur – Film – Fernsehen. Transformationsprozesse. In: Schanze, Helmut (Hg.): Fernsehgeschichte der Literatur. Voraussetzungen – Fallstudien – Kanon. München: Fink, S. 82–92.

Schneider, Irmela (1981): Der verwandelte Text. Wege zu einer Theorie der Literaturverfilmung. Tübingen: Niemeyer (Medien in Forschung + Unterricht: Serie A ; 4).

Schwab, Ulrike (2006): Erzähltext und Spielfilm. Zur Ästhetik und Analyse der Filmadaption. Berlin: Lit Verlag.

Seitz, Gabriele (1979): Film als Rezeptionsform von Literatur. Zum Problem der Verfilmung von Thomas Manns Erzählungen »Tonio Kröger«, »Wälsungenblut« und »Der Tod in Venedig«. München: tuduv.

Wende, Waltraud (2002): Die Wirklichkeit der Medien. Zur Konstruktion symbolischer Sinnwelten in Literatur und Film. In: Weimarer Beiträge, Jg. 48, H. 1, S. 99–112.

Wilpert, Gero von (2001): Verfilmung. In: ders. (Hg.): Sachwörterbuch der Literatur. 8., verb. u. erw. Aufl. Stuttgart: Kröner, S. 872.

Zur Erzähltheorie (schriftliterarisches und filmisches Erzählen)

Bachorz, Stephanie (2004): Zur Analyse der Figuren. In: Wenzel 2004, S. 51–67.

Bordwell, David (1985): Narration in the Fiction Film. Madison: Univ. of Wisconsin Press

Branigan, Edward (1992): Narrative Comprehension and Film. London: Routledge.

Burgoyne, Robert (1992): Film-Narratology. In: Stam, Robert; Burgoyne, Robert; Flitterman-Lewis, Sandy: New vocabularies in film semiotics. Structuralism, post-structuralism and beyond. London: Routledge, S. 69–122.

Busse, Jan-Philipp (2004): Zur Analyse der Handlung. In: Wenzel 2004, S. 23–49.

Chatman, Seymour (1978): Story and Discourse. Narrative Structure in Fiction and Film. Ithaca: Cornell Univ. Press.

Chatman, Seymour (1990): Coming to Terms. The Rhetoric of Narrative in Fiction and Film. Ithaca, NY: Cornell Univ. Press.

Eisenstein, Sergej (2006): Dickens, Griffith und wir. In: ders: Jenseits der Einstellung. Schriften zur Filmtheorie. Frankfurt am Main: Suhrkamp, S. 201–366.

Genette, Gérard (1998): Die Erzählung. 2. Aufl. München: Fink.

Griem, Julika; Voigts-Virchow, Eckart (2002): Filmnarratologie. Grundlagen, Tendenzen und Beispielanalysen. In: Nünning/Nünning 2002, S. 155–183.

Grodal, Torben (2005): Film Narrative. In: Herman, David; Jahn, Manfred; Ryan, Marie-Laure (Hrsg.): Routledge Encyclopedia of Narrative Theory. Abingdon: Routledge, S. 168–172.

Henderson, Brian (1983): Tense, Mood and Voice in Film (Notes after Genette). In: Film Quarterly, Jg. 36, H. 4, S. 4–17.

Kanzog, Klaus (1981): Erzählstrukturen, Filmstrukturen. Eine Einführung. In: ders. (Hg.): Erzählstrukturen – Filmstrukturen. Erzählungen Heinrich von Kleists und ihre filmische Realisation. Berlin: Erich Schmidt, S. 7–24.

Khouloki, Rayd (2007): Der filmische Raum. Konstruktion, Wahrnehmung, Bedeutung. Berlin: Bertz + Fischer.

Krah, Hans (2006): Einführung in die Literaturwissenschaft/Textanalyse. Kiel: Ludwig.

Krings, Constanze (2004): Zur Analyse des Erzählanfangs und des Erzählschlusses. In: Wenzel 2004, S. 163–179.

Kühnel, Jürgen (2004): Einführung in die Filmanalyse. Teil 2: Dramaturgie des Spielfilms. Siegen: universi.

Mahne, Nicole (2007): Transmediale Erzähltheorie. Eine Einführung. Stuttgart: Vandenhoeck & Ruprecht.

Martinez, Matias; Scheffel, Michael (2007): Einführung in die Erzähltheorie. 7. Aufl. München: Beck.

Mein, Georg (2005): Erzählungen der Gegenwart: von Judith Hermann bis Bernhard Schlink. München: Oldenbourg (Interpretationen, 104).

Nünning, Vera; Nünning Ansgar (Hg.) (2002): Erzähltheorie transgenerisch, intermedial, interdisziplinär. Trier: WVT.

Nünning, Ansgar (2008): Raum/Raumdarstellung, literarische(r). In: ders. (Hg.): Metzler-Lexikon Literatur- und Kulturtheorie. Ansätze – Personen – Grundbegriffe. 4., aktual. u. erw. Aufl. Stuttgart: Metzler, S. 604–607.

Schweinitz, Jörg (1999): Zur Erzählforschung in der Filmwissenschaft. In: Lämmert, Eberhard (Hg.): Die erzählerische Dimension – eine Gemeinsamkeit der Künste. Berlin: Akademie, S. 73–87.

Stanzel, Franz K. (1995): Theorie des Erzählens. 6., unveränd. Aufl. Göttingen: Vandenoeck & Ruprecht.

Thomson-Jones, Katherine (2007): The Literary Origins of the Cinematic Narrator. In: British Journal of Aesthetics, Jg. 47, H. 1, S. 76–94.

Wenzel, Peter (Hg.) (2004): Einführung in die Erzähltextanalyse. Kategorien, Modelle, Probleme. Trier: WVT.

Zu den Grundbegriffen der Filmanalyse

Bordwell, David; Thompson, Kristin (2001): Film Art. An Introduction. 6. Aufl. New York: McGraw Hill.

Faulstich, Werner (2008): Grundkurs Filmanalyse. 2. Aufl. Paderborn: Fink.

Frederking, Volker; Krommer, Axel; Maiwald, Klaus (2008): Mediendidaktik Deutsch. Eine Einführung. Berlin: Schmidt (darin: Kap. 8.6 zur Filmsprache und Filmanalyse).

Hickethier, Knut (2007): Film- und Fernsehanalyse. 4., aktual. und erw. Aufl. Stuttgart: Metzler.

Koebner, Thomas (Hg.) (2007): Reclams Sachlexikon des Films. 2., aktual. und erw. Aufl. Stuttgart: Reclam.

Schütte, Oliver (2005): Spielfilm: Drehbuch. In: Schleicher, Harald (Hg.): Filme machen. Technik, Gestaltung, Kunst – klassisch und digital. Frankfurt/M.: Zweitausendeins, S. 261–293.

Staiger, Michael (2008): Filmanalyse – ein Kompendium. In: Der Deutschunterricht, Jg. 60, H. 3, S. 8–18.

Steinmetz, Rüdiger u. a. (2005/08): Filme sehen lernen. 2 Bde: Grundlagen der Filmästhetik/Licht, Farbe, Sound (DVDs). Frankfurt/M.: Zweitausendeins.

Zur Filmdidaktik und Didaktik der Literaturverfilmung

Abraham, Ulf (2002): Kino im Klassenzimmer. Klassische Filme für Kinder und Jugendliche im Deutschunterricht. In: Praxis Deutsch, Jg. 29, H. 175, S. 6–18.

Abraham, Ulf (2009): Filme im Deutschunterricht. Seelze: Kallmeyer.

Abraham, Ulf; Kepser, Matthis (2005): Literaturdidaktik Deutsch. Eine Einführung. Berlin: Erich Schmidt.

Frederking, Volker (Hg.) (2006): Filmdidaktik und Filmästhetik. Jahrbuch Medien im Deutschunterricht 2005. München: kopaed.

Fuchs, Mechtild; Klant, Michael; Staiger, Michael; Spielmann, Raphael (2008): Freiburger Filmcurriculum. Ein Modell des Forschungsprojekts »Integrative Filmdidaktik« (Pädagogische Hochschule Freiburg). In: Der Deutschunterricht, Jg. 60, H. 3, S. 84–90.

Gast, Wolfgang (1996): Filmanalyse. In: Praxis Deutsch, Jg. 23, H. 140, S. 14–25.

Hellberg, Frank; Liebelt, Wolf (2004): Literaturverfilmungen im Unterricht. Vorschläge für die Unterrichtspraxis. Hildesheim: Niedersächsisches Landesamt für Lehrerbildung und Schulentwicklung (NiLS) (Tipps für die Medienpraxis, 3). http://www.nibis.de/nli1/bibl/pdf/tfm03.pdf [8.6.2009].

Kern, Peter Christoph (2002): Film. In: Bogdal, Klaus-Michael; Korte, Hermann (Hg.): Grundzüge der Literaturdidaktik. München: dtv, S. 217–229.

Kultusministerkonferenz (Hg.) (2002): Einheitliche Prüfungsanforderungen in der Abiturprüfung Deutsch. Beschluss vom 1.12.1989 i.d.F. vom 24.5.2002. http://www.kmk.org/fileadmin/veroeffentlichungen_beschluesse/1989/1989_12_01-EPA-Deutsch.pdf [8.6.2009].

Paefgen, Elisabeth K. (2006): Einführung in die Literaturdidaktik. 2., aktual. u. erw. Aufl. Stuttgart: Metzler.

Pfeiffer, Joachim; Staiger, Michael (Hg.) (2008): Filmdidaktik. Themenheft von »Der Deutschunterricht« (Jg. 60, H. 3). Seelze/Velber: Erhard Friedrich Verlag.

Staiger, Michael (2004): Auf halber Treppe. Filmkanon, Filmkompetenz, und Filmdidaktik. In: Der Deutschunterricht, H. 2, S. 84–89.

Staiger, Michael (2007): Medienbegriffe – Mediendiskurse – Medienkonzepte. Bausteine einer Deutschdidaktik als Medienkulturdidaktik. Baltmannsweiler: Schneider Hohengehren.

Stempleski, Susan; Tomalin, Barry (2001): Film. Resource Books for Teachers. Oxford: Oxford University Press.

Surkamp, Carola (2004): Teaching Films. Von der Filmanalyse zu handlungs- und prozessorientierten Formen der filmischen Textarbeit. In: Der fremdsprachliche Unterricht Englisch, Jg. 38, H. 68, S. 2–12.

Volk, Stefan (2004): Filmanalyse im Unterricht. Zur Theorie und Praxis von Literaturverfilmungen. Paderborn: Schöningh.

Wolff, Jürgen (1981): Literaturverfilmungen im Deutschunterricht. In: Mitteilungen des Deutschen Germanistenverbandes, Jg. 28, H. 2, S. 32–41.

Wolff, Jürgen (1994): Die Literaturverfilmung im Deutschunterricht. In: RAAbits – Deutsch, Literatur: Sekundarstufe I/II, IV/A, Beitrag 2, 28 S.

Zu »Die Leiden des jungen Werther«

Bartetzko, Dieter (2008): Bleib mir weg mit dem schönen Drama. Goethes »Werther« verfilmt. In: Frankfurter Allgemeine Zeitung, 7.9.2008.

Berghahn, Daniela (2003): The Re-Evaluation of Goethe and the Classical Tradition in the Films of Egon Günther and Siegfried Kühn. In: Allan, Seán; Sandford, John (Hg.): DEFA: East German Cinema, 1946–1992. New York: Berghahn, S. 222–244.

Günther, Egon (1977): Interview. In: ARD-Fernsehspiel, H. Juli/September 1977, S. 72–73.

Hein, Edgar (2001): Johann Wolfgang Goethe, Die Leiden des jungen Werther. 2., überarb. u. korr. Aufl.

München: Oldenbourg (Interpretationen, 52).

Mahoney, Dennis F. (1987): The Presence of the Past: Egon Günthers Film »Die Leiden des jungen Werther«. In: West Virginia University Philological Papers, Jg. 32, S. 100–108.

Schiller, Dieter (1977): Zum Film »Die Leiden des jungen Werther« von Helga Schütz und Egon Günther. In: Weimarer Beiträge, Jg. 23, H. 5, S. 157–165.

Schwander, Hans-Peter (2009): Werther in San Gimignano. Goethes Text neu gelesen vor dem Hintergrund des Films »Die Wiese« von Paolo und Vittorio Taviani. In: Der Deutschunterricht 61, H. 3, S. 13–29.

Thurm, Brigitte (1976): Werthers Leiden an seiner Zeit. Zu Egon Günthers Film nach Goethes Briefroman. In: Film und Fernsehen, H. 8, S. 12–14.

Zu »Die Marquise von O...«

Dalle Vacche, Angela (1993): Painting Thoughts, Listening to Images. Eric Rohmer's »The Marquise of O...«. In: Film Quarterly, Jg. 46, H. 4, S. 2–15.

Glombitza, Birgit (2001): Konteremanzipatorische Ohnmachten. In: taz – die tageszeitung, 6. 9. 2001.

Hamacher, Rolf-Ruediger (2001): Julietta. In: film-dienst, Jg. 54, H. 18, S. 26.

Hülk-Althoff, Walburga (2000): Hysterisches Theater. Zur »Marquise von O...« Heinrich von Kleists und Eric Rohmers. In: Roloff, Volker; Winter, Scarlett (Hg.): Theater und Kino in der Zeit der Nouvelle Vague. Tübingen: Stauffenburg, S. 75–89.

Kircher, Hartmut (1999): Heinrich von Kleist, Das Erdbeben in Chili/Die Marquise von O ... 2., überarb. Aufl. München: Oldenbourg (Interpretationen, 50).

Künzel, Christine (2003): Vergewaltigungslektüren. Zur Codierung sexueller Gewalt in Literatur und Recht. Frankfurt/M.: Campus.

Lederer, Max (1920): Die Novelle des Dramatikers. In: Neophilologus, Jg. 5, H. 1, S. 315–333.

Link-Heer, Ursula (2001): Wie ›literarisch‹ kann ein Film sein. Zu Rohmers »La Marquise d'O ...«. In: Felten, Uta; Roloff, Volker (Hg.): Rohmer intermedial. Tübingen: Stauffenburg, S. 95–123.

Lohmeier, Anke-Marie (2005): Die Marquise von O... (Heinrich von Kleist – Eric Rohmer). Radikale Werktreue. In: Bohnenkamp, Anne (Hg.): Literaturverfilmungen. Stuttgart: Reclam, S. 86–92.

Rohmer, Eric (1979): Anmerkungen zur Inszenierung. In: Berthel, Werner (Hg.): Die Marquise von O ... Frankfurt/M.: Insel, © Insel Verlag Frankfurt am Main und Leipzig 1979, S. 111–114.

Schmidt, Ricarda (2007): The Swan and the Moped. Shifts in the Presentation of Violence from Kleist's »Die Marquise von O...« to Christoph Stark's »Julietta«. In: Schönfeld, Christiane; Rasche, Hermann (Hg.): Processes of Transposition. German Literature and Film. Amsterdam: Rodopi, S. 39–58.

Schülke, Claudia (2001): Julietta. »Die Marquise von O« in Berlin. In: epd Film, Jg. 18, H. 9, S. 44–45.

Zu »Der Process«

Beicken, Peter (1999): Franz Kafka, Der Process. 2., überarb. Aufl. München: Oldenbourg (Interpretationen, 70).

Bogdal, Klaus-Michael (Hg.) (2005): Neue Literaturtheorien in der Praxis. Textanalysen von Kafkas »Vor dem Gesetz«. 2. Aufl. Göttingen: Vandenhoeck & Ruprecht.

Braun, Michael (2006): Kafka im Film. Die »Proceß«-Adaptionen von Orson Welles, Steven Soderbergh und David Jones. In: Braun, Michael; Kamp, Werner (Hg.): Kontext Film. Beiträge zu Film und Literatur. Berlin: Schmidt, S. 27–44.

Brod, Max (1966): Über Franz Kafka. Frankfurt/M.: Fischer.

Ciment, Michel; Niogret, Hubert (2002): An Exploration of the Work »Kafka«. In: Kaufman, Anthony (Hg.): Steven Soderbergh: Interviews. Jackson, MS: Univ. Press of Mississippi (Conversations with Filmmakers), S. 45–55.

Eigen, Thomas (1987): Der Prozess (Orson Welles, 1962) – eine Analyse zwischen Film und Literatur. In: Korte, Helmut (Hg.): Systematische Filmanalyse in der Praxis. 2. Aufl. Braunschweig: HBK, S. 115–197.

Fromm, Waldemar; Scherer, Christina (2006): Kino nach Kafka. Zu Verfilmungen von Franz Kafkas Romanen nach 1960. In: Bluhm, Lothar; Schmitt, Christine (Hg.): Kopf-Kino – Gegenwartsliteratur und Medien. Trier: WVT, S. 145–166.

Jahraus, Oliver (2008): Kafka und der Film. In: Jagow, Bettina von; Jahraus, Oliver (Hg.): Kafka-Handbuch. Leben – Werk – Wirkung. Göttingen: Vandenhoeck & Ruprecht, S. 224–236.

Kaufman, Anthony (Hg.) (2002): Steven Soderbergh: Interviews. Jackson: Univ. Press of Mississippi.

Koch, Getrud (1984): »Nur von Sichtbarem läßt sich erzählen«. Zu einigen Kafka-Verfilmungen. In: Schütte, Wolfram (Hg.): Klassenverhältnisse. Frankfurt/M.: Fischer, S. 171–178.

Krah, Hans (2006): Performativität und Literaturverfilmung. Aspekte des Medienwechsels am Beispiel von Franz Kafkas »Der Prozeß« (1925), Orson Welles' »Der Prozeß« (1962) und Steven Soderberghs »Kafka« (1991). In: Hammer, Erika; Sándorfi, Edina (Hg.): »Der Rest ist – Staunen«. Literatur und Performativität. Wien: Praesens, S. 144–187.

Lothe, Jakob (2002): Das Problem des Anfangs: Kafkas »Der Proceß« und Orson Welles' »The Trial«. In: Sandberg, Beatrice; Lothe, Jakob (Hg.): Franz Kafka. Zur ethischen und ästhetischen Rechtfertigung. Freiburg: Rombach, S. 213–231.

Poppe, Sandra (2007): Visualität in Literatur und Film. Eine medienkomparatistische Untersuchung moderner Erzähltexte und ihrer Verfilmungen. Göttingen: Vandenhoeck & Ruprecht

Welles, Orson; Bogdanovich, Peter (1994): Hier spricht Orson Welles. Weinheim: Beltz Quadriga, S. 446 f.

Zu »Das Parfum«

Althen, Michael (2006): Ich will doch nur, dass ihr mich liebt. Tom Tykwer entlockt Patrick Süskinds »Parfum« in atemberaubenden Bildern einen ganz eigenen Duft. Erstveröffentlichung: Frankfurter Allgemeine Zeitung Nr. 214, 14.9.2006. © Alle Rechte vorbehalten. Frankfurter Allgemeine Zeitung GmbH, Frankfurt. Zur Verfügung gestellt vom Frankfurter Allgemeine Archiv.

Buß, Angelika (2006): Intertextualität als Herausforderung für den Literaturunterricht. Am Beispiel von Patrick Süskinds »Das Parfum«. Frankfurt am Main: Lang.

Delseit, Wolfgang; Drost, Ralf (2003): Patrick Süskind, »Das Parfum«. Stuttgart: Reclam.

Fieberg, Klaus (2007): »Das Parfum« – die Literaturverfilmung im Unterricht. In: Deutschunterricht, Jg. 60, H. 3, S. 48–52.

Frizen, Werner; Spancken, Marilies (1998): Patrick Süskind, »Das Parfum«. 2., überarb. und korrigierte Aufl. München: Oldenbourg (Interpretationen, 78).

Gansera, Rainer; Göttler, Fritz (2006): Die Narben der Seele. Tom Tykwer über Risiko und Reiz einer Bestsellerverfilmung, Geschichte als Lebenswelt und die Suche nach Wunschräumen. In: Süddeutsche Zeitung, Jg. 2006, Ausgabe Nr. 212, 13.9.2006, S. 19. Online unter: http://www.filmportal.de.

Göttler, Fritz (2006): Verfehlte Liebe. Tom Tykwers und Bernd Eichingers Verfilmung von Patrick Süskinds »Das Parfum« erweist sich als zu konstruktiv. In: Süddeutsche Zeitung, Jg. 2006, Ausgabe Nr. 212, 13.9.2006, S. 19. Online unter: http://www.filmportal.de.

Hoesterey, Ingeborg (2008): Filmadaption und Intermedialität: Patrick Süskinds Roman »Das Parfum« in Tom Tykwers Regie. In: Lützeler, Paul Michael; Schindler, Stephan K. (Hg.): Gegenwartsliteratur. Ein germanistisches Jahrbuch. Bd. 7: Literatur und Film, Literatur und Erinnerung. Tübingen: Stauffenburg, S. 30–44.

Nicodemus, Katja (2006): Ein großes Nasentheater. Tom Tykwer hat Patrick Süskinds Bestseller »Das Parfum« verfilmt. Eine eigene Bilderwelt hat er aber nicht zu bieten. In: Die Zeit, Ausgabe Nr. 35, 24.8.2006. Online unter http://images.zeit.de/text/2006/35/Parfum [8.6.2009].

Schulz-Ojala, Jan (2006): Der Name der Nase. Geist aus der Flasche: Wie Tom Tykwer Patrick Süskinds Bestseller »Das Parfum« ins Kino bringt. In: Der Tagesspiegel, 7.9.2006. Online unter: http://www.tagesspiegel.de/kultur/art772,1903504.

Strathausen, Carsten (2008): The Relationship Between Literature and Film: Patrick Süskind's »Das Parfum«. In: Lützeler, Paul Michael; Schindler, Stephan K. (Hg.): Gegenwartsliteratur. Ein germanistisches Jahrbuch. Bd. 7: Literatur und Film, Literatur und Erinnerung. Tübingen: Stauffenburg, S. 1–29.

Glossar erzähltheoretischer und filmanalytischer Begriffe

Anachronie: Abweichung vom Prinzip des chronologischen Nacheinanders von Ereignissen, entweder durch eine Analepse (Rückwendung) oder eine Prolepse (Vorausdeutung).
Analepse: Rückwendung; Form der Anachronie; nachträgliche Darstellung eines Ereignisses, das innerhalb der Geschichte zu einem früheren Zeitpunkt stattgefunden hat
Beleuchtung: Simulierung der normalen Lichtverhältnisse im Normalstil, größere Lichtmenge und geringer Kontrast im High-Key-Stil oder kleinere Lichtmenge und großer Kontrast im Low-Key-Stil
Blende: Aufblende als allmähliches Erscheinen des Bildes ausgehend von einer schwarzen Fläche; Abblende als langsames Abdunkeln des Bildes bis zum einheitlichen Schwarz; Überblende als gleichzeitiges Abblenden des ersten und Aufblenden des zweiten Bildes
Cadrage: Festlegung des Bildausschnitts durch die Kamera und die Anordnung der Objekte und Personen innerhalb des Bildrahmens
Continuity System/Continuity Style: Montagekonzept, das darauf abzielt, Bildsprünge zu vermeiden und auf diese Weise den Filmschnitt so unsichtbar wie möglich zu machen
Credits: Aufzählung der an der Filmproduktion beteiligten Personen im Vor- oder Abspann eines Films
Drehbuch: Skript mit einem Umfang von je nach Filmlänge ca. 100 bis 120 Seiten (eine Drehbuchseite entspricht einer Minute im fertigen Film), enthält Angaben zu Schauplätzen und Requisiten, genaue Regieanweisungen und alle Dialoge, teilweise auch Angaben zur Kameraführung
Einstellung: als kontinuierlich wahrgenommener Filmabschnitt zwischen zwei Schnitten
Einstellungsgröße: Begriff aus der Filmpraxis zur Bezeichnung der Nähe bzw. Distanz der Kamera zum Objekt, als Bezugsgröße dient der Mensch; Weit bzw. Panorama – große Räume oder Landschaften, Totale – der Mensch in seinem Handlungsraum, Halbtotale – Mensch von Kopf bis Fuß, Amerikanisch – Mensch von Kopf bis zu den Oberschenkeln, Halbnah – Mensch von Kopf bis zur Hüfte, Nah – Mensch von Kopf bis zur Mitte des Oberkörpers, Groß – nur der Kopf mit evtl. den Schultern, Detail – Ausschnitt des Gesichts
Ereignis: die elementare Einheit eines narrativen Textes im Bereich der Handlung
Establishing Shot: Einstellung am Anfang einer Szene oder Sequenz, die den Handlungsraum einführt und einen Überblick gibt
Exposé: auch: Synopsis; kurzer Text von bis zu fünf Seiten, der im Vorfeld einer Filmproduktion entsteht und in Prosaform ohne Dialoge die leitende Idee des Films sowie die zentralen Figuren beschreibt und die Handlung kurz zusammenfasst
extradiegetisch: außerhalb der erzählten Welt
Filmprotokoll: Instrument der wissenschaftlichen Filmanalyse, erfasst entweder als Sequenzprotokoll die Makrostruktur oder als Einstellungsprotokoll die Mikrostruktur eines Filmes

Flashback: Rückblende; Darstellung von Ereignissen, die zeitlich vor der aktuellen Handlung liegen
Flashforward: Vorausblende; Darstellung von gegenüber der aktuellen Handlung noch zukünftigen Ereignissen
Fokalisierung: Perspektivierung der Darstellung, entweder nullfokalisiert (auktorial, Übersicht), intern fokalisiert (aktorial, Mitsicht) oder extern fokalisiert (neutral, Außensicht)
Freeze Frame: »Einfrieren« eines Einzelbildes im Film
Geschehen: eine chronologische Folge von Ereignissen
Geschichte: Ereignisfolge, die einen chronologischen und kausalen Zusammenhang aufweist
intradiegetisch: innerhalb der erzählten Welt
iteratives Erzählen: es wird einmal erzählt, was sich wiederholt ereignet hat
hetereodiegetisch: Erzähler ist nicht Teil der erzählten Welt
homodiegetisch: Erzähler ist Teil der erzählten Welt
Kamerabewegung: Veränderung des Kamerastandpunkts als Kamerafahrt (Zu-/Ranfahrt, Rückfahrt, Parallelfahrt) oder Schwenk
Kameraperspektive: Verhältnis der Kamera zum Objekt; Normalsicht entspricht der Augenhöhe, bei Untersicht bzw. Froschperspektive wird das Objekt von unten, bei Aufsicht bzw. Vogelperspektive von oben aufgenommen
Modus: Grad an Mittelbarkeit und Perspektivierung des Erzählten
Montage: Zusammenfügen mehrerer Bild- und Tonsegmente zum Ganzen eines Films
On-/Off-Ton: Ton mit sichtbarer (z.B. sprechende Person) oder ohne sichtbare Tonquelle (z.B. Filmmusik)
Post-Produktion: letzte Phase im Rahmen einer Filmproduktion zwischen dem Ende der Dreharbeiten und der Auslieferung des fertigen Films (insbesondere Montage, nachträgliche Vertonung und Special Effects)
Prolepse: Vorausdeutung; Form der Anachronie; ein in der Zukunft liegendes Ereignis wird vorgreifend erzählt
Schuss-Gegenschuss: Auflösung einer Dialogszene durch Hin- und Herschneiden zwischen den Gesprächspartnern
Sequenz: Filmkapitel aus mehreren Szenen mit kontinuierlichem Handlungsablauf
Storyboard: Auflösung eines Drehbuchs in gezeichnete Skizzen der einzelnen Einstellungen
Subjektive Kamera: Position und Sicht einer bestimmten Figur wird von der Kamera eingenommen
Szene: Handlungseinheit als Abfolge von mehreren Einstellungen, die eine Einheit von Raum, Zeit und Handlung aufweisen
Voice Over: Stimme aus dem Off, die nicht direkt einer im Bild sichtbaren Person zugeschrieben werden kann

Technische Hinweise

Erstellung von Einzelbildern bzw. Standbildern aus einer DVD

Einige Software-DVD-Player wie z.B. Power-DVD (http://de.cyberlink.com), WinDVD (http://www.corel.com) oder der kostenlose VLC Media Player (http://www.videolan.org) bieten die Möglichkeit, »Schnappschüsse« von laufenden Filmsequenzen zu erstellen und in einem Ordner abzulegen. Diese Grafikdateien (im jpg-, png- oder bmp-Format) können auf vielfache Weise zur Unterstützung der Filmanalyse im Unterricht dienen. Mit Hilfe von Textverarbeitungs-Programmen ist z.B. problemlos eine Integration in Arbeitsblätter oder Filmprotokolle möglich.

Präsentation von Einzelbildern oder Bildfolgen

Mit Präsentationswerkzeugen wie Microsoft PowerPoint (http://office.microsoft.com) oder dem kostenlosen OpenOffice Impress (http://de.openoffice.org) können Einzelbilder aus DVDs präsentiert und schriftlich kommentiert werden. Ein Videoprojektor ermöglicht die großflächige Projektion und erlaubt somit die gemeinsame Analyse eines Bildes oder einer Bildfolge im Plenum. Zur Erstellung einer Bildfolge aus mehreren Folien ist die Funktion »Fotoalbum« in PowerPoint außerordentlich hilfreich (über Einfügen/Grafik/Neues Fotoalbum).

Filme schneiden und DVD erstellen

Wer keinen Apple Macintosh mit der Standard-Software iMovie (http://www.apple.com/de/ilife/imovie/) zur Verfügung hat, kann auf Filmschnittprogramme wie Adobe Premiere Elements (http://www.adobe.com, auch als kostengünstige Schulversion erhältlich) oder kostenlose Varianten wie Avidemux (http://www.avidemux.org) bzw. Windows Movie Maker (http://www.microsoft.com) zurückgreifen. Sie bieten die Möglichkeit, Filmausschnitte zu erstellen, Einstellungen neu zusammenzuschneiden, neue Tonspuren zu kreieren usw.
Für den Tonschnitt mit einem Apple Mac eignet sich GarageBand (http://www.apple.com/de/ilife/garageband/), für Windows-PCs gibt es das kostenlose Audacity (http://audacity.sourceforge.net).
Mit einer DVD-Authoring-Software wie z.B. den kostenlosen Open-Source-Projekten DVD Flick (http://sourceforge.net/projects/dvdflick/) und AVStoDVD (http://sourceforge.net/projects/avstodvd/) können mehrere Filme bzw. Filmausschnitte auf einer DVD mit Menüführung zusammengefasst werden. Auch viele DVD-Brennsoftware-Produkte wie z.B. Ahead Nero (http://www.nero.com) bieten inzwischen Funktionen zum DVD-Authoring.

Drehbuch oder Storyboard erstellen

Zur Erstellung eines Drehbuchs oder Storyboards gibt es im World Wide Web zahlreiche Vorlagen für die gängigen Textverarbeitungen. Besonders empfehlenswert ist darüber hinaus die einfach zu bedienende und kostenlose Software Celtx (http://www.celtx.com), mit der alle für den Produktionsprozess notwendigen Textsorten erstellt und Filmprojekte geplant werden können.

Computergestützte Filmanalyse

Die von ROLF KLOEPFER entwickelte Filmanalyse-Software Akira III (http://www.synchron-publishers.com) ermöglicht eine detaillierte Erschließung eines Filmes, z. B. durch Markierung von Schlüsselsequenzen (mit »Schnappschüssen«), durch verschiedene Notizfunktionen und Analyse der Erzählstruktur in Form einer »Filmpartitur«. Mit dem kostenlosen Cinemetrics (http://www.cinemetrics.lv) lässt sich die Länge der Einstellungen einer Sequenz oder eines ganzen Films berechnen. Das ebenfalls kostenlose Programm ShotLogger (http://www.shotlogger.org) will bei der Analyse des visuellen Stils eines Films helfen, in dem es die Anzahl und Länge von Einstellungen misst, ergänzt durch Screenshots, die als Bildergalerien abgelegt werden. Diese und weitere Software-Werkzeuge können im Rahmen von Projektarbeiten zum Thema Filmanalyse von einzelnen Schülern oder Arbeitsgruppen eingesetzt werden.

Danksagung

Das in diesem Band vorgestellte Konzept zum Umgang mit Literaturverfilmungen wäre nicht denkbar ohne die vielen Gesprächs- und Diskussionspartner, die mir in den vergangenen Jahren zur Verfügung standen. Sehr viel zu verdanken habe ich meinem filmdidaktischen Mentor Peter Christoph Kern und meinem früheren Team-Teaching-Partner Johannes Huber. Für wichtige Impulse und langjährige Begleitung möchte ich außerdem Hans-Peter Schwander und Joachim Pfeiffer sehr herzlich danken.

Einige Teile aus diesem Buch wurden in Filmseminaren am Institut für deutsche Sprache und Literatur der Pädagogischen Hochschule Freiburg diskutiert, ich danke allen Studierenden für ihre engagierte Mitarbeit. Für die Einladung, einen Band zum Thema Literaturverfilmungen für die Oldenbourg Interpretationen zu schreiben, geht mein Dank an die Reihenherausgeber Klaus Michael Bogdal und Clemens Kammler und den Verlag. Schließlich möchte ich mich natürlich auch herzlich für das Engagement der Lektorinnen Ruth Bornefeld und Katja Hohenstein sowie die konstruktive Kritik meines »ersten Lesers« Tobias Gimmi bedanken.

Raum für Notizen:

Klein, aber oho!

Literarisches Grundwissen praktisch und handlich.

Christoph Schappert

Das kleine Literaturlexikon
aus der Reihe **Oldenbourg Deutsch**
144 Seiten, broschiert, ISBN 978-3-637-00436-8

Das kleine Literaturlexikon bietet in kompakter Form Grundwissen des Literaturunterrichts für die Sekundarstufe und für alle, die Literatur besser verstehen wollen. Die Inhalte orientieren sich an den Lehrplänen und Bildungsstandards.

Der Band
- enthält ca. 270 Einträge,
- informiert über die wesentlichen Bereiche der Literatur und des Journalismus,
- erklärt die literarischen Gattungen und ihre Teilbereiche,
- hilft als Nachschlagewerk und Wissensspeicher in der Schule und zu Hause.

Grammatik mal ganz einfach!

Kurt Schreiner

Das kleine Grammatiklexikon
aus der Reihe **Oldenbourg Deutsch**
160 Seiten, broschiert, ISBN 978-3-637-00167-1

In dieser Grammatik finden sich alle Schülerinnen und Schüler **ohne grammatische Vorkenntnisse sofort zurecht** und können sie alleine nutzen, denn
- die grammatischen Phänomene sind von A–Z geordnet,
- die Erläuterung des gesuchten Begriffs erfolgt an Ort und Stelle,
- Sprache, Aufbau und Layout sind einfach, klar und verständlich.

Besonders geeignet für die Sekundarstufe I, bei Hausaufgaben und für die Vorbereitung auf Schulaufgaben, Klassenarbeiten und Tests.

Klasse!

Oldenbourg ∎ bsv
Besuchen Sie uns unter **www.oldenbourg-bsv.de**